觅渡文丛 主编：杨九俊

语文教学改革前沿丛书 第二辑

战战兢兢的讲台

一个中学语文老师的谵语

王雷 著

凤凰出版传媒集团
江苏教育出版社
JIANGSU EDUCATION PUBLISHING HOUSE

图书在版编目（CIP）数据

战战兢兢的讲台 / 王雷编. — 南京：江苏教育出版社，2011.3

ISBN 978-7-5499-0495-2

Ⅰ.①战… Ⅱ.①王… Ⅲ.①中学语文课—教学研究 Ⅳ.①G633.302

中国版本图书馆 CIP 数据核字(2011)第 033126 号

书　　名	战战兢兢的讲台——一个中学语文老师的谵语
作　　者	王　雷
责任编辑	周敬芝
出版发行	凤凰出版传媒集团
	江苏教育出版社（南京市湖南路 1 号 A 楼　邮编 210009）
网　　址	http：//www.1088.com.cn
集团网址	凤凰出版传媒网 http：//www.ppm.cn
经　　销	江苏省新华发行集团有限公司
照　　排	南京前锦排版服务有限公司
印　　刷	江苏凤凰通达印刷有限公司
厂　　址	南京市六合区冶山镇（邮编 211523）
电　　话	025-57572508
开　　本	787×1092 毫米　1/16
印　　张	20.75
字　　数	270 000
版　　次	2011 年 3 月第 1 版
	2011 年 3 月第 1 次印刷
书　　号	ISBN　978-7-5499-0495-2
定　　价	33.00 元
批发电话	025—83657791，83658558，83658511
邮购电话	025—85400774，8008289797
短信咨询	025—85420909
E-mail	jsep@vip.163.com
盗版举报	025—83658551

苏教版图书若有印装错误可向承印厂调换
提供盗版线索者给予重奖

觅渡者说

两千多年前，孔子跋涉在语文的长河边，寻觅着通往彼岸的渡口，“不学诗无以言”，“学而不厌，诲人不倦”，“温故而知新”，“修辞立其诚”……这位哲人，也是中国有史记载以来第一位伟大的语文老师以他的虔诚、睿智与经验不断给后人指点着迷津。

然而，后来者并没有因为他的这些不朽的思想而停止对语文津梁的寻找。语文的确如同一条浩浩汤汤的长河，阔大辽远，奔流不息，从哪儿摆渡才能够顺利登上对岸呢？问题可能不在这儿，而在于语文并不是静止不动的，更不是单一的。语文是我们的生活，人们就生活在语文之中。远古的语文生活已遥不可及，只能从结绳记事，甲骨钟鼎，从“断木，续竹，飞土，逐肉”，从诗三百中依稀想象。但可以肯定的是，孔子的删诗，秦始皇的书同文，对当时的语文生活肯定产生了巨大的影响。中古以后，人们在日常生活中讲着白话，而在书写时却使用整饬的文言，他们又是如何穿行于文白之间的呢？待到五四以后，文言废除，言文统一，即使不是过来之人，也能够感受到当年语言解放的欢畅。其后近一个世纪以来，似乎没有白话文运动这种惊天动地的革命，但我们的语文生活不是依然在变化吗？媒介在变，趣味在变，国门的敞开更使西方的语文风格时时在本土引领时尚。人们在不经意之间就会发现，说话的方式变了，思考的方式变了，阅读的材料更是丰富多彩，日新月异。如此说来，倘若说语文是一条河，那么它不但阔大，长流不息，而且时时改道，不断流向新的天地。面对这样的变动不居，固然不可能划定固定的航道，也不可能指望一劳永逸地从同一个出发点跨上语文的舟楫。而且，如果还要较真的话，将语文比作一条大河还有不甚确切的地方，它应该是一个庞杂的水系吧？这条大河应该有许多纵横交错的支流，而每一条支流都有着沿岸的景观，它们或从语言处流来，或向文学处流去，或流经为师者的心田，或盘桓在学习者心智的丛林，又怎么能指望着一座桥梁将我们带往不同的目的地呢？

不要纠缠在总有跛脚的比喻上吧，我们只不过想说明这样一个客观的事实，语文教育史已经几千年了，即使现代语文教育史也已百年，无数的语文教育家和教育工作者孜孜以求，艰难探索，为我们留下了许多语文教育指南，但这些探索的经验却各不相同，它们是我们的出发点，却永远不是我们的终点，它们给了我们帮助，但时代的变化仍然让我们常常感到困惑与迷茫，这样的境况与感受是古今相通的吧？

我们还想说明的是，面对丰富的语文，人们寻觅的方向与手段也会各不相同，正如将要展现在读者面前的《觅渡文丛》所呈现的，有的在对语文教育进行理论的思考，有的在对现行的语文教育现状问难质疑，有的在教学一线的实践中仔细探求，有的则到邻近学科里去寻找支持……

因此，问题似乎又变得再简单不过，我们不必太在意寻找的结果，风景就在这寻找的过程中，或杂花生树、群莺乱飞，或大漠孤烟、长河落日，或连峰接天、枯松挂壁……不都能给我们意外的惊喜吗？我们更不必担心结论的差异甚至对立，因为不同的渡口会指向不同的彼岸，无尽的探索将成就日渐详尽并不断更新的语文地理。

这是这群觅渡者乐观的自我期待，并希望以此得到同道们的理解。

目 录

今天，做一个语文名师是可耻的

思想的缺席:对中学作文教学的反思

语文教育：把学生培养成读书人

序　坚守，需要韧性与智慧

钱理群

为王雷老师的教育随笔写序，这是王栋生老师交给我的任务，我欣然从命，不仅是因为王栋生、王雷是我的母校南师大附中的老师，我似乎有义务为之鼓吹，更因为我对王雷这个年龄层次的老师有特殊的兴趣和关注。

我一向认为，中国语文教育和改革的关键在于教师，而我对语文教师队伍又有如下观察：五六十岁老教师，像王栋生这样的，有强烈的人文关怀和丰富的教学经验和智慧，自然是目前中学语文教育和改革的顶梁柱，但他们即将退休，于是，就有了"'王栋生'以后"的问题。这些年中学陆续进入了一批二十多岁的年轻教师，无疑是教育的新生力量，但他们不仅存在一个不断积累教学经验的问题，而且有一个致命的弱点，如王雷文章所说，他们自身就是在应试教育中培养出来的，走上教育岗位，就很容易"无师自通地一头扎进应试教育的怀抱里"(《应试教育的报应来了》)。这样，我们的目光，就不能不转向王雷或比他年龄稍小的三四十岁上下的中年老师的身上。他们上大学期间，或直接受到八十年代的启蒙主义教育，或在九十年代还感受到启蒙主义的余光，因此他们是能够和"王栋生"们对话的；另一方面，他们在加入中学语文教育队伍后，又直接承受着日趋严重的应试教育的巨大压力与诱惑，夸大点说，他们的从教，正好经历了"教育堕落"的全过程(在我的感觉里，中国教育，包括基础教育的大滑坡、大堕落是从2000年开始的，于今已有十年历史)。应该说，这一代教师的分化是最严重的，在压力和诱惑下，有的迎合而高升，被应试体制培养为接班人；有的消沉了；然而，也还有人在艰难中坚守，王雷大概就是其中的一位，他们有时或许会有“五四”以后鲁迅“两间余一卒，荷戟独彷徨”的感觉。因此，他们是最应该被关注的，因为他们才是今天的中学语文教育和改革的真正骨干和接班人，“‘王栋生’以后”的路，还要靠他们去走，去闯。同时，他们也是最需要支持的，因为他们不仅承担着教学工作和家庭生活的重负，而且在当下中国基础教育的体制内，他们事实上是被忽略、压抑，处于孤立无援的地位的。他们内心的焦虑、煎熬，恐怕是我们这些局外人所难体味的。因此，我越来越意识到，我，以及像我这样的关心语文教育的学者、社会人士，应该关注这些教学第一线的中年教师，他们的精神状态、语文教育思想和实践，决定着中国中学语文教育的现在与未来。

我就是以这样的期待视野来读这本教育随笔的，并从中看到了王雷老师，或许还有“王雷”们思想、精神的两个侧面。

首先是直面现实，敢于说出真相，时时发出忧愤之声的王雷。他的《语文教学，我的八个不明白》让我读得心惊肉跳——

“一、母语是人的第一素质，如此重要的学科在中学各科中却始终处于陪衬的地位，学校不重视，学生没兴趣，教师无奈何，究竟是为哪一般？

二、学生学了十几年语文，又是自己的母语，怎么到头来，语文素养还是那么寒碜，字写得东歪西倒，书不肯读，文章不会写？

三、一个人的语文素养是很容易被别人了解的，看他写个东西，听他说几句话，再了解他喜欢读什么书，怎么读的，就很清楚了。如此简单明了的事情，到了语文高考中，怎么就变得那么复杂起来了呢？

四、语文应该怎么学？多读多思考，多说多练笔，就是这么简单，哪有那么多高深的理论？

五、语文应该怎么教？想方设法让学生多读多思考、多说多练笔，仅此而已，哪有那么多故弄玄虚的东西？

六、语文应该怎么考？几篇文章阅读、一篇作文，足以考出一个人的语文素养和能力，要那么多花花哨哨的东西干什么？

七、语文教学和考试沸沸扬扬改革了20多年，除了把教师改得越来越不会教，把学生改得越来越不想学，把青少年的人文素养改得一代不如一代，还改出了什么呢？

八、以上问题无不清清楚楚明明白白真真切切，怎么就好像大家都约好了似的，一起犯糊涂，还犯得津津有味的？”

说的都是事实，讲的都是常识，但就像那件皇帝的新衣，无人说破——因为已经见怪不怪了，已经懒得说了，还怕被人说自己“偏激”，“多管闲事”。但王雷不能视而不见，不能无动于衷，不怕别人说三道四，因为他觉得这一切和自己有关，他也有责任。于是，又有了这一番沉痛的话：“课堂上，面对五十多个活生生的生命，我常常感到战战兢兢，无所适从，我不知道我该讲些什么和怎么讲”，当看到那一双“迷惘的眼睛”，从中“读到的是孤独和无助，痛苦又麻木”，“我突然明白了：在这里，没有一个人是干净的，没有谁脱得了干系，我同样参与了这场可怕的谋杀”，“我们每一个人都是有罪的！”（《站在教室的讲台上，我战战兢兢……》）——真正打动我，让我感到震撼的，正是王雷的这一发现。因为关于中学语文教育的批评、牢骚，我们已经听得多了，但像王雷这样把自己摆进去，追究自己“罪责”的，不说绝无仅有，大概是少而又少。但这却是一个真正的教师必然有的态度：因为他是以学生的生命的健全成长为自己的使命，并且在教师工作中寻找生命的意义与价值的，他必须为学生的生命和自己的生命负责，因而对在现行教育制度下，学生和自我生命的异化，他必然是极度敏感而痛苦的；因为他又面临着尽管对现行教育体制的弊端有清醒的认识，作为一个普通教师却又不得不、不能不遵从其规则的矛盾，他的无时不刻的有罪感就是这样产生的。

但正是这样的源于有罪感的责任意识，才让我看到了希望。这至少说明，在王雷这样的教师这里，心还没有死。而在我看来，中国基础教育、语文教育的最大问题，教育改革最严重的危机，就在于绝大多数教师的心已经死了。他们或者在教师工作中感受不到任何生命的意义，也就不再追求意义，而以教育为谋生手段，其中最好的也是听从指挥，做好规定自己做的事情，更多的则是在混日子；还会有越来越多的人，转而支持现行体制，力图从中谋取私利。“哀莫大于心死”，当今之中国，还有多少人愿意谈论语文教育?！因此，王雷写这么厚厚一本书，我还这么正而八经地评论，都是在说无人说的傻话。

不过，即使无人说，也还是要说；这就是王雷和“王雷们”的另一面：“反抗绝望”。

我还是赞成王雷的这一选择：“中国的教育现实需要我们作深切的批评和自我反思，并更应有切实的行动”，“我们要更加充分地利用周围已经存在的某些空间，这样的空间实际是存在的，我们应该一起来努力扩大这个空间”(《对谁负责？负什么责？(附讨论)》)。我注意到王雷的这篇文章，写于2004年。不知道王雷老师今天是否还坚持这一点？因为从2004年到2010年，六年间，王雷说的“空间”是越来越小了。如王雷所清醒地估计到的，这些年中国基础教育的最大变化，是应试教育的逻辑已经“内化”为学生的“自觉要求”了；今天王雷这样的教师还要进行改革的行动，首先就要遭到学生的反对，更不用说他们背后的强大后盾——那些望子成龙已经失去理性的家长们了。

但我们都是孔夫子的“知其不可为而为之”的人生哲学的信徒：只要还有一点空间，我们还要行动。谁叫我们是教师呢，只要我们还在当教师(王雷说，他除了当教师，已经不会做别的事了，这是实在话)，而且心还不死，我们就总要在教师工作中寻求某种意义，于是，我们也就要在不同程度上坚守我们的某种教育理想。

王雷认为，要在日常教学工作中坚守教育理想，首先要有自己的语文教育观。这也是我深以为然的。因此，我读王雷的教育随笔的另一个关注点，就是他在长期阅读和教育实践中形成的属于自己的语文教育观。他在这方面的许多精彩论述，都给我很大的启发。我试图作一个概括，他对中学语文教育大概有四个坚守。一是坚守基础语文教育的“人性”：“教育的实质是人的教育，而应试教育的实质是非人的教育，这是它们的根本区别”（《应试教育的报应来了》），“语文应该是最具人文关怀的一门学科”，“作文就是做人”（《谁在写？为什么写？》），语文教育的核心是“以文化心”，不能“动心”的知识灌输与能力训练都是失去灵魂的“残缺的教育”（《残缺的教育：动脑动手不动心》）。二是坚守语文教育的“诗性”：“人是寻求意义的动物，人是寻求诗意的动物，只有在诗意的状态下，人才出场”（《也说“没意思”》），“青少年应该和诗歌结下不解之缘”，它“培养审美趣味”，陶冶性情，让学生的“头脑、精神直至灵魂变得澄明、丰富、深刻和美好起来”（《语文教学：呼唤诗性——诗歌教学随想》）。三是坚守语文教育的“生活性”：“教育就是生活”（《教育理想主义者存在的理由》），“为什么不引导学生去关注和思考发生在他们身边的精彩纷呈的事件？我们天天看到、听到、感受到的活生生的现实，为什么不能进入学生的视野，进入语文、作文，乃至高考的考场”？（《柔性暴力和话语霸权》）四是坚守语文教育的“书卷气”：“中学语文教育的任务就是要把学生培养成为读书人、文化人”（《语文教学：呼唤诗性》），“语文课是干什么的？很简单：读书！教师和学生一起读！”（《语文教育：建构学生的精神世界》）“读书是一种习惯，习惯是一种生存方式，生存方式就是人的命运，也是民族的命运”（《读书是一种习惯》），“语文教育的‘北’在哪里？在阅读和写作，在思考、对话与交流”（《〈语文考试说明〉该寿终正寝了！》）。

我担心这样的摘句式的概括叙述，会遮蔽了王雷老师论述背后的生命气息：对他来说，这都不是抽象的理论、理念问题，而是连接着活生生的教学和社会实际，这里有他对中国教育和社会的审视与批判，远忧和近虑。

关于最后一点，我还想作一点发挥。正如王雷老师所说，中国语文教育问题，说复杂也简单，现在是冲出迷雾，脱虚就实，脱繁入简，还原常识的时候了！语文教育其实就是三件事：读书、思考、写作，打下基础，养成习惯。说得更简明一点，就是“读、思、写”三字诀。语文教育的理念与实践确实存在各种分歧，争论至今不断；但其实大家还是可以找到“最大公约数”

的，在我看来，这三字诀就可以成为共识。我们是不是可以放下分歧，抛弃一切花架子，实实在在地在“读、思、写”三件大事上下功夫；如果再进一步，得到体制的保障，无论是语文教学评估、教师培训，还是高考出题、评分，都围绕着“读、思、写”来做文章，或许中国语文教育还有希望。

当然，这又是一个理想主义的预期。我们还应面对现实。这一点，王雷是看得很清楚的：中国语文教育不仅自身的问题多多，而且在更深层面，还连接着中国的社会体制与国民性，因此，应试教育和素质教育的拉锯战还将长期持续下去，每一个有理想、有良知的语文老师还必须在人的教育与非人的教育之间长期挣扎。王雷不无沉痛地说：“我设想的是通过一代人两代人的努力，改变基础教育的面貌，这个设想看来是完全不符合中国国情的”（《后记：太阳从来不怕别人批评》）。那么，王雷老师是积二十年教学的经验，才懂得“中国国情”，从而懂得了中国的改革，基础教育改革，语文教育改革的空前艰巨性的，他也终于接近了鲁迅对中国改革的认识。鲁迅当年就说，要准备“改革，奋斗三十年，不够，就再一代，二代……这样的数目，从个体看来，仿佛是可怕的，但倘若这一点就怕，便无药可救，只好甘心灭亡。因为在民族的历史上，这不过是极短时期，此外实没有更快的捷径”（《忽然想到·十》）。不知王雷老师，以及一切有志于中国语文教育改革的朋友，有没有做好“奋斗几代人”的精神准备，也就是说，不要指望在自己这一代，以至下一代就看到自己教育理想的实现，这一点必须看穿，想透，如王雷所说，不要说“希望”，连“绝望”也不要有，因为“绝望”也是以“希望”为前提的，所需要的，是既不抱希望，也不表示绝望，就是实实在在地“参与”，就是要“只顾耕耘，不顾收获”，或者用王雷引述的一位同事的话说，就是“与学生一起承担苦难”，一起挣扎、努力（《“人活着究竟有没有魂灵的？”——我的工作总结》）。这就用得着鲁迅的韧性精神：认准一个目标，比如前面说的“要引导学生读书，思考，写作”，就认真履行，“与其不饮不食地履行七日，倒不如也看书也履行至五年，或者也看戏也履行至十年，或者也寻异性朋友也履行至五十年，或者也讲情话也履行至一百年。记得韩非子曾经教人以竞马的要妙，其一是‘不耻最后’。即使慢，驰而不息，纵令落后，纵令失败，但一定可以达到他所向的目标”（《补白》）。就是说，要把实现自己语文教育信念的努力常态化，变成日常生活化的持久战。这里有两条原则，一是要“慢而不息”，一是要懂得迂回，妥协，这就需要有教育智慧，学会在体制限制内，缝隙间，作自己愿意和能够做的事。

这样，我的这篇序言也就有了一个题目：“坚守，需要韧性与智慧”。——就以此语赠与王雷和“王雷”们。

2010年2月21日—23日

基础教育：对人和知识的双重误解

中国没有教育!

有朋友想办一个带民间性质的刊物,刊名叫“中国教育”,我当时就在心里嘀咕:是不是用“中国没有教育”这个名字更好一点?后来这个刊物没有办成,我不知道是不是跟鲁迅当年办《新生》杂志而流产的情形相仿佛,但这倒印证了我的想法。别以为我这样说是幸灾乐祸或沾沾自喜,相反,我痛苦。我羞于标榜自己的痛苦,在今天这样一个有了快感就喊的时代。但作为一个教师,十多年来,我确确实实是在矛盾和苦闷中艰难度日的。作为一个人,我不能只是在做事情,我不能不想我所做的事情,想的结果是:深深的失望。

中国没有教育。我们有名校,但没有教育;我们有名师,但没有教育;我们有各种各样的伪教育理论和花样百出的纯教育技术,但没有教育。

我不懂也不想谈什么高深的教育理论,请允许我从一个简单的案例说起——

英国政府曾给幼儿园儿童制定了一份学习目标,希望5岁的幼儿能学会数十位数字,以及会书写自己的姓名和拼写简单的单词。待他们长到6岁时,教育部将会检查这一年龄段的孩子取得了哪些进步,都掌握了多少知识。这一学前教育大纲一问世,即遭到学前教育联盟的恶评，并警告说，政府计划促进幼儿的早期教育，可能逼使教师和家长在这种“争上进”的压力下，逼迫儿童超前发展，其后果将会给儿童带来诸如做恶梦、尿床等由于压力引起的后遗症。对学龄前的孩子们来说，玩是他们最基本的活动，孩子有当孩子的权力，他们可以从玩耍过程中学会与其他人的交往之道，体验成人世界及认识周围事物，同时开发孩子的智力，发展其想象力、思维力和创造力。总之让孩子参加娱乐放松的游戏，是儿童时代最要紧的事。如今政府为幼儿规定学习目标强迫灌输“学问”，使得孩子的游戏活动退居次要位置，这将不利于小孩的智力甚至身心的成长。

“孩子有当孩子的权力”，进一步讲，任何人都有做一个人的权力，由此，我认识到，人只有一个任务，那就是成为一个真正的人，这也是教育的唯一正当和合法的目的，是教育存在的理由。任何背离这个宗旨的教育行为都是反教育和反人性的。

教育不只是社会发展的需要，也是人自身发展的需要，所以教育要对社会负责，更要对人负责。其实，这两者应该是统一的。没有人的发展就没有社会的发展，而社会的发展最终也是为了人，人是万物的尺度。

任何人都希望生活在一个健康和谐的社会里，在这个社会里，人人都能最大限度地按照自己的意愿选择适合自己的生活，人人都能充分地享有人格上的尊严、精神上的自由和灵魂上的安宁，当然我们也要求这个社会提供越来越丰富的物质财富，并且愿意为创造这样的财富而辛勤劳动，但这样的劳动不应该成为肉体和精神的双重苦役，而应该是充满身心愉悦的自我价值的实现过程。

“教育对学生的生活进行意义的引导，这是因为教育真正关心的是学生的精神世界和精神生活，关心学生成为什么样的人，他为什么生活、如何生活；他如何塑造自己的未来；他如何与他人发生精神、情感和行动上的交往。诚然，在现代生活中，每个人都面临着实际的物质层次的生活问题，为此他必须工作，必须选择职业和专业，必须进行劳动，必须参与社会事务，因此他必须具有实用生存的知识和技能。但是与此相比,生活的意义要重要得多,生活的意义牵涉到他生活的目的与价值,牵涉到他生活的希望和理想,生活的意义总是引导人超越已达到的境界,使人不断地步入新的可能性,享受美的陶冶,精神的历险,真正体验生活的美感与价值。”(《理解与教育》)教育的目的是要让人们认识到人生的意义和价值,认识到活着尽管有很多很多不如意的事情,但还是值得活下去的,从而快乐、充实、幸福地度过自己的一生。也就是说,真正的教育乃是人生教育、生活教育、美感教育和幸福教育。

而我们的教育却无情地斩断了学生与人生、与生活的血肉联系。我们看到在中小学教育中,音乐、美术等审美教育差不多只是一种点缀;人文学科的教育则缺乏人文性;人生观教育也变成了知识和技能的操练而与学生的精神建构毫无关系;至于数理化等学科的教育更是远离生活实际,追求繁难艰深,完全成为考大学的敲门砖,一旦考取,几无所用,进不了大学的人更无所用。学生在人生发展的最重要的一段时期内就是被迫做着这样一些与人生毫无关系的事情!

我们总是把基础教育看作是生活的准备,现在更是堕落成进大学的准备,这就把教育和生活割裂开来。其实,人生没有准备阶段,他从生下来那天起就已经进入人生,就已经开始了漫长而又短暂的、充满机遇和挑战的、幸福和不幸福的苦乐人生,他首先生活着然后生活着并一直生活着,他作为一个婴幼儿生活着,作为一个小学生生活着,作为一个中学生生活着,作为一个工人、农民、知识分子或其他什么人生活着,作为一个儿子、父亲、丈夫或妻子、同事或朋友生活着,作为一个青年人、中年人、老年人生活着……生活,这是他的全部,除此之外他还有什么?有的只是生活的喜怒哀乐和喜怒哀乐的生活。

我们凭什么把学生从生活中剥离出来长达十多年之久,然后又把他突然抛进生活中去?这就是我们的教育的根本失误。这种教育对人、对人生、对生活不负责任,因而它也就不可能真正长久地对社会、民族和历史负责！

如果我们承认，人的存在主要是一种精神的存在，人的本质就在于他的精神，那么，我们立刻发现生活在现代社会中的人们已经越来越远离了这种精神而代之以各种虚幻的现实，这就是现代人时常感到精神空虚的根本原因，而这要“归功”于我们的教育！

我们的教育不关心孩子的精神成长和人格培养，我们最关心的是孩子的学习：考得怎么样啊，进步了多少，排名如何，能考上一个什么样的学校等等。我们很少关心他们想些什么，他们的感情和需要，他们的苦恼和忧虑……为什么？因为我们认为根本不屑关心，或者我们不是不想关心这些，而是不知道怎么关心，不会关心，不敢关心，因为这些方面，我们自己还很成问题。我们教育学生要树立正确的人生观、价值观，我们的人生观、价值观又如何呢？所以，还是在关心成绩时，我们多少能理直气壮一点，自我感觉良好一点——我们不是也很可怜吗？

卡西尔说：“人被宣称为应当是不断探究他自身的存在物——一个在他生存的每时每刻都必须查问和审视他的生存状态的存在物。人类生活的真正价值，恰恰就存在于这种审视中，存在于这种对人类生活的批判态度中。”（《人论》）作为精神创造的生活一定是艰难的、负责的和严肃的。

为什么说教育是太阳底下最光辉的事业？因为教育正是这样一个艰难的、负责的和严肃的精神创造活动，而艰难、负责和严肃的精神生活一定是真正幸福的生活，教育是让人幸福的事业！我想到了《论语》里的一个故事：孔子在听完了子路、冉有、公西华等几个学生的“述职报告”后不置可否，最后，他询问曾皙的志向，曾皙说：“莫春者，春服既成；冠者五六人，童子六七人，浴乎沂，风乎舞雩，咏而归。”夫子喟然叹曰：“吾与点也！”怀有巨大济世热情的孔子对子路等人的仕途经济的人生理想并没有表现出特别的赞赏，而对曾皙描述的人生追求却产生了强烈的共鸣，这正表现了一个伟大的教育家的人文情怀。

我每次读到这段文字，都被深深地感动着……

基础教育:对人和知识的双重误解

庄子说:“吾生也有涯,而学也无涯。”我们经常引用这句话来告诫学生,知识是无穷无尽的,学习是没有止境的。这话当然不错,但庄子的话并没有说完,他接着说:“以有涯随无涯,殆矣。”殆者,危险也。意思是说,用自己有限的生命去追逐无穷的知识,是很危险的啊。我觉得庄子的话里包含着一个极其深刻的思想,那就是,人是知识的主宰,而不是它的奴仆。

知识是人类创造的也是为人类服务的。千百年来,人类社会积累了无穷无尽的知识,我们当然要尽可能多地占有这份宝贵遗产,但就单个人来讲,这是不可能的也是没有必要的。知识不能解决所有问题,尤其是当知识狭隘到了仅仅是关于物质世界的知识,或只是理论知识、书本知识,而它们又化约成了一堆堆练习题、训练题和测试题的时候,它就与现实人生的距离越来越远了。对于教育来说,肯定有一种更重要的知识,那就是实践知识、生活知识和关于人的灵魂的知识。如果我们承认,我们首先是而且永远是作为一个独立的人,而不是机器、工具、螺丝钉或猪、狗、羊,甚至也不只是家庭的一员、国家的一分子等等诸如此类的东西生活在这个世界上,那么,每一个人都有权力关注自己的灵魂:为她寻找一个安顿之所,呵护她,尊敬她,捍卫她……所有知识在她面前都是微不足道的,如果不能更好地为她服务；所有知识在她面前都是罪恶，如果玷污她、强暴她、驱逐她的话。

拿语文教学来说。为什么要阅读？因为我们想知道别人是怎样思考人生的苦与乐、生活的美与丑和社会的善与恶等等这些直接跟灵魂有关的问题的。为什么要写作？因为我们想要告诉别人自己关于这些问题的思考。从这个意义上讲，阅读和写作都是对话，是灵魂的对话。这种作为生命运动的灵魂对话是不容“第三者”插足的。语文教师没有权力以“知识”的拥有者自居，通过肢解课文、强作解人、指手画脚、越俎代庖等手段来干涉和阻挠这种对话，他能做的只是作为对话的一方参与进来，同时要表现出足够的真诚、好奇、热情、宽容、谦虚和思想开放，并随时准备承认自己的错误。教师特别是人文学科教师的职责就是把学生引向生活，引向现实，引向民族和世界文化的殿堂，引向现实和历史中的一个个活生生的人，引向人的精神世界，与他们一起思考和困惑，一起痛苦和欢乐，一起愤怒和悲哀，一起孤寂和振作，一起让灵魂自由飞翔……在灵魂面前，每一个人都是平等的，教师不是圣哲，也不是犬儒。每一个人只需要对自己的灵魂负责。教师不是人类灵魂的工程师，每一个人也只有这个人才是自己灵魂的工程师。人类没有灵魂，只有一个个的人的灵魂，就像世界上没有病，只有生病的人。鼓吹“教师是人类灵魂的工程师”，很容易让教师堕落为“知识的暴君”！

我们对知识进行了简单化的肢解以后，又对人做了极其片面的理解。任何人都是知、情、意有机统一的整体，知识、心理、人格、精神、个性、意志、情感等等互相影响，互相制约，构成完整的、独特的、不可替代的个体。每一个人都有他的价值，这个价值源于生命而不是知识！一个人降生于这个世界上，不是装知识的容器，也不是技能的操练场。他获得了生命，也就同时拥有了生命的价值和尊严，他就有天赋的权力来实现这个价值和享有这个尊严。

接受什么样的教育对青少年一生的成长关系重大，也影响着一个民族的整体素质和前途。中小学基础教育的主要任务是建构学生的精神世界，为高校输送人才只不过是它的一个副作用，而且这个功能是一种很自然的结果，完全不需要投入巨大的人力物力去刻意追求它。由高考而形成的全国和各省范围内的近乎“火拼”的恶性竞争完全是人为造成的。“火拼”的结果我们已经看到了，它拼掉了民族素质，拼掉了精神和人格，它深深地戕害了青少年学生以及家长和教师的灵魂。

一个人从接受幼儿教育开始到高中毕业有整整十五年时间，这是一个人成长的最关键的十五年，我认为开启学生的心智和觉悟，培育他们的自由精神和独立人格，铸造他们的雄健硬朗的灵魂是贯穿这十五年教育教学工作的基本主题。对人和知识的双重误解导致基础教育严重背离了这个主题，其危害远不止人们已经认识到的中小学生学业负担过重之类，而是从根本上取消了生命的价值和尊严！

残缺的教育:动脑动手不动心

教育是对人的教育,教育的过程就是促使人健康成长的过程。

人的成长包括身体和精神两个方面。前者主要是一个自然生长的过程,一般只要提供一定的物质条件就能比较顺利地发育身体、完善各方面的生理机能,但通过科学的训练可以生长发育得更健康和更有活力。我们的教育忽视了这一方面,致使广大青少年的身体素质普遍下降。历史上我们向来不重视体能训练,故有“东亚病夫”的恶谥。现在,我们似乎开始重视这个问题了,但好像更看重在国际比赛上拿几枚金牌,因为据说这关系到我们国家的形象和尊严,甚至关系到民族精神和民族复兴的伟业。尽管我们现在也有“全民健身计划”什么的,但只要到中小学校去看看他们的体育课和体育活动课是怎么上的,看看那些青少年儿童在沉重的升学压力下埋头苦读的情景,就知道这个“计划”是多么的可笑和无聊。看来,我们的体育和智育一样,走的都是精英教育的路子。这且不去说它。

那么,我们是更重视人的精神成长了。与物质形态的身体相对的精神包括哪些方面呢?我想应该包括知识、能力、心理、品质、意志、人格、情感等等,其中每一个方面又可以细分,而且这里面有交叉和重合,其实它们本来就是从不同的角度说的,很难截然分开,最终都统一于某一个具体的人。

我们的教育在这里同样是分裂的、残缺的:我们重视的是知识和能力,严重忽视了学生心理、品质和人格教育。然而,一个意志薄弱、品质低劣、心理扭曲、情感苍白、人格委琐的人,不管他掌握了多少知识和具备了多强的能力,都不能算是一个合格的人。他可能会对社会做一些有益的事情,但对自己和他人的破坏力更大、更隐蔽、更长久。

我们再来看知识和能力。以前我们的教育是注重知识的传授而忽视了能力的培养,现在我们似乎意识到能力比知识更重要,因此开始大谈能力了。什么能力呢?解题能力。我们的教育在努力培养学生的解题能力,我们以为生活就是工作,工作就是解一个一个题目,而这些题目就是一系列技术问题,只要能够解决不断出现的技术问题,美好的新世界就会来到,——人类是多么幼稚,又是多么狂妄!

重视能力的培养无疑是对的,但能力是一个非常模糊的说法。不管做什么事情都有一个能力问题,我认为,在所有能力中,生活能力是最重要的和最根本的,因为,人,只要他还有一口气,他就生活着。什么是生活能力?最重要的就是建立起自己与外部世界的稳定的和谐的联系,从而与外部世界进行物质和精神两个方面的正常有序的交换,进而赋予自己的生活以意义,为个体的生命找到价值和尊严,并充分表现和享有它们。他明白生命是怎么回事,所以他知道人的一生应该怎么度过。他不是没有痛苦、寂寞、消沉甚至更坏的心绪和念头,但他不会放纵和沉溺于这些使自己的生活挫败的情绪中,也就是说,他清楚自己在做什么。这样一种生活能力是很难自然而然地获得的,需要作为一种文化行为的教育来引导和建构,而我们的教育从来就没有把这样一种能力的培养纳入到自己的视野中。

现在,据说我们又开始重视动手能力和动脑能力了,这是一个可喜的进步,但又是远远不够的。我们需要的是动心的教育。何谓动心?我的理解是"以德铸魂,以文化心"。心不动则死,而哀莫大于心死。我讲《氓》时,学生觉得这是一个很乏味的故事,我讲《孔雀东南飞》时,学生不能理解男女主人公双双殉情的行为,杜十娘的沉江更是蠢不可及,至于杜丽娘的游园和林黛玉的葬花则是无聊之极……我就不明白，除了 F4 和“我的野蛮女友”，究竟还有没有什么东西能让现在的青年学生动心？

我们可以做一个调查，一个人从小学到中学接受学校教育十多年，在这十多年里，他有过几次来自学校和教师的教育教学行为而引发的心灵震撼和灵魂洗礼，哪怕就是些微的但必须是真正的能产生向上向善力量的感动感慨感奋动情动心动性，让他明白一个人应该怎样生活，怎样具有爱心、信心和悲悯心，从而整个地或渐渐地改变了他的生活态度和人生道路的选择？在这个问题上，学校和教师还敢那么自豪吗？他们曾经多么自豪地宣称我们有多少人获得奥赛金牌，多少人进入清华北大，本科率是多少多少，人均总分是全省第几名，至于这些人进入大学或走上社会以后是不是把硫酸泼向其他生命，是不是向自己的父母举起菜刀，是不是因为一点小小的挫折就跳楼喝农药，是不是受了一点委屈就泄愤报复伤害无辜，是不是一有机会就搞腐败没有机会就恨恨不已，是不是生活在夸夸其谈、弄虚作假、自欺欺人、委曲求全、忍气吞声、随波逐流、蝇营狗苟、无可奈何、得过且过等等没有尊严、没有价值、没有理想、没有信念的状态中……这些就不是我们管得了的了，只能由他们自己负责。

究竟是什么原因让青少年一代的心灵变得那么荒寒而僵硬？如果说这不完全是教育的责任，那么教育完全有责任让人类至少是青少年一代的心变得温柔和丰润起来。而我们的教育恰恰是一种丧“心”失“魂”的教育，这种不能“动心”的教育是残缺的教育，而这种残缺是一种根本的残缺。

柔性暴力与话语霸权

人的全部尊严在于人的思想。

思想不仅是人的权利,而且是人的本质。没有思考的生活是动物式的生存,不会思考的人只能丧失独立人格和自主意识,从而沦为感性和知性的奴隶。

中学教育的最大问题是剥夺了学生独立思考的权力!

这种情况在文科教学中尤其突出。如语文学科中充斥着欺骗和谎言。循循善诱的欺骗就是柔性暴力,认认真真的谎言其实是一种话语霸权。理科教学也不例外,不去挖掘科学里面蕴涵的人文思想,不致力于培养学生的科学态度、科学精神和科学意识,而是一味地限于各学科自身的理论框架体系中,并通过不断地增加难度来吸引学生的注意力和耗费学生的精力。

为什么不引导学生去关注和思考发生在他们身边的"精彩纷呈"的"事件"?像企业改制、下岗分流、环境保护、西部开发、素质教育、农民负担、腐败现象、升学就业、青少年犯罪、庸俗文化的泛滥、社会风气的恶化、贫富悬殊的加剧、精神家园的丧失、党风、行风、民风、贫困、失业、失学、民生、民心乃至国际政治的风云变幻等等,所有这些我们天天看到、听到和感受到的活生生的现实，为什么不能进入学生的视野，进入语文、历史、政治、物理、化学、地理、生物等学科的课堂，进入学生的作业、作文乃至高考的考场？

我们害怕什么？害怕学生稚嫩的心灵难以承受？害怕他们的思考太幼稚或偏激？然而，他们已经并终将去承受这一切！幼稚不可怕，可怕的是虚假的早熟；偏激不可怕，可怕的是麻木！

更重要的是，只有让他们真正去思考现实人生中的种种问题，才能真正培养起社会责任感、历史忧患感和人生沧桑感，才能真正树立起尊重生命和对生命负责的信念，这就叫素质，这是比什么都宝贵的财富啊！

国际21世纪教育委员会的一份报告里说："如果希望学生日后有能力预见变革，并通过终生持续不断的学习来适应变革的话，那么在现代社会里就越来越需要教育为培养个人的判断力和责任感作出贡献。与教师一起工作并同他对话，有助于学生发展自己的批判意识。教师的巨大力量在于作出榜样。他们要表现出好奇心和思想开放，并随时准备自己的假定将由事实来检验，乃至承认错误。"

责任感来自判断力，判断力来自思想，思想来自思考。学生的话语权和思考权在我们的循循善诱和不遗余力的努力下被不动声色地剥夺了，思想何以产生？没有自己的思想，凭什么去判断呢？

看看学生的作文吧。你看到的是什么？

我看到的是四平八稳、千篇一律、千人一面、异口同声，我看到的是一个个政治小动物、思想小侏儒和精神小太监。不必奇怪，我们早已把他们的思想阉割掉了，然后塞进去我们为他们准备好的一些东西。

这种"霸权主义"的依据仅仅是：我们是家长。在家庭是父母，在学校是教师（一日为师，终身为父），在社会是"父母官"。其实，这些带"父"字头的"大人们"对生命早已麻木不仁。他们披上爱的外衣对青少年实施"柔性暴力"完全是出于虚弱和卑怯的心理，因为他们的判断力早就丧失了。比如说，作为主流权威媒体的中央电视台，甚至在新闻联播节目中都经常出现把只要稍微一思考就会发现作为反面材料更合适的事件错当成正面典型来宣传的情况,例如,说一个社区精神文明建设成就卓著,每一户居民家都有好几把自备的小铲子,他们经常主动把出现在小区内的非法宣传品铲掉云云。

没有怀疑和批判就不会有创造和进步,没有真思考就不会有怀疑和批判,没有真问题就不会有真思考,不去关注现实人生怎么会发现真问题呢?

把真相告诉学生,把思考的权利还给学生吧。

金钱、美女和自身利益

有一位教师在对学生进行入学教育时，公然宣称读书不是为了什么国家、社会，而是为了自己，他说："读书增强了自己的本领，提高了自己的资本，将来能找到一个好的工作，挣下大把的钱，从而有一个美好的个人生活，比如生活愉快，人生充实，前途美好，事业辉煌，甚至找一个漂亮的老婆，生一个聪明的儿子。所以，我强调读书应该是为了自己！"此事在网上引起了广泛的争论。这位老师的说法其实并不新鲜，古人早就讲过："书中自有黄金屋，书中自有颜如玉。"读书而博取功名，这在科举时代既是理想又是现实。"朝为田舍郎，暮登天子堂。"理想和现实之间似乎只有一步之遥，有人一步登天，更多的人则是焚膏继晷、兀兀穷年、屡试屡败、潦倒终身。现在我们知道，历时千余年的封建科举制度固然有其积极意义，但它的消极作用更是不容忽视：严重降低了读书人的读书趣味，深深地戕害了知识分子的灵魂。这种功利主义读书观至今阴魂未散，它深深扎根于中国人的灵魂深处，致使知识的真正价值和知识分子的独立人格终难建树。

这位教师只不过说出了大家心里所想、嘴上不说的大白话而已，所以，与其说是他的观点错误引起了人们的义愤，不如说是他不顾中国人传统的

“做得说不得,说得做不得”的人际默契,一语道破天机,让那些道学者们老羞成怒。

把“挣大钱、娶美女”作为读书的乃至人生的目标究竟有什么错?用自己的劳动和智慧合法挣钱是现代社会所鼓励的,至于“娶美女”则纯属私人问题。前几年,不读书的人照样可以“挣大钱、娶美女”,而读书人却常常潦倒。现在和将来恐怕不读书不行了,知识越来越成为生存和发展的最基本的条件,不读书而挣大钱肯定是行不通的,至于娶美女倒还有可能,因为现在的美女实在太多了,各人的审美标准也不一样,在阿Q眼里,吴妈最美,就是脚大了点。

那么,我们是不是应该或者只能用“挣大钱、娶美女”的现实功利来激发学生的学习动机和兴趣呢?其实,改革开放以来特别是近年来,我们明里暗里一直是这样鼓励学生的,以至于现在还有谁用大道理来说教,不但听的人深不以为然,就是说的人也心虚气短,像阿Q在对革命失望以后对自己的“盘辫”一样感到无聊。近一步说,“挣大钱、娶美女”真的能激发所有学生持续的求知积极性吗?一方面是“成本”太高,他觉得不合算;一方面是“风险”太大,不知你的承诺能否兑现。最终他还是选择了厌学、逃学甚至自杀的道路。

我们在激发学生学习动机方面表现出来的计穷力绌既有历史上人文资源先天匮乏的原因,又有现实的逼仄和无奈,这两者是有密切联系的。发展经济是我国现阶段最迫切的任务,提高综合国力是硬道理,科学技术是第一生产力,教育理所当然要多快好省地为国家建设培养人才。“娶美女”是要有实力的,没有实力,何来魅力?这个“实力”对于个人来说,似乎就是金钱、权势和地位,对于国家来说,就是经济发展水平。没有发达的经济,哪来国际地位?没有国际地位,谁跟你“缔结秦晋、共度良宵”?应试教育为什么愈演愈烈?因为它正中了个人、家庭、学校和国家追求短期行为的下怀——个人可以“挣大钱、娶美女”,家庭可以光宗耀祖,学校有了升学率,国家选拔了一批人才。至于那些被淘汰出局的失败者,那是活该,谁叫你们不想“挣大钱、娶美女”的？

任何人都会最大限度地追求自身利益，超功利的人是不存在的，这是由人的生物本性决定的。挣大钱也好，娶美女也好，都是追求物质欲望的满足，承认这种欲望的合理性和进步性正是资本主义社会在短短几百年的时间里创造了巨大的物质财富的基础。而我国几千年封建社会之所以发展极其缓慢，很大程度上归咎于“重义轻利”直至“存天理，灭人欲”的思想禁锢。现在我们的确要给予“人欲”以合法地位，然而，改革开放二十多年来，随着经济的持续增长，社会精神风尚却急剧恶化。苦心经营了两千多年的道德防线为什么一触即溃？因为它缺乏物质基础。然而，快速增长的经济如果没有道德作基础，其危害恐怕更大。压抑了两千年的“人欲”一旦爆发，正如打开了“潘多拉的盒子”，各种罪恶张牙舞爪，肆虐恣睢，冲击着社会公正和道德的底线，噬啮着人们的良知。历史就是这样的无情，它把账全记在那儿，你不及时还清，终将不可收拾。道德沦丧、物欲横流的现实既是以前重德行、轻物质的全面反弹，又是现在重科技、轻人文，重经济、轻道德的必然结果，它已经在抵消着经济增长带来的福利。现代人并不感到幸福，金钱和美女永远不能填补精神的颓废和心灵的苍白；一旦社会公正和公平的底线被突破，生活在这个社会上连起码的安全感都将丧失，遑论幸福？

“人只有一种真正的利益，即充分发展他的潜能，充分发展作为人类一员的他自己。”（弗洛姆《为自己的人》）教育的目的也只有一个，即帮助人们实现他们真正的自身利益，也就是让受教育者成为真正意义上的人。著名教育家潘光旦说：“教育的主要目的是在完成一个人……主要目的有了着落，受了尊重，任何次要的目的我们可以不问，不论此种目的有多少，或因时因地而有些斟酌损益，我们也可以不怕——不怕任何一个次要目的的畸形发展。”如今，这种“畸形发展”——社会的、国家的、民族的、个人的——之害之烈之惨之深之远，只要睁开眼睛，就可以看得很清楚。

读书的确是为了自己，为了完成自己，实现自己。追求幸福是人类永恒的主题，而一个丧失了自我的人，他可以拥有金钱和美女，但他不可能得到真正的幸福。幸福的涵义首先是而且永远是，认识自我，拥有自我，享受人生的痛苦与欢乐，享受生命的脆弱与崇高，享受自己作为一个人的价值和尊严。

应试教育的报应来了！

这是两年前我听南京师范大学附中一位语文特级教师讲的话，他在说到下面这种现象时，不禁感慨万端——

近几年毕业的师范生，走上教师岗位后，本指望他们年纪轻、有思想、有个性，能够为沉闷乏味的中学教育带来一点生机和活力，为气如游丝的素质教育注入新鲜的血液，谁知道，他们似乎不约而同、无师自通地一头扎进应试教育的怀抱中，正干得津津有味呢。这些还是有上进心的、希望干出成绩、争当“教坛新秀”的好青年，他们的加盟让“应试教育”更是威风凛凛，且后继有人，“前程似锦”。这种现象很有普遍性，这位特级教师一声叹息：应试教育的报应来了！

是啊，这一批又一批“新生力量”自身正是应试教育的产物，他们对于“考考考，教师的法宝；分分分，学生的命根”那一整套做法可谓烂熟于心，一旦成为教师，完全得心应手，运用自如，乃至变本加厉，愈演愈烈。他们认为这种做法正是对学生负责，因为当初他们就是这样被“负责”的。他们的思想中有多少新东西呢？没有。因为当初他们的老师不但没有给他们新东西，而且还堵住了他们接受新东西的通道。

当然不是所有年轻教师都这样，但我们确实感觉到一个可怕的恶性循环已经形成，这是推进素质教育的最大障碍。

我认为素质教育的实质是人的教育,而应试教育的实质是非人的教育,这是它们的根本区别,很多人并没有真正认识到这一点。诸如把两者调和起来的做法,虚应故事搞素质、扎扎实实抓应试的做法,认为搞素质教育还为时过早、条件尚不具备、不适合中国国情等想法,都是源于对这两种根本不同的教育思想的模糊认识。当前应试教育咄咄逼人的气势固然依仗于现实政治的强硬背景,但它的大行其道显然同时得力于大多数教师的默认、纵容和推波助澜。

"为稻粱谋"的现实功利诉求蒙住了人们的眼睛,但教师应该清醒一点,看得更远一点,因为教师的教育思想和教育行为影响着一代青少年的成长和幸福。家长可以短视,学校可以短视,政府可以短视,但教师不行,教师应该充分认识到应试教育的危害,本着对历史、对社会、对学生高度负责的精神,在可能的范围内,以不同的方式,尽最大的努力,营造一个民主平等的教学氛围,给予学生一个较为宽松自由的发展空间,培养学生健全的人格和良好的品性,特别是文科教师更要自觉地为学生的精神成长负责,不要再欺骗、蒙蔽和误导学生了。我们都有或将有孩子,我们的努力会多少改善一点目前的教育生态,哪怕就是为自己的孩子着想,也应该对当前的应试教育保持必要的距离和警惕。如果连教师都放弃了应有的批判立场,那么还能指望谁呢?

在谈到《新语文读本》时,李海林先生说:"如果我能让学生接触到这么多美丽、高尚、纯洁、深厚与伟大,我即使在高考中丢它几分也心甘情愿,因为我相信我通过这套教材给学生的,肯定比高考给他们的更重要,更能受益终身。"(《教师之友》2001 年第 10 期)如果我们的教师都有这样的胆识和才情,并且把它切实地体现到我们的教育行为中,素质教育其庶几乎!然而,现在的恶性竞争常常是为了三分五分而丢失了太多太多的东西,其可痛也欤!其可痛也欤!

历史是有记忆的,应试教育的报应刚刚开始!

谁的“痛”？谁的“快”？

——读何永康教授《“痛”而后“快”——我看南京“高考之痛”》

读了何永康教授的《“痛”而后“快”——我看南京“高考之痛”》一文，我有一些疑惑，提出来就教于何教授——

何文主要谈了三个方面的问题：如何评说现行高考制度？如何界定“素质教育”？怎样考查学生的“综合素质”？简单地说，何文的观点可以归纳为：高考制度是当今最好的，“素质教育”是谁也说不清楚的，学生的“综合素质”是很难考察的。因此，不要指责“高考之难”，不要拒绝“高考之痛”，“痛”才能“快”，“痛”而后“快”。总之，现实是合理的，未来是美妙的，于是，何教授“总是乐观而浪漫地推想：待到今天这些凭‘总分’考入大学的孩子长成后，中国的科技、文化将会是何等辉煌啊”！“何愁不独秀于全球”！最后，何教授提了几个具体办法：“适当搞一点老师督察下的晚自习也是有必要的”，假期里，“适当搞一点学校组织的补习班”，“引导学生认真学习教材，而不去搞什么瞎闯瞎碰的迁移训练”等等，在提到“要研究‘考试’，市教研室可以组织专家讲座”之后，何教授不忘补充一句：“本人愿意讲一讲‘高考作文规律’”。

我记得何教授在讲“高考作文规律”时，曾强调过点题的重要性，那么，何教授的这篇“话题作文”是不是卒章显志，“本人愿意讲一讲‘高考作文规律’”是不是画龙点睛之笔呢？如果是的，那么上文讲了那么多“中国科举考试是划时代的发明”“公平竞争，人人都有机会”“郭沫若的初婚和综合素质”“自主招生的弊端”等等，是不是有点绕来绕去呢？而何教授是向来反对“绕绕弯”而喜欢“视觉撞击力”的。

有了后文的“点睛”之笔，我们就很容易理解何教授对现行高考制度的情有独钟：“高考，是目前甚为珍贵的一方‘净土’，应当维护和坚守！”对于我国目前高考取“总分制”划“分数线”的做法，何教授认为是合理的，并说自己在教学中发现：“600多分的学生就是强于500多分的，400多分的就是强于300多分的。”但在这儿，何教授好像又犯了一个不该犯的错误。何教授不应该不知道，高考可不是100分一个等级，而常常是1分就能决定一个人的命运，400多分到500多分里面不止两个人，恐怕有数十万人吧。但何教授不敢说“601分的学生就是强于600分的，600分的学生就是强于599分的，599分的学生就是强于598分的”，看来，他的勇气还是有限度的。

何教授说：“我们生活在‘今天’，只能按‘今天’的规矩办事，所以，请不要指责高考‘难’，不要一厢情愿地拒绝选拔考试中的残酷‘竞争’。”是的，可怜的学生不敢指责高考“难”，可怜的家长更懂得考试的“残酷”，我还是要说，这种“残酷”真的是必要的吗？“高考之痛”真的是必要的吗？这种类似黑社会抢码头式的火拼真的“应当维护和坚守”吗？基础教育这样搞法世界上还可以找到第二个国家吗？这还算是教育吗？我想进一步追问，选拔人才除了考试就真的没有其他办法了吗？我想至少有一千种办法，当然它们各有利弊，这才是需要像何教授那样的专家学者研究的事情：如何加快高校招生改革的步伐，尽快终结这种“一考定终身、一分定前途”的滑天下之大稽、贻天下人之笑柄的做法，救基础教育于水火之中。全国统一高考曾经有它的合理性，现在已经是弊远远大于利。何教授可以振振有辞地或闪烁其辞地举出很多“利”来，但终敌不过一个“弊”：整个儿地毁了基础教育！

但何教授可不这样看，他还在憧憬着这个高考制度将使得我国的科技“独秀于全球”呢，这是他在“匆匆浏览”了各科试题汇编后发出的感慨。他说：“如今的高中生太不简单了，语、数、外，理、化、生，政、史、地，什么都要懂，什么都要高难度地‘懂’；如果没有12年寒窗之苦，没有记忆、综合、升华的能力，是很难考到高分的！”然而，何教授知道吗——有600多分的，有500多分的，有400多分的，还有300多分和200多分的，那些考300多分的也是陪着考600多分的学生一起经历了12年的寒窗之苦啊！当然，何教授会说：谁叫你们没有“记忆、综合、升华的能力”的呢？

何教授在认定“素质教育”谁也说不清——“这是一场难以宣判的官司”，“综合素质”是无法快速考核出来的之后，又热情洋溢地肯定了高考能“快速考核”且“行之有效”。他说：“就高校招生来说，最好的办法便是高考：(1)5门课的‘总分’，可以看出一个学生的基础知识水准；(2)艰辛而漫长的备考，可以显示一个学生的心理承受能力和心灵韧性；(3)临场答卷，可以监测一个学生的快速应对能力，有无‘山’的沉稳和‘水’的灵动；(4)作文的高下，更是考生人生经验、思想感悟、文化修养、知识底蕴、表达能力、表述能力、想象能力、思辨能力、诗情和灵感、专注和开拓、借鉴和创造等等的综合显示，故分值最高(60分)，故科举时代一篇华章鸣金榜……”

看到这儿，我不禁哑然！这个“素质”的确够全面、够综合的，又是基础知识水准，又是心理承受能力、快速应对能力和心灵韧性，还有思想、修养、想象、思辨、诗情、灵感、专注、开拓、创造等等。我看美国西点军校可以关门了，要训练特种兵只要到我们这儿来读三年高中即可。事实上，确实有人把我们的应试训练称为“魔鬼训练”，但我弄不懂，我们要那么多“魔鬼”干什么？关于作文我想另文再谈，这里我顺便说一句，作文能不能像何教授所说的那样可以看出考生的“人生经验、思想感悟、文化修养、知识底蕴、表达能力、表述能力、想象能力、思辨能力、诗情和灵感、专注和开拓、借鉴和创造等等”，我的回答是：能！但是，像如今这样的应试作文不能！应试作文里当然也能看到很多东西，诸如装腔作势、无病呻吟、思想侏儒、精神太监、心灵苍白、情感枯竭、人格萎缩、语言无味、面目可憎等等,还有各种“做文章”(中国人本来就擅长“做文章”)的技巧——投机取巧、借题发挥、胡编乱造、生拉硬拽、装点门面、强词夺理、歌功颂德、夸夸其谈等等,就是看不到丝毫的自由精神、独立意志和真实感情。

为了捍卫高考这一方珍贵的“净土”,何教授对人们提出的“高中阶段,实行招生考试、毕业考试和综合素质评定相结合的录取制度”,“让大学了解学生在中学阶段是如何成长的”等办法很不以为然,对“自主招生”更是不放心,但又举了“20 多年来”自己推荐保送的两个考生如今取得辉煌成绩为例来证明“自主招生”有可取之处,何教授似乎没有注意到这个自相矛盾之处。

行文到最后,何教授大叫一声:“痛”——“快”,“痛快”! 而我禁不住要怯生生问一句:谁的“痛”? 谁的“快”?

“绕不过他们的悲痛的脸”？
——与G先生商榷

G先生看到有60多个学生没有考上本科，从而“感到极其痛苦”，“绕不过他们的悲痛的脸”，觉得作为学校作为教师是有愧于学生的。这种心情是可以理解的，同时也是一种责任感的表现，但我还是觉得大可不必。教师和学校只要尽到自己的责任就行了，学习是学生自己学的，考试是学生自己考的，人生的道路是各人自己走的，别人还能把你怎么样？谁敢保证每个学生都能考上本科，而且还要是每个学生自己都满意的学校？每年高考下来铁定了有一批人进不了大学，更多的人进不了自己满意的大学，这是由现行考试招生制度决定的，谁也改变不了这个事实！也就是说，如果你这儿60多个学生全部考上本科了，就必然有其他地方的60多个学生被挤掉，对此，我们会不会“感到极其痛苦”呢？恐怕不会，因为我们绕过了“他们的悲痛的脸”！

“一个学生没有考上大学，对于这个学生意味着什么？对于他的家庭意味着什么？”G先生的这个问题是没有意义的，它根本无法回答，因为我们不知道这个学生是谁。如果这个学生是孙志刚，我们可以回答说，意味着他至少不会这么年纪轻轻就被无辜毒打致死；如果这个学生是马加爵，我们可以回答说，意味着他恐怕不会这么快就沦为杀人魔王；如果这个学生是吉林市永吉县农家子弟李致富,我们可以回答说,意味着他的长期卧病的母亲不会为了省下儿子的学费而放弃治疗悬梁自尽;如果这个学生是辽宁省辽阳市的城市贫民孙大朋,我们可以回答说,意味着他的父亲不会因凑不齐孩子的学费而以服毒自杀向儿子"谢罪"……就算上面的这些回答,我们也只是做了一个事后诸葛亮,还是没有意义。所以一个学生考上还是没有考上大学只是表明他考上了或者没有考上大学,除此之外,什么也"意味"不了。谁能预测一个人的命运?谁能设计一个人的生活?前者只有上帝能做到,后者只有自己能做到,我们教师只管把书教好就行了。

教育是一项事业,教师是一个职业,从事任何职业的人都应该致力于提高自己的职业素养,作为教师,我们把被认为是重要的知识通过恰当的途径有效地传递给学生,我们的任务就完成了,至于学生接受了多少、是怎么接受的以及用这些知识去干什么等等就不应该是我们管的事情。比如,他用这个知识去考大学,那就让他去考吧,这由高考招生部门去管。再比如说,他用这个知识去危害社会,我们当然不希望他这样,但他一定要这样做,我们也没办法,这由公安部门去管。这样,各人管好各人的一摊子事,那不就结了?干嘛要我们教师来为学生的一生负责呢?我真弄不明白。

其实,所谓对学生以及学生家长负责,不就是把学生送进大学的门槛吗?我们还能负什么责?现在的问题是,学生家长就认这个,你如果做不到或者做得不好,他就不买你的账,正像G先生文章中提到的,他的一个很有"教养与人文情怀"的大学同学说,"如果可以重新选择,不选我校,把女儿送到县中去"。对此,我们怎么办?

现在,学校有两种态度和选择:第一,他要走就走,这样"就意味着我们愿意承受生源进一步下降乃至恶性循环的后果";第二,通过各种措施提高升学率,把他留住,把他重新吸引过来。如果叫我选,我倾向于选择第一种。其实,生源是不成问题的,我们担心的只是好生源的流失,但基础教育不应该有好生源和坏生源之分,所有的学生都应该得到完全、完整和完好的基础教育,仅仅根据考试成绩分出好生差生从而区别对待,这是极其恶劣的人格歧视，它对人性的伤害是巨大的，为这个民族埋下了可怕的祸根。"生源大战"造成类似黑社会相互残杀的"火拼"以及对人力资源的掠夺性开采，严重恶化了教育的生态环境，这是任何一个有良知的人深感痛心的事情，这个责任不只在学校，更在广大教师，至于那些教育官僚，你根本无法指望他们能为民族前途着想和对历史负责。

有人说，你讲的这些道理我都懂，现在问题是，广大人民群众需要升学率，学校要不要代表最广大的群众的最大利益？这个矛盾怎样解决？你不能老是骂基础教育的失策、失误和失职，关键是要解决问题啊。我的回答是，我的任务就是批评，怎么做的问题有"肉食者谋"，"又何间焉"？

考虑到"肉食者鄙，未能远谋"，我在很多文章里都提到一些具体做法，现在，我愿意再奉献一个——

把基础教育和升学教育分离开来！

拯救基础教育:把升学教育从基础教育中剔除出去!

一、问题的提出

开学初的一次高三摸底测试暴露出学生古文基础非常薄弱,我们备课组决定暂缓高考考点的复习,集中一段时间强化一下古文的阅读。我们选印了从先秦到两汉到唐宋的散文名篇(段)作为阅读材料,但我发现学生对此不够重视,兴趣也不大,其实这早就在我的意料之中:优秀的古文精品已经不能吸引今天的学生了。

高考文言文阅读的选材几乎从来不涉猎古文经典,而命题则基本上是对词句的理解,几乎不涉及对思想内容的分析评价,学生可能觉得我们印发的这些文章对高考帮助不大,但更重要的原因还是学生对古代经典的隔膜,除了文字上的隔膜(这显示了他们古文功底的寒碜),更重要的是思想和感情上的隔膜。他们不能理解古人的言行和所思所感,对教师的分析评价也大不以为然,他们完全用今天的观念来理解古人,当然就不得要领,不知所云。

学生在读古文时还暴露出一种浮躁的心态。哪怕很短的一篇古文他们都很难静下心来认真地细心地读完,更谈不上琢磨、探究、思考和领悟了。由于读得比较粗糙，当然无法领略其深邃的思想，就是字面上的意思都没有耐心把它们弄懂，就丢在一边。这都是快餐文化惹的祸，现在的学生喜欢新鲜、刺激、好玩的东西，只需要用眼睛、耳朵和身体去接受新事物，他们渐渐地已经不习惯甚至不会用脑更不用说用心去阅读了。

我觉得阅读有思想有内涵的书能让人静下心来，这对于克服越来越浮躁的世态人心有很大的作用，然而无可奈何花落去，如今偌大的中国到哪里去找一张安静的书桌，甚至在校园里也很难找到真正的读书人。学生在忙着做题目，全中国成百上千万的中学生都在忙着做题目，各种各样层出不穷的训练测试练习辅导……就是为了那场所谓决定命运的考试:这就是中国的基础教育。

我无意否认高考制度一定程度和一定阶段上的合理性，我也不主张立即废除高考，但是高考的确在扭曲着和摧残着基础教育。这个矛盾不解决，新一轮课改只能无疾而终！过去是片面追求升学率，现在则是全面追求升学率；以前还有点羞羞答答，现在则是理直气壮，从这次南京高考之痛的讨论而导致的南京基础教育的全面倒退中可以看得很清楚，哪个学校能顶得住压力？你想做中流砥柱，最后只能是葬身于人民战争的汪洋大海之中！

二、解决的方案

基于这样一种情况，为挽救基础教育，本人郑重提出一个切实可行的方案:把升学教育从基础教育中剔除出去！基础教育有其独立自足的品质，但只有让她从升学的阴影中走出来，彻底摆脱升学压力，才能重建价值，重获新生。

普通高中用两年半时间完成高中阶段的教学任务，通过毕业会考获得高中毕业证书，学生毕业后，即离开学校，不再跟学校有任何关系。毕业后的学生可以自寻门路就业或进职业类技术学校，想考大学的学生则自行复习准备六月的高考。学校不得以任何名义组织学生复习迎考，学生则凭身份证和户口本,以个人身份报名参加高考,由招生部门统一组织和管理。在三个月左右(3月—5月)复习迎考的时间里,学生可以请家教,可以自己在家复习,可以自行组织学习小组,可以在网上学习,也可以参加由社会力量组织的各种复习班,总之这个事情交给社会和家长去办,跟普通高中没有任何关系。学校只组织每年3月上旬的高中毕业会考,会考结束以后,除了部分学生可能要参加补考之外,就没有事情了。教师工作两年半多一点,然后休息近半年(3月中—8月),在这段休息时间里,只要求教师必须参加累计比如说一个月时间的业务进修,其他时间自由支配,你去做家教也好,你去各种各样的高考复习班上课也好,总之,纯属个人行为,与学校无关。

三、补充的问题

高中教育严格执行教学计划,各学科要制定相应的课程标准,作为高中生应该具备的知识、能力和素养,像语数外等基础学科素养、理化生等科学素养、政史地等人文素养,还有身体素质和音乐美术等艺术素养等等要全面培养,并作跟踪记录,两年半时间做了哪些事情,是怎么做的,结果怎么样,都要摘要记录在毕业证书上,最好还应有部分任课教师的评价,学校和教师对所有自己写下的并被记录在案的文字负责。总之,让大多数人成为合格的高中生,这就是高中教育的任务。评价一个中学的标准可以有很多指标、途径和手段,就是没有高考升学率,因为高考跟中学教育无关。这样升学教育就彻底退出了基础教育领地,还基础教育以清白和清静。

高校招生途径和方法多元化。在条件允许和操作规范的前提下,各大学可以自主命题,单独招生,或者同类大学联合命题组织招生考试,各省市也可以分别统一命题,学生各人根据自己的情况选择一场或多场招生考试,考试时间尽量错开,但要求在一个月(6月)内结束高校招生考试。还可以有其他多样的灵活的录取办法,在保证相对公平的情况下,让学生和家长有更多的选择。

再补充一点:《考试说明》由组织考试的部门发出,可以是国家考试中心,也可以是省市教育科研部门,也可以是大学。考试说明一律在每年3月发布,也就是高中毕业会考之后,不得提前发布。考生根据自己的情况,选择一场或几场考试,按照相应的考试说明的要求进行复习,复习时间只有近三个月。每年考试内容在相对稳定的基础上应有所变化。相对稳定的东西是各门学科中最基本的知识和能力以及在这个基础上的合理延伸。每门学科基本的知识体系和能力体系在高中两年半的时间内完成。变动的东西则是根据各高校的情况和要求自行确定。

总之要设法让高中两年半的教育教学过程中根本无法为高考做准备,因为究竟具体考什么、怎么考要到学生毕业以后才完全清楚,而学生高中一毕业就跟学校没有关系了,升学率将成为一个历史名词,在普通高中学校绩效评估中永远消失。高中教育只有一件事情可做,那就是一门心思老老实实地执行高中教学计划和课程标准。

学生究竟有哪些自由？

自由是上帝带给人类的最重要的礼物，剥夺了人的自由，实际上就剥夺了人之为人的条件。作为人，学生究竟有没有自由？又有哪些自由？这个问题肯定会聚讼纷纭，为了避免言人人殊，我们需要确定一个标准，这个标准是，所有的人都有自由，一个人在享受自由时不得妨害别人的自由，也就是说，自由的边界是他人的自由。这个标准简单明了，便于把握和操作基于这个标准，我们来回答下列问题。

学生有没有不学习的自由？回答是有，但不能妨害别人学习的自由。比如说，学生有没有上课迟到的自由，回答是没有，因为你的迟到打断了老师的授课，转移了部分学生的注意力，妨害了别人。学生有没有上课伏在课桌上睡觉的自由，回答是有，但你不能发出打呼噜的声音。有人说，学生上课睡觉会影响教师的情绪，进而影响授课质量，也就侵害了其他学生的利益，但这个责任不在那个睡觉的学生，而在教师。

学生可以不做老师布置的作业吗？可以。因为他不妨害其他人。有人说，其他学生看到他不交作业而不受惩罚也不肯做作业，从而影响了班风和学风，也间接影响了那些想学习的人，我说，这个责任不在那个不交作业的人，因为他没有强迫任何人不交作业。

学生有考试作弊的自由吗？没有。因为这种行为损害了考试的公正和公平原则。学生有与老师“顶嘴”的自由吗？当然有，但在课堂上要注意不能干扰正常的教学秩序，从而影响其他人。学生有打小报告的自由吗？有。同样，学生也有不检举和揭发其他同学的自由，对此，教师无权威逼利诱，更不能以任何形式惩罚和报复。

男女生可以过密交往吗？可以，只要双方是愿意的。他们碍着谁了？你们管得着吗？有人说，他们的行为败坏了校风。我认为这完全是污蔑，而且是用卑鄙龌龊的心理去揣摩最自然、最纯洁和最美好的感情。

学生不做作业，我们可以说服他，但不能强迫他。有人说，我是为他好。作为教师，教书育人的确是我们的义务，也是我们的责任，但在这个过程中不可以有任何剥夺别人正当的自由的强制行为，不管你有多少美丽的谎言和借口。你追求你所教班级的考试分数或其他什么成绩，这是你的自由，但不能妨害任何一个学生的自由，这是文明社会必须坚守的价值底线！

附：学生在课堂上有没有“开小差”的自由？

什么是有效教学？效率、效果、成效、绩效，这些东西怎么来衡量？

教学活动，一方面传授知识和技能，另一方面教师通过自己的人格影响学生，教师以自己的整个人格显示了一种生命的存在方式，呈现出一种新的生命形态，教师站在讲台上，人格力量不断外溢和辐射，也许一个不经意的眼神，一个简单的动作，一句随意的话语都可能成为学生生命体验中一个美好的瞬间，成为他们以后漫漫人生路上一个不断闪现的温馨的记忆，这些东西根本无法评估，所以，能够衡量的“有效教学”其实就是考试成绩。

有很多事情我们都应该追求效率，但教育恐怕不能单纯地一味地追求效率，因为教育是精神成长，是生命活动，它们怎么可以用数量的东西来衡量呢？比如说，在我的课堂上，有一个学生思想开小差了，他没有听到我讲的某个内容，这固然是学习（知识和成绩）上的损失，也是他听课效率不高的表现，但他开小差那会儿在想些什么呢？我们不知道，也许他思考的问题对于他一生有着十分重大的意义，这绝不是我课堂上讲的某个知识点所能起到的作用。在我的课堂上，有一个学生被窗外的一朵白云，一片树叶或一声鸟啼吸引了，他的心中忽然涌起很深很远的感触，情不自禁沉迷其中，精骛八极，心游万仞，这时，一个困扰着他很长时间的问题豁然开朗了，在这个过程中，我怎么忍心打断他的思绪呢？有人说，这个学生为什么偏偏在这个时候"胡思乱想"呢，那我倒要问问你了，你能控制另一个人什么时候想什么问题吗？有很多事情就是发生在不期然和不经意之间的啊。在课堂上，学生有开小差的自由吗？学生有发呆的权力吗？我的回答是：有！而且这是一种天赋的不可也无法剥夺的权力！教室禁锢不了他，课堂束缚不了他，教师也阻止不了他，这就是人，这就是精神的力量，这就是灵魂的自由！

我们教师为什么不能容忍这样的事情？不就是我们自认为我们讲的东西重要吗？而我们之认为重要，不就是考试可能考到吗？什么东西对学生是重要的？我们只能在最一般的和抽象的意义上谈这个问题，一旦落实到具体的人和具体的问题，就不是我们想象的那么简单。我们根本不知道我们的行为会在什么时候以什么方式伤害到什么人，所以教育需要自由和宽容，只有可能情况下的最大限度的自由和宽容，才能保证教育的最起码的公平，尽管这样做可能会影响效率。

今天，听到一个从加拿大回来的老师谈到那儿的课堂教学情况，他们那儿一天4节课（上午2节，下午2节），一节课是75分钟。75分钟一节课怎么上？这位老师介绍说，老师真正讲课的时间不超过30分钟，其他时间都是自由讨论或做做实验，教师在里面转转，有时就自个儿坐在那儿看看书。这样的课在我们这儿是不可思议的。我们的课是经过精心设计和严密控制的，教学目标、重点难点、如何导入、程序步骤、问什么、怎么问、什么时候问，甚至问谁、怎么答、可能会怎么答、正确答案是什么等等，如果是公开课、评优课之类的，那更是要集体备课，反复推敲，试上，讨论，再试上，少则折腾十天半个月，多则要准备半年，我看拍一部电影也不需要费这么大的劲。我不知道人家那儿有没有评优课、示范课之类的东西，我只知道这是人能发明出来的最无聊最恶心的玩意儿，难怪有人说，中国人天生是戏子，一辈子都不肯做一回自己。

对谁负责?负什么责?

——从宝玉挨打说起(附讨论)

《红楼梦》第33回写到一起惊心动魄的家庭暴力事件。我们知道贾政和宝玉这一对父子间的矛盾其实质是两种人生观和价值观之间的冲突,也就是选择什么人生道路的问题。对于贾政来说,效忠朝廷、建功立业、孝顺父母、光宗耀祖,这一切都是天经地义、不容怀疑和否定的。不走这条路,就是不忠不孝、大逆不道,发展下去就是杀父弑君,天诛地灭。这就是贾政为何如此气急败坏甚至要置宝玉于死地的原因。

我们看到,贾政在教训儿子时的确是动了真情的,他确实是忧心如焚、恨铁不成钢啊,中国的父亲们大概对此都有过切肤椎心之感吧。当我们看到贾政从"气的目瞪口歪"到"气的面如金纸"再到"喘吁吁直挺挺坐在椅子上满面泪痕"。当我们看到贾母来了后,贾政更是左右为难,含泪下跪,狼狈不堪,特别是他见到母亲后那一副至诚至孝的正人君子形象,我们能说他是虚伪的吗?说实话,贾政也怪可怜的,有道是"子不教父之过",作为父亲,他不能容忍儿子走上邪路,他教训儿子究竟有没有错呢?如果贾政没有错,那就是宝玉错了?宝玉错了吗?他只是不愿意走封建家庭为他安排的那一条人生道路,他要过自己的生活,这有什么错呢?那究竟是谁错了?我的理解是社会,是他们所生活的那个社会错了,那个社会的一整套价值观念和伦理道德错了。

要具体分析这套价值观念究竟怎么错的，恐怕是一个非常复杂的工作，也超出了我的能力，但我可以断言，其根本错误就在于违背人性。这个违背人性的制度和道德为什么能够持续数千年？这也不是我能回答得了的，但我觉得这跟专制制度的本性有关。专制制度是一种极其丑恶的制度，它不遗余力地摧毁人的人格尊严和自由本性，把人改造成非人，在这个过程中，统治者自身也成了非人。专制制度造就了专制人格，这种可怕的人格表现在专制制度下的所有人身上，也就是说它让所有人都有机会“专制”一下，父亲对儿子、丈夫对妻子、婆婆对媳妇、阿Q对小尼姑等等，不管你的地位多低下，不管你受到怎样的剥夺和奴役，你总可以等到那一天和找到那样的人让你来剥夺和奴役一番。更要命的是大家似乎都觉得这一切是理所当然和天经地义的，所以专制制度是最大限度地调动了人性中恶的因素，大家都挣扎在人性之恶的泥潭中，互相伤害，结果全变成精神麻木、人格扭曲的非人。

这种伤害常常以所谓“负责”的名义而理直气壮地进行着。贾政教训宝玉不正是基于对儿子的负责吗？

什么叫“负责”？“负责”就是担负起责任来，我们每一个人来到世上都应该担负起属于自己的一份责任，这个责任是什么呢？在我看来，每一个人都只能有一个责任，那就是成为一个人，成为自己，也就是做好自己这一个人！什么叫“做好自己这个人”呢？那就是安排好自己的生活——物质生活和精神生活。首先，我要活下去——生命是多么神奇的赐予；其次，我要活得好——我自己所理解的好，按照我自己的意愿，选择一条自己的生活道路。这就是我的任务，我的责任，我自己的责任，这个责任天生属于我，也只能属于我，怎么可以由别人来担负呢？我又怎么能容忍别人的僭越呢？而除此之外，我难道还有其他什么责任吗？我怎么可以对其他人负责呢？我有这个权力吗？没有！我不明白，我们怎么就敢宣称要对学生负责，要对学生的家庭负责？我们不但要负责学生的学业，居然还要对学生的成长和前途负责；不但可以评判学生的智力水平，还可以随意评判他们人格和道德的高下,并根据自己的评判对他们进行处置。是什么让我们变得如此狂妄和野蛮、如此凶残和霸道?

这种专制人格正是两千多年的专制制度毒害的结果,我们要么是奴才,要么是主子,一会儿是奴才,一会儿是主子,心甘情愿地受人驱遣又理直气壮地去奴役别人,自欺欺人,自虐虐人,互相折磨,彼此残害,这就是中国人基本的生存状态。在“天地君亲师”的宗法血缘人际网络中,个体的精神定位不是独立的,必须在群体关系中才能确定,一个人往往具有多重身份,惟独没有自己作为一个独立的人的身份,“自我”没有独立出来,“人”还没有诞生,从这个意义上讲,我们都不能算是真正意义上的人!

心语:学生马上就要中考了,可是在这个关键时候,却有几名同学“困”在毕业纪念册中出不来,每天拿着毕业纪念册到处找人签字留言,没事的时候就拿出来细细欣赏,心思全然不在学习上。唉呀,我急死了,我急的程度决不亚于《红楼梦》中宝玉的父亲,直接地苦口婆心,间接地暗示,真想马上把他们的脑子与心都拉回到学习中来,让他们在最后时期能拼一把力。我是为我自己的升学率考虑吗?也许有,但是决不全是,更多的还是考虑学生的将来。真的希望我深爱着的他们都有好的前程。

回复心语老师:

我今年教高三,还有十多天我的学生就要参加高考了。他们更厉害,扛着摄像机满校园转悠,逮着一个老师还得让你对着镜头说几句话……看着这群学生兴奋忙碌的身影,我不但不着急,相反,我高兴,我欣慰。

心语老师,我就不明白,你着急什么?你的学生拿着留言本找你签名找他签名,这是一个多么温馨感人的画面啊!他们在一起学习生活了三年,马上就要各奔前程了,他们对学校、对教师、对同学依依不舍,想尽量多留下一些祝福的话语和美好的瞬间,这将永远留在他们的青春记忆中。我认为这比多做几道题目更有意义,对他们一生的影响更为深远。

你可能要说,做事情总要分个轻重缓急吧。是的,暂且不说对于轻重缓急各人的理解不一样，为什么你的理解就一定是正确的呢？就算是正确的，又有什么理由要把它强加到别人头上呢？就复习迎考来说，我从不认为最后几天就能创造奇迹。我们教师最爱犯的毛病就是不放心，看到学生埋头做题就开心，看到学生打闹游荡或呆坐着出神就焦心，总认为多做一道题就能多拿几分，其实未必如此，就算多几分又怎么样，真的就能改变他的命运了吗？考一个重点高中就前途无量，考不上名校就没有出息？谁能预测一个人的命运？谁能左右一个人的命运？不要把自己想象成上帝！马加爵当年的中学老师说不定也为他的埋头做题而自豪过憧憬过。教师能做什么？教师的责任是什么？不要把什么责任都揽到自己身上来，你承受不了，你负担不起。为什么我们教师活得这么苦这么累，心理压力这么大，精神负担这么重？以致我们有些教师的人格都在扭曲，精神都在变态：这是很可悲也是很可怕的事情。

心语老师，你说你很爱你的学生，我很感动。爱是一个多么美好的字眼啊，谁都乐于使用这个词。但爱的含义究竟是什么呢？我恐怕没有能力把这个问题说清楚，我只是说说我自己的理解。我觉得爱一个人，就是尊重他，尊重他的个别性和完整性，尊重他的思想、感情、生活态度、表达方式和思维习惯。学生需要爱护，他们的天性需要倍加呵护。我们知道，学校和家长的行为往往带有很大的功利性，教师需要站到学生一边，用我们柔弱的身躯保护他们，而不是站到强势的学校和家长一边，“助纣为虐”，对学生施加精神统治和个性剿灭，那学生就太孤弱了，就太可怜了。

贾政也会说他爱儿子，但他更爱的是家族利益，是光宗耀祖，王夫人也疼爱宝玉，但她更关心的是自己在贾府的地位，你听听她说的话：“若有你(贾珠)活着，便死一百个(宝玉)我也不管了。”其凶残的面目暴露无遗。贾母总可以说是爱宝玉了吧，但是，她更关心的恐怕是自己的晚年幸福，儿孙满堂，仙寿恒昌，她阻止贾政教训宝玉，真是为宝玉着想吗？真是对宝玉负责吗？真是爱宝玉吗？根本就不是，她只是不想让家庭暴力破坏了她晚年欢乐祥和的喜庆气氛，她不是说过，等我死了，随你们怎么闹去，这不是赤裸裸的自私吗? 有人说,他(她)们只是在用自己的方式爱宝玉,好的,我承认这个说法。然而这种爱对宝玉的伤害是多么的大,宝玉多次说过,有一天死了再也不要托生为人的话,一个十多岁的孩子对生命如此绝望,对被称为“人”的这个东西如此绝望,怎不让人深感震惊! 我每次读《红楼梦》读到这样的地方,都要被震懵好一会儿。我认为,从某种意义上说,这正是所谓“负责”所谓“爱”的结果。这恰好暴露了中国人不懂得什么叫爱,什么是真正的爱! 这恰好证明了几千年来,在被称为“中国”的这块土地上就从来没有生长出真正的爱,就从来没有生长出真正的人来! 而贾宝玉是第一个人,林黛玉是第二个人,他们带着原罪降临到世间,然而他们没有亚当和夏娃幸运,他们在“一年三百六十日,风刀霜剑严相逼”的所谓充满“爱”和“负责”的“温柔富贵乡”里,受尽煎熬,一个“冷月葬花魂”,一个“悬崖撒手”。

在这个没有真正的“负责”和“爱”的地方,这两个词却是被用得最多的词。

这就是我为什么多次讲要做一个人的原因。

王晓春:王雷先生说贾政教训宝玉是基于对儿子负责,不错,然而我同样可以说,他这是基于对自己负责,对自己的价值观负责,对自己的“良心”负责。至于这个价值观是否正确,那是另一回事。

我们现在大批的家长和老师逼迫孩子学习其实也是这么一回事。他们嘴里都说“我是为你好”,其实打的是个人的小算盘,满脑子“望子成龙”的伟大战略部署呀,自己的脸面呀,自己的“升学率”和职称啊,等等。

所以说穿了,这其实是打着“为别人负责”旗号的“只对自己负责”。

对自己负责和对别人负责,二者关系并不简单。

愚以为将二者混同不行,将二者截然对立起来也不行。

“朕即国家”(法国国王路易十六),“我就是人民”(罗伯斯庇尔)都是将二者混同的极端例子,贾政毒打宝玉和今日家长逼子成龙可以说是它们的普及版。

经验告诉我们，这种混同是专制的思想基础。王雷先生对此保持高度的警惕并且严加批判，我完全赞同。

但是如果将二者彻底割裂，其结果乃是殊途同归。

“拔一毛利天下而不为”(杨朱)，“宁我负天下人，不可让天下人负我!”(小说中的曹操)，这是将二者割裂的极端例子，他们可是确实做到了“只对自己负责”。显然，沿着这条思路也完全可以顺利到达专制。

鲁迅先生是公认的“独立的人”，但他的社会责任感、民族责任感是极强的，他的“我以我血荐轩辕”的志向，他的以“呐喊”“听将令”的行动，都不是单纯用“对自己负责”所能解释的。事实上鲁迅先生是把对自己负责与对民族负责结合起来了。

对自己负责和对社会负责，有时确实是矛盾的，但常常是可以统一的，最好把这个问题说得全面一点。当然，在侧重反对某一种倾向的时候，说得片面一点也没什么了不起。

再谈“对自己负责和对他人（社会）负责”——兼答王晓春老师

王晓春老师说，对自己负责和对他人（社会）负责并不矛盾，把它们对立或混同起来都是不对的，而我却说，只有对自己负责的问题而不存在对他人负责的问题，我们的分歧实质上是对“负责”的理解不同。

我们常常听到“我是为你好”“我是对你负责”之类的话，诚如王晓春老师所说，其实是打着“为别人负责”旗号的“只对自己负责”，然而，这真是对自己负责吗？这只是一种自私行为，一种完全为自己的现实利益考虑的行为，这种行为能不能叫做“对自己负责”呢？在我看来，这恰恰是一种对自己不负责任的行为。一个人当然不可能不为自己的切身利益考虑，但这种考虑必须建立在不伤害别人的前提下，如果伤害了别人，最终也会伤害自己，即使你获得了一定的现实利益，但你的精神矮化，灵魂沉沦了，这怎么能叫对自己负责呢？所以，我理解的负责，主要是指人格责任，也就是说，一个人应该最大限度地提升自己的人格，充分实现人的尊严和价值，展示人性的美好和崇高，这是上帝赋予每一个人的责任，这个责任只能由每一个人自己承担起来,别人是不能替你完成的,你也没有权力去干预这个属于每个人自己的责任,就是上帝也只能在遥远的天国注视着我们每个人,等待着对每个人的末日审判。至于我们常说的"对你负责""为你好",如果是真的,那只是完成自己责任的一部分,因为,"对你负责"就是"对自己负责","为你好"其实就是"为自己好",这里根本就不存在矛盾,它们本身就是一回事。比如说,作为一个丈夫,他爱妻子,你可以说他是为妻子好,但其实他是在尽自己作为一个丈夫的责任。作为一个父亲,他抚养儿子并关注儿子的成长和幸福,你可以说他是对儿子负责,但他实际上是在尽自己作为一个父亲的责任,而儿子作为一个人的责任只能由他自己负。当他的父亲失去工作能力而又没有生活来源时,儿子有能力却不愿赡养他的父亲,你可以说他对父亲不负责任,但他其实是没有尽到自己的责任。

同样,作为教师,他的责任就是把自己的工作干好。工作干得好,你可以说他是对学生负责,但他其实是在干自己的工作,他还是在对自己负责。我们常说"要对得起自己的良心",正是这个意思,一个人只需要对自己的良心负责,对自己的灵魂负责。当我们说"一个人要有社会责任感"时,那不还是指他自己的责任吗?这里怎么会有矛盾呢?王晓春老师说:"对自己负责和对社会负责,有时确实是矛盾的。"他是把"责任"偷换成了"利益",而且还是狭隘的物质利益,也就是说,利人和利己有时是矛盾的,有时是统一的,这当然没有问题,但这不是我要讨论的问题。

礼明:我倒觉得有些人甚至过分地夸大了社会环境的险恶,是不是在人为地制造一种虚拟的假象的现场,从而为自己的种种言行开脱罪责呢?

回复礼明老师:

是的,我们总是习惯于把责任推给制度,而不愿意承担起自己的责任来,这是一种狡猾和怯弱。我始终认为教育的改变必须也只能依靠教师,依靠教师的良知和责任感的唤醒,而这种唤起又只能是自己的唤起,是不能指望别人的,当前教育改革的最大障碍和困难不是制度,不是环境,恰恰是我们教师自身！

下面一段话来自崔卫平的《谁是亚当·米奇尼克?》——

> 古典革命的教条告诉人们，革命就是获取权力，先抓住国家权力，然后再去建设社会；新的做法是鼓励人们把"权力"和"社会"区分开来，将权力的问题放在一边（留给国家），按照你认为理想的社会先做起来；旧意识形态许诺人们一个美好的未来，为此现在必须苦苦等待和忍受，新的做法是立即去做你认为的好事，"不是为了美好的明天，而是为了美好的今天"（米奇尼克）；铁的历史规律提醒人们不要头脑发热，不要在"无情的事实"面前碰得头破血流，新的做法是"如同……(as if)"，即如同现在已经是一个自由社会那样去做，在一个非公民社会中首先做一个好公民：你不是相信言论自由吗？那么，请自由地说吧。你不是热爱真相吗？那么公布它。你相信一个开放的社会？那么，开放地去做。你不是相信一个体面而富有人性的社会吗？体面地富有人性地去行动吧。政府将在未来证明自己是对的，而你于现在就可以证明自己是个什么样的人，显示出你的忠诚、勤勉、正直、智慧。而一旦人们开始"as if"地行动，这个"as if"就好像融化了，某些不可预料的事情发生了，原来使得人们陷于瘫痪的那些理由有许多仅仅是心造的幻影，人们感觉事实上踏入另一个空间，感受到一种自由的气氛。尽管这只是"接近"行动，"as if"那就是行动本身，并打开进一步行动的可能性。如果你做起来，你就会觉得这个"as if"并不是"伪装"，只是更加充分地利用了你周围已经存在的某些空间。

这段话对我们很有启发。礼明兄说得对："仅仅有一厢情愿的教育的情怀还是不够的，中国的教育现实需要我们作深切的批评和自我反思，并更应有切实的行动。"而一旦行动起来，我们就会发现"原来使得人们陷于瘫痪的那些理由有许多仅仅是心造的幻影"，我们要更加充分地利用周围已经存在的某些空间，这样的空间事实上是存在的，我们应该一起来努力扩大这个空间。

我们需要行动,当然,批判也是一种行动。

我觉得礼明兄提出的这个问题很重要。

我们到了应该行动起来的时候了!

心语:王老师你好!这几天身体不好,没大上网,今天上网进论坛见到你的回复,心里很感动,感动于你的"认真"。你帖子中有几句话真是说到我的心坎上了:"教师能做什么?教师的责任是什么?不要把什么责任都揽到自己身上来,你承受不了,你负担不起。为什么我们教师活得这么苦这么累,心理压力这么大,精神负担这么重?以致我们有些教师的人格都在扭曲,精神都在变态:这是很可悲也是很可怕的事情。"

是的,教师不是神,有很多事无能为力,特别是在对学生的教育上。可是我们教师又都常常爱犯这个毛病,总希望学生按照我们想的样子去生活去学习去成长。学生做不到,我们心焦我们心痛。

我就是典型的这样的教师。

看了王老师的帖子,我反思自己:我是不是打着为学生负责的旗号想的都是自己的私利?想到的是升学率?肯定会想;想到的是自己的好教师的名声?也肯定会想;奖金?也会想!是的,在大声说着为学生负责的同时我肯定想到了自己的私利。

可是,我又想,假如不发奖金,假如不算升学率,我是不是就会轻松下来呢?

答案是否定的,我还是不会轻松。

那一定就是我的个性就是这样了。

我常常和学生回忆起我的学生时代,我并不是一个勤奋的学生,特别爱幻想,感情丰富,自制力差,曾经陷入早恋之中,初中毕业只考了个普高,高中毕业也没考到自己理想的学校,没有实现自己的理想。我在学生生涯中是走过弯路的,每每回忆起来,我都很心痛,觉得有愧于自己。如果时光能倒流,能让我重新来过一次,我的人生一定会比现在精彩。

说到这里，我忽然想，我是不是犯了中国父母常犯的错误？自己没有做到的，便把希望都寄托在孩子身上？我当初没有珍惜时间努力学习，现在就要求我的学生这样？

想一想，我只能说，是的，我为自己的当初心痛，我不希望我的学生在成年之后也如我一样为自己的当初心痛。

说到毕业纪念册的问题，其实，早在这学期的开学初，我就早早地让学生做准备了，并且用了一节多课的时间给每个学生很用心地写了留言。（那时也是私心，就怕毕业前这关键时候学生因它分心，所以早做打算。）但是这一阵别的班级刚刚开始刮风，学生因为要给别班的写，所以也不安生了，有的拿了起来又重新找人写。再一看学生彼此的留言，真的让我哭笑不得：早日嫁个好老公，找个好老婆。更有，早生贵子，买彩票发大财等。

“爱一个人，就是尊重他，尊重他的个别性和完整性，尊重他的思想、感情、生活态度、表达方式和思维习惯。”

王老师，我同意，完全同意，可是，理解和尊重并不等同于赞同。

处于青少年时期的孩子们有着这个年纪的特点，处于这个时代的孩子也有着这个时代的特点，作为教师的我们应该理解，也应该尊重，但是并不是所有的理解与尊重都要支持，或者放任不管，因为正常嘛，就任他去。我们教师难道没有责任去进行正确的引导吗？

我有时也常常在想，是不是我的思想僵化了，跟不上时代了？是不是我太强权了，总要求学生按我的想法去成长？

在家，我常常对孩子说，长大后你可以做自己想做的任何工作，开书店啊，开出租啊，当飞行员啊（这些都曾是他的理想），我决不会干涉你，但是有一点，你一定要先考上大学，要先接受大学的教育。

我是怎么想的？一是社会上会更接纳你；二是，最重要的，你的思想会更成熟，那时会更明白你自己究竟要的是什么。

对学生，我可没敢都这么说，说得最多的是，以后要有一技之长。眼前呢，有能力考重点的，一定要考上重点；有能力考普高的，一定要努力至少考上普高，普高也一样能考大学的，我不就是一个例子吗？考前的这一个多月正是冲刺的时候，分分要争，少了一分，家长那是要拿好多钱出来的。

唉，说到这里，我都为自己脸红，我的观念是太差了，不符合现在的教育观念。

我们主张，条条大路通罗马，不能给学生压力，现在正痛批这害人的一考定终身制度。

其实，我何尝不向往那种轻松自由，只有欢笑没有痛苦压力的学习。

可是，我们是在这个环境中的，在强调人的天性的同时，我们也要注意人的社会性。你的个性能不能适应这个社会，这一点很重要。

提到宝玉黛玉，他们极富个性，这一点我们欣赏，可是，你愿意自己的孩子成为宝玉黛玉吗？

制度不改变，宝玉黛玉只能是悲剧。

制度不改变，我们做教师的心就不能轻松。

想到哪里说到哪里，回过头来一看，我已语无伦次，不知所言了，也没了主题，呵呵，心语思维乱得一塌糊涂，属于跟着感觉走的那种，还望王老师谅解。不过，句句都出自肺腑，绝没加漂亮的装饰。请相信我。

回复心语老师：

很高兴看到你的回帖，你身体欠安，还坚持写了这么多发自肺腑的话语，我为你的真诚而感动，并为我上一帖中有些话说得过重，显得不够厚道，可能伤害了你而深感歉意和不安。想想我算什么东西？我有什么资格批评别人？再一次感谢你的善意和诚意，并祝你早日康复。

我完全同意你的意见，其实这也是我的一贯立场：尊重不等于理解，理解不等于赞同。这句话可以换成一种更普通的说法：我不赞成你的做法，但我能理解你的心情；我不能理解你的行为，但我尊重你的选择。这个原则应该成为我们所有人尤其是教育工作者的信条。在这一点上我们没有分歧。但是尊重是不是一定就要支持呢？当然不是。理解是不是就完全放任不管呢？也不是。“我们教师难道没有责任去进行正确的引导吗？”毫无疑问，教师应该担负起正确引导青少年健康成长的责任，这是作为一个教师的最重要的责任。这个责任是谁的？是教师的，而不是学生的，所以，我不是为学生而是为我自己——一个教师——负责。一个教师能做也应该做的就是这个事情，一个教师能负也应该负的就是这个责任，至于其他责任则只能由各个人自己负。

我为什么反复强调不要动不动就提对学生负责这样的话，一方面是为我们教师减负，这本来就不是我们教师的责任，事实上我们也没有负好，常常是弄得更糟，结果是互相折磨，彼此伤害；另一方面是让学生懂得和学会对自己负责，一个人要慢慢学会对自己负责，这是成长过程中最重要的一课，我们却无端地剥夺了学生的这一课，这是好心做坏事，何况我们中还有相当多的人根本就没安什么“好心”。

至于如何引导，这可是一个十分复杂的问题，我找来一篇四五年前写的文章，贴在这儿——

教育：拒绝工业化

叶圣陶说，教育是农业，不是工业。这句话值得我们深思。

工业是制造产品，农业是栽培植物。

制造产品有固定的模式和流程，能够按照制造者的意志毫厘不爽地批量生产出来。植物栽培的情况要复杂得多，它不是技术而毋宁说是技艺。同样的土壤气候条件，农作物的长势并不完全相同，反之亦然。在这里没有固定的模式，连结果都是难以预测的，因为影响结果的因素是多方面的，而且这些因素是相互作用的，起作用的方式不是简单地相加，而毋宁是相乘。比如说，种下的是豆子，而你用种植瓜果的方法去精心培土、施肥、治虫，那么，希望它结出瓜果来的愿望终究是零。

叶圣陶的这句话还有一个更深刻的含义，那就是，工业产品是没有生命的，而农作物则有。

既然有生命，那就有它自身的意志和精神，也就是属于它自身的本质力量，对这种本质力量，外部环境不能彻底改变它，只能满足它，顺应它，引导它,发展它。

受教育者是人,人是有生命的,而且是地球上迄今为止最高级最复杂的生命体。

人的成长就像植物的生长一样,有它自身的规律。

首先,人是一个特殊的具有内在可能性、主动性,没有外部刺激也进行自主活动的系统,所以人的成长是一个自我生长的过程,任何别的人都是无法代劳的,我们只能尽量提供好的条件和环境。

其次,人的成长主要是精神和灵魂的发育、成熟和提升的过程,不只是知识技能的无止境的积累。知识是容易教的,技能也是容易训练的,但精神和灵魂的成长发育则需要教育者更多的耐心、爱心和信心。

再次,每个人都是一个统一的有组织的整体,个人的绝大多数欲望和冲动是互相关联的,它们必须得到均衡的满足和发展,否则就会被扭曲而成病态。

现在,工业化和市场化的浪潮席卷全球的发展中国家,生机和危机并存,这就要求决策者始终保持清醒的头脑。我们的教育已经越来越偏离了轨道,一部分原因就是我在上一篇文章(《反对伪专家》)中说到的,近二三十年来,我们涌现了大批的专家和伪专家,就是没有出现一个真正的教育家。

我们重温柳宗元的《种树郭橐驼传》和龚自珍的《病梅馆记》以及叶圣陶的话,对我们今天的教育改革有着非常重要的启发。

你提到制度问题,这是我正在思考的问题,我的基本看法是,人在制度面前并不是无所作为,不要过分地长制度的威风,灭自己的志气,其实我们还是有很大的空间的。

你还提到你中学时代"并不是一个勤奋的学生,特别爱幻想,感情丰富,自制力差,曾经陷入早恋之中",并为此而后悔,认为是走了弯路的,"每每回忆起来,我都很心痛,觉得有愧于自己。如果时光能倒流,能让我重新来过一次,我的人生一定会比现在精彩"。对此,我坚决不同意,且不说人生不能再来一次,再来一次也未必比现在精彩。每个人的人生只要是自己一步步走来，每一步都精彩，它具有不可重复性和无可替代性。就我来说，我肯定更喜欢一个爱幻想、感情丰富而不够勤奋的人。当然，可能有人更喜欢一个感情贫乏、自制力倒挺强、不爱幻想、只会埋头做题的女孩子，那也是各人喜欢。至于早恋，我还遗憾我中学里怎么就没有这个经历和体验呢，弄得现在一点点美好的青春记忆都没有，真可怜！一笑。

“学校生活彻底破坏了我们一生中最美好、最无拘无束的时代。”

——读茨威格《昨日的世界·上个世纪的学校》

先来看两段文字——

“老实说,我对从小学到中学的整个生活始终感到无聊和厌倦,一年比一年感到不耐烦,盼望尽早摆脱那种枯燥乏味的求学生活。我记不得当时那种单调枯燥、缺乏温暖、毫无生气的学校生活中曾有过什么‘愉快’和‘幸福’。学校生活彻底破坏了我们一生中最美好、最无拘无束的时代。”

“当我看到今天的儿童无拘无束和几乎平等地与自己的老师闲聊时,当我看到他们不像我们似的始终怀着一种隔阂的感觉而不是毫无畏惧地奔向学校时,当我看到他们可以在学校和在家里坦率地说出自己的愿望和年轻、好奇的心灵中的爱好时,我还总觉得有点难以置信——他们是自由、独立和自然的人,而我们那个时候,当我们还未踏进那幢可憎的学校大楼以前,我们就得全身紧缩,免得撞上那无形的架轭。学校对我们来说,意味着强迫、荒漠、无聊,是一处不得不在那里死记硬背那些仔细划分好了的‘毫无知识价值的科学’的场所。我们从那些经院式或者装成经院式的内容中感觉到,它们和现实、和我们个人兴趣毫无关系。那是一种无精打采、百无聊赖的学习,不是为生活而学习，而是为学习而学习，是旧教育强加于我们身上的学习。”

这是奥地利作家茨威格的《昨日的世界——一个欧洲人的回忆》一书中第二章“上个世纪的学校”里的两段话。作者说的“上个世纪”是指19世纪，而他所说的“今天”则是指20世纪三四十年代。现在已是21世纪，茨威格所严肃批评的上上个世纪的那种学校教育在我们这儿依然是活生生的现实，而他由衷羡慕的“自由、独立、自然”的“今天的儿童”，对于我们来说却是多么陌生和遥远啊。

“学校生活彻底破坏了我们一生中最美好、最无拘无束的时代。”“不是为生活而学习，而是为学习而学习，是旧教育强加于我们身上的学习。”任何一个中小学教师，只要稍微有点良知和头脑恐怕都会同意，这是对我们当今基础教育的最全面、最准确的概括，准确到了普通、平常的程度，平常到了不足挂齿、不屑一提的程度，不屑一提到了谁不小心说了这样的话连自己都觉得不好意思以至于忙不迭地打招呼“抱歉，抱歉，离题了”的程度。我自己就遇到过几次——“我们先不讨论这个问题”，后来我也就不说了。问题就是这样被搁置的，现实就是这样被疏离的，真理就是这样被遮蔽了。回避真相，拒绝真话，蔑视真理，应该说，这是很困难的事情，而我们这个民族却能把这个事情做得如此举重若轻，如此漫不经心，如此胜任愉快，是天性，抑或是几千年修炼的结果？

我不能顾全大局，没有考虑和谐社会的要求，把这个问题提出来，是因为不满一个外国人怎么能在差不多一个世纪前批评起我们今天的教育来。我很想说两句，但紧接着的下面一段话，让我哑口无言了——

“不过，那种令人沮丧的学校生活也不能怪我们的教师。对于他们，既不能说好，也不能说坏。他们既不是暴君，也不是乐于助人的伙伴，而是一些可怜虫。他们是条条框框的奴隶，束缚于官署规定的教学计划，他们也像我们一样必须完成自己的‘课程’。我们清楚地感觉到：当中午学校的钟声一响，他们也像我们一样获得了自由，欢愉之情和我们没什么两样。他们不爱我们，也不恨我们，之所以如此，是他们根本不了解我们。”

茨威格是谁?我看过他的《人类群星闪耀时》《异端的权利》和《三作家》等,还有他的很多精彩的中短篇小说,他被誉为“人类灵魂的猎手”,他给予我一次又一次的震动,但这一次还是让我措手不及!“他们是条条框框的奴隶,束缚于官署规定的教学计划”,教师“只是一些可怜虫”!我的天!可谓一语道破,深中肯綮!我常常“可怜”身边的教师,教语文学科让我有了一点优越感,数理化学科的老师除了那几道题目,他们还能稍稍抬起头看到稍稍远一点的地方吗?然而,我更多的还是可怜自己,这跟教什么学科没有关系,今天的教师是受束缚的“奴隶”;我可怜学生,21 世纪的青少年在接受着“奴隶”的教育。

“他们不爱我们,也不恨我们,之所以如此,是他们根本不了解我们。”由于对人的价值、人的尊严的茫然无知,对“自由、独立、自然”的人性和“幸福、愉快”的人生缺乏应有的洞察和体验,所以在他们的内心深处不可能产生真正的爱,当然也没有恨。对不喜欢学习的学生的训斥和体罚是“恨”吗?不是!对成绩优秀的学生的欢喜和赞赏是“爱”吗?不是!教师的喜欢和厌憎不是指向一个独立自足的有情感有生命、有价值有尊严的人,而是指向一些外在的东西,如分数、数据、绩效、奖金、个人和班级荣誉、学校和家庭责任等等,它们与一个个具体的生命无关。对具体生命(它的无限丰富性和复杂性、个别性和差异性等等)的漠视是摧毁生命的致命武器。爱和恨必须与具体的生命相关联,否则,它们只能是麻木!

“青春如水，生命如歌，高中是我憎恨的年代。”

——南京市2009届高三第一次调研试卷作文阅卷随感

【作文题】“出格”，意为超出一般，与众不同；又可解为越出常规，做得过分。请以“出格”为题，写一篇不少于800字的文章，角度自选，立意自定，除诗歌外，文体不限。

我曾发誓说不再对中国的教育假以辞色，但有时忍不住要说两句，写这篇东西的起因是我在阅卷时看到一篇作文，它让我久久不能平静，我必须写一点什么。下面才是我要说的，上面讲了那么多，都只是一个引子。

这篇文章的题目叫“烟雨朦朦，草色匆匆”，这首先就不符合这次作文题的要求。这次是命题作文，题目是规定的，而作者无视这个规定，自己拟了一个题目，这是不是暗示我们这本身就是一篇“出格”的作文？另外，题目中的“草色匆匆”之“匆匆”费解，是笔误？本想写“葱葱”或“青青”？这不重要，我们来看他/她文章是怎么写的。

我抄了一些片段，全文大致如下——

烟雨朦朦，草色匆匆

春天来了，草色青了，天亮了，花开了……而我却无法……一弦一柱思华年，让我想起了自己美好时代。

未来不知会发生什么，真心去爱，爱自己，爱别人，爱美丽的生活，让自己在未来发出光芒。

青春如水,生命如歌,高中是我憎恨的年代。我喜欢跟老师交谈,跟学生处在一起,可是我憎恨来到一个破学校、破班级……糟糕……破学校,不过是学校领导的无能……有什么样的校长必有什么样的学校……一个环境对学生的发展是多么重要。

我只怪学校,不称职的领导,狗屁校长,我不怪自己,我已经放弃了,我不会去认真学习,我感觉对不起我的家长。

我对学校只有憎恨,狗屁校长,我永远的讨厌。

我也讨厌我自己,我好想不上学,上学干吗?整天受气。

校长就是一个职务,一个专门会讲瞎话的人,没有胆量,一个社会败类。

在将来,我会自己独闯社会,办一个学校,自己当一个好校长,不会做一个狗屁校长,整天讲屁话。

我不是为了贬低学校这个神圣的场所,只是想一个学校好,像那些名校,或许没有像一些不称职的人吧!

好老师是我最敬重的人。

文章主要是发泄,没有涉及具体的人和事,但我们透过情绪化的语言可以看到作者真实的内心世界:痛苦、愤怒、爱、恨、愧疚、失望和想望……他/她热爱美好的事物(春大、卓色、美丽的生活),敬重“好老师”,认为学校是一个“神圣的场所”,他/她曾有过属于自己的“美好时代”,并希望“在未来发出光芒”,他/她憧憬所谓“名校”,甚至想着以后自己“办一个学校”,“自己当一个好校长”,因为“有什么样的校长必有什么样的学校”,而“环境对学生的发展是多么重要”,然而,他/她对现实中的学校和教育彻底失望了,觉得自己被毁了,三年的青春留下的是憎恨和愧疚,他/她“已经放弃”了,但又“感觉对不起我的家长”……这一声声,一句句,无不撞击着我的心扉,让我欲哭无泪。糟糕的学校和教育毁灭了一代人的青春和梦想,究竟谁该对此负责!

“青春如水，生命如歌，高中是我憎恨的年代。”

我想，这是整整一个时代的高中生的真实心声，其他人或者没有真切地意识到或者意识到了却不敢讲，尤其不敢在考场作文里讲，考场作文有考场作文的游戏规则，而这位考生砸烂这个规则，勇敢地发出了自己的真实的声音，从这个意义上讲，这才是一篇出色的“出格”作文。正是这篇文章让我在一天半时间阅卷的“烟雨朦朦”中看到“草色匆匆”（从这个意义上讲，“匆匆”一词似更耐人寻味），也正是这篇文章让其他所有文章，像什么“没有人能随随便便成功，成功需要出格的信念，成功需要出格的毅力……”“出格需要洞察力，出格需要意志力……”“出格是一种勇气，出格是一种境界……”“淡泊的陶渊明带着出格向我们走来，智慧的诸葛亮带着出格向我们走来……”等等黯然失色！

中国的教育有希望了！

中国的教育有希望了！就在今天，我忽然产生了这个激动人心的想法。十多年来，作为教师我一直被这个问题深深困扰，说几度伤心欲绝毫不为过。现在，我特别兴奋，为什么是在今天，在这个时候，我的脑海里倏地冒出这样一个绝妙的念头？简直太神奇了！我要为这个伟大的时刻稍稍等几分钟，我不能马上说出来，请允许我先说说其他事情——

作为高三语文教师，我告诉学生，就语文学科来说，即使在高三复习阶段，光是做题也是没有用的。这一点学生很不容易接受，其他学科的老师可能也不能理解，就像我不能理解为什么数学每天做一张练习就有用一样。当我们埋怨数理化作业太多，语文学科的时间被挤占时，数学老师说，第一，我们数学差不多必须每天一张练习，第二，你们语文为什么不也这样做呢？我感到很奇怪，数学作为一门科学，它怎么会堕落到居然每天做一份练习就能学好的地步呢？我很庆幸语文还没有堕落到这一天，尽管这一天已经慢慢走近，越来越多的学生和教师开始相信大量的训练对语文是有用的。为了语文学科的尊严，我强烈呼吁，语文高考命题者无论如何不能让平时的大剂量训练者得到实惠，否则语文学科就只能沦落到与数理化为伍了。语文教师应该都清楚：每天做一份语文练习是不可能学好语文的，不但学不好，反而会更糟，会离语文能力和素养更远！

要不要做题？要。要不要多做题？也要。多做少做不是问题，为什么要做才是问题。通过做题目，学会做题目，学会发现问题、探索问题、研究问题，学会寻找解决问题的途径和设计解决问题的方案，在这个过程中变得越来越聪明，越有智慧，越有悟性和灵气，越能从容淡定，好整以暇，轻车熟路，胜任愉快，这不仅是学习方法和方式，也是生活方式和面对任何问题应有的态度。所谓“熟能生巧”就是这个意思。如果不能生出“巧”来，多做有什么意义呢？古人说：“举一隅不以三隅反，则不复也。”我们现在是举三隅也不能反一隅，却还在那儿“复”。从教师方面讲，因为学生不能“反”，所以只能“复”；从学生方面讲，因为不会“反”，所以也只好“复”，这样就造成了恶性循环：“复”得越多，“反”得越少；“反”得越少，就越来越倚重于“复”。教师越教越笨，学生越学越蠢。教育就是跟愚蠢竞赛，看谁呆到家，看谁蠢到底，看谁笨到最后，谁就是胜利者。这种滑天下之大稽、荒全球之大唐的中小学教育，不要说我们在身体力行，孜孜矻矻，就是想想也让人毛骨悚然！

我告诉学生解答语文题只有一般的思路和方法，没有绝对的要领和技巧。所有的语文问题都离不开语境，而语境是不断变化的。我对数理化不太了解，但我知道，数学是高度抽象的学科，它把具体情境抽象掉了，剩下的是数字及其关系。物理和化学也是在假设的人为的理想的状态下研究物质及其运动变化的规律。它们都是远离现实的，但语文是离不开现实的，而现实又是变动不居的。那么，学习语文也好，复习语文也好，训练也好，做题也好，都必须回到语文的根本上来，那就是阅读和表达，通过阅读实践和表达实践来增强语感，这是学好语文的唯一途径，不在这个方面花心思花精力，都是如孔子所言：“攻乎异端，斯害也已。”

学习的过程是思考的过程，不光是积累知识和训练技能，更是增进智慧和培养情感。我们曾要求学生把复习材料和讲义进行分类整理然后有计划地进行“爬罗剔抉，刮垢磨光”的工作，这是一个梳理、整合的过程，通过总结、反思达到条理化、系统化,以期实现从量的积累到质的飞跃。这个工作应该伴随着学习的过程,一个阶段下来就要做一做这个工作,但很多同学不重视。对高考来说,做这个工作未必行,不做这个工作未必不行,这正是很多同学不重视的原因。但就学习的过程来说,应该这样,不这样就不是聪明的学习。不聪明地学也能学好(实质上是考好),但他要付出更多的劳动,无谓的劳动,这种劳动在最好的情况下也只是收获一点分数,仅此而已,不会得到更多,他的心智不可能有丝毫增长,他的才情也不可能有所发展。这还不是最严重的,最可怕的是,一个人的心智、才情、灵性若是在本该快速发展的最佳年龄阶段被人为阻断和有效遏止,则意味着他将来的发展势必举步维艰,困难重重,也就是说他不是被耽误了几年,而是耽误了一生。我们为什么会这样残忍?谁给了我们这样的权力?

绝大多数同学对语文这门学科存在着深深的误解,用对待数理化学科的方法、策略、思维、习惯和期待来对待语文,简单地说,就是极端功利。

复习古代诗文阅读和现代文阅读时,学生只是关注文章后面的题目以及答案,而我却更关心那篇文章本身,我要求学生一遍遍地读文章,学生觉得很不耐烦,过后提到文章中一些精彩的语句,他们是一片茫然,没有一点儿印象。我说文字是有生命的,不像数学运算纯粹是符号的演绎,文章是作者思想和情感的贯注,走进作者的内心世界,亲近思想,体会悲喜哀乐,不是比做题目更有意思吗?学生满脸不屑,冷笑着摇摇头。苏轼也好,鲁迅也好,对于他们来说,只是符号而已。我惊讶地发现,对真正美好的事情,学生早已坚定地关上了心灵的大门。

评讲试卷时,他只关心答案是什么,只有在我说出答案时,他们才兴奋一阵子,忙着把答案记下来,而我常常是要花很多时间在答案之前和之后的事情上的,这在他们看来是没有意义的,马上流露出烦躁不安的情绪。有时,我分析了好长时间,最后说该题没有答案,或原先的参考答案有问题,他们在强忍之后盼来的是这个结果,觉得是受骗了,大为懊恼和愤怒。一次评讲试卷,有一个同学举手问某一题的答案是什么,我说我还没有讲到那个题目呢，他悻悻地坐下，过了一会，他又举手问那个题目的答案是什么，我还是没有讲到那个题目。我就奇了怪了，后来我明白了，他在做其他事情，又担心错过那个题目，其实他关心的也就是那个题目的答案究竟是什么而已。很多同学对自己做对的题目不想再花时间听我的分析，对自己做错的题目也就是想知道答案到底是什么。但是，语文题目跟数理化题目不一样，绝对的正误难易是没有的。你做对了，并不意味着你在这道题目上就没有问题，你做错了，也不意味着你的思路和方法就完全错误，正确和错误常常交织在一起，很难缕清和厘定，对这一点学生很难理解，我曾反复跟学生阐述过这个特点，但他们还是无法接受。

到了高三，我们再来讲这些东西，基本上是没有什么用的。在高考这个迫在眉睫的巨大功利面前，学生只认做题，只认答案，只认分数，只认答题的要领和技巧，其他一切免谈，他们急切到了匪夷所思的程度。有一个学生拿来一本名著，要我给他画出书里面深刻的句子，还有一个同学再三再四地叮着我一定要我告诉她作文怎样就能得到 45 分，等等，这类让人哭笑不得的事情常常遇到。他们在做题时也表现出一种急切的心态，对材料不能耐心细致地去阅读和体会，对题干又不肯花一点时间去理解和弄明白，急于下笔往往答非所问。再比如说，书写习惯的问题，高三强调了一年，基本上没有什么改观。还有像语文基础的积累，到了高三也是基本上积累不起来的。由此，我越来越感觉到，语文是一个整体，至少高中三年，要有一个整体的计划和安排，有些习惯必须在高一养成，有些积累必须在高一高二完成或者完成到一定的程度，没有一个像样的语文基础，高三一年是不可能有什么作为的。这是我连续多年教高三语文的最深刻也是最沉痛的认识。

要想改变这种状况，其实是很容易的，有一个很简单的办法，那就是严格限制各科的训练量、作业量和考试次数。比如拿语文学科来说，整个高三一年练习不得超过 10 次（10 份试卷），其他任何训练题、练习、作业一律不得布置，也不允许学生自己找练习题做。

这10次练习安排大致上这样：高三上期中期末高三下期中（共3次，这3次均以课堂学习内容为考试内容，不得为高考模拟题），高三下期中后开始进入复习阶段，到这个时候学生才开始接触高考（模拟）试卷，熟悉高考的题型，包括命题的特点、答题的思路和方法等等，安排4次单项训练和3次综合训练即可。

对语文学科来说，我觉得有这样10次练习就足够了，其他时间干什么？回答是正常上课，进行常规的阅读和写作教学。换句话说，该干什么就干什么，一直到高三下期中考试为止，教师也好学生也好，根本就没有高考这回事，完全不为它做任何准备，一直到高考前两个月，在这两个月的时间里做一点针对性的训练。

如果真能这样做，对于语文学科来说绝对是一个福音。那么语文学科能不能单独这样搞？要回答这个问题，先要来看看现在学生是怎样学语文的。

到了高三，差不多各门学科都进入了全面复习阶段，经过简单的利益计算，学生都知道，在语文学科上过多地投入是不划算的，语文的时间和空间被挤占就是理所当然的。高三学生对语文学科极端不重视，在语文学科上时间和精力的投入少得可怜，有相当多的学生课外几乎不花时间在语文上。“十一”长假结束后，我们收取语文作业（语文作业很少，硬性的书面作业更少），情况非常糟糕，连续几天催交，很多班级上交还是不到三分之一，有学生公开宣称：我们数理化作业都来不及完成，怎么可能做语文呢？学生是在数理化作业完成之后，如果还有一点时间和精力的话，才会想到语文。但我们知道，数理化作业恐怕永远做不完。我们语文教师不得已退而求其次，不敢指望课外时间了，能够把课堂时间紧紧抓住并充分利用也就很不错了。然而，有相当多的学生在语文课堂上是不听的。有的睡觉，利用语文课好好休息一下，以便精力充沛地上好下面的其他课。有部分同学在做数理化作业，在我的课堂上，可以说没有一节课没有人做其他事情的。还有的同学一边听课一边做其他作业，他认为已经懂的或不重要的就不听，抓紧时间做其他作业，做一会儿似乎又不放心，就抬起头再听一会，感觉并不重要，然后赶紧埋头继续思考刚才的数学或物理题目。

……

好了，我已经说得够多了，现在终于可以说出那个伟大的想法了。今天，我陪女儿逛了几个书店，看到铺天盖地的教辅书和络绎不绝的人群，我随意浏览了一下，据粗略估计，从小学一年级到高中三年级，每一个年级每一个学期每一门所谓主课的相关教辅书恐怕不下几十种。我们知道中国的教育出了大问题，原因很多很复杂，人们也在设想各种方案试图解决这个问题，但始终未见起色。我看着眼前的这些教辅书，想，如果没有它们，情况会怎样呢？要消灭这些教辅书，其实并不难。我们向来对图书出版行业是严加控制的，在这方面早已积累起相当丰富的手段和经验。调动各级各类国家机器严格禁止出版和销售任何教辅材料，像拒绝毒品一样拒绝教辅书，像查毒禁毒一样雷厉风行，坚决打击，绝不手软。事实上，教辅书对青少年的危害比黄色书籍、反动书籍甚至毒品要严重得多，它们摧毁的不是青少年的身体，而是智慧、精神和人格，它们毒害的不是一个人两个人，而是整整一代人两代人，它们制造的不是一个两个家庭的悲剧，而是整个民族的悲剧和灾难。

现在，我们规定：我们的书店、图书馆、学校、教室、课桌和学生的书包里绝对不允许出现任何一本教辅书，一旦发现，立即没收，当场销毁，并且面临着巨额罚款，或者倾家荡产，或者身败名裂，如果超过 3 本，就像毒品超过规定的克数一样，还会有牢狱之灾！

少一本教辅书，我们的教育就多一分希望，让教辅书基本绝迹，我们的教育就大有希望，而这件事并不难做到，所以我对我们的教育充满信心，不管它现在已经烂到何种程度。

今天，做一个语文名师是可耻的

从“闺塾”看今天的（语文）教育

“闺塾”是《牡丹亭》的第七出。这出戏描写小姐杜丽娘和侍女春香听老塾师陈最良授课的情景，表现了封建礼教与年轻人的天性真情的冲突。

作者笔下的陈最良是一个穷酸迂腐的道学先生，他严格遵守封建教义，并以此来要求学生。喋喋不休的教导、声色俱厉的训诫，引起了两位学生的不满：天真、率性、大胆又憨顽的春香无视封建礼教，不顾师道尊严，与老师发生了直接冲突；而生于官宦之家、长于深闺之中的杜丽娘尽管表面上还算恭敬，但内心同样厌烦陈最良的说教，并由课堂内的“窈窕淑女，君子好逑”和课堂外的流觞曲水、名花异草“这等一个所在”而催发萌动了怀春之情——这种自然真实的生命欲望和生命活力必将与她所生活的环境和所接受的教育构成更激烈的冲突。

有意思的是，到如今，时间过去了400年，我们的教育尤其是语文教育基本上还是沿袭了陈最良的做法，甚至在某些方面还出现了倒退。

我们不妨来对照一下——

备课——“把《毛诗》潜玩一遍。”

上课——“听讲：‘关关雎鸠’，‘雎鸠’是个鸟，关关，鸟声也。”

作业——“取文房四宝来模字。”

对爱提问题的学生——“胡说!”“多嘴!”

对不好好读书的学生——“古人读书,有囊萤的,趁月亮的,知道么?”

对调皮捣蛋的学生——“待俺取荆条来。”

对怕做作业的学生——“你们功课完了,方可回衙。”

教学思想——“只‘无邪’两字,付与儿家。”

教学目的——“应文科判衙”“求闻达”。

……

这样的教育怎不“把人禁杀”?

这是一种完全脱离现实人生的教育:捧着教参,津津乐道,“伴诗云,陪子曰”;遵守教条,亦步亦趋,“手不许把秋千索拿,脚不许把花园路踏”!按“考纲”的样儿训练,“须要早起”,“今夜不睡”……

这是一种与生命为敌的教育!生命的意义在于她的独特性,生命的价值在于她的创造性,生命的活力在于她的自由奔放。“关了的雎鸠,尚然有洲渚之兴,可以人而不如鸟乎?”教育的意义在于开启人们的心灵之锁,拓宽人们的精神空间,而不是做着相反的事情!

杜丽娘尚能抱怨“依注解书,学生自会”,春香更是步步进逼,直至抢过老师的荆条投掷于地,甚至那个迂腐的老先生在春香的追问下,也还能饶有兴致地在课堂上叽叽咕咕学起鸟叫来:这样的情景在今天的课堂上反而看不到了。

在我的课堂上,学生也有不满,但他们不满的是:高考考吗?你讲的东西对高考有用吗?请不要给我们时间和空间,快用作业和训练把它填满吧!

语文教学：我的八个不明白

一、语言是人生斗争的工具，母语是人的第一素质，如此重要的学科在中学各科中却始终处于陪衬的地位，学校不重视，学生没兴趣，教师无奈何，究竟是为哪一般？

二、学生学了十几年语文，又是自己的母语，怎么到头来，语文素养还是那么寒碜，语文能力还是那么低下——字写得东倒西歪，话说得磕磕绊绊，书不肯读，文章不会写？

三、一个人的语文素养是很容易被别人了解的，看他写个东西，听他说几句话，大致上就有点数了，如果能进一步了解到他喜欢读什么书，又是怎么读的，那基本上就很清楚了。如此简单明了的事情到了语文高考中怎么就变得那么复杂起来了呢？

四、语文应该怎么学？多读多思考，多说多练笔，就是这么简单，哪有那么多高深的理论？

五、语文应该怎么教？想方设法让学生多读多思考、多说多练笔，仅此而已，哪有那么多故弄玄虚的东西？

六、语文应该怎么考？几篇文章阅读、一篇作文，足以考出一个人的语文素养和能力，要那么多花花哨哨的东西干什么？

七、语文教学和考试沸沸扬扬改革了20多年，除了把教师改得越来越不会教，把学生改得越来越不想学，把青少年的人文素养改得一代不如一代，还改出了什么呢？

八、以上问题无不清清楚楚明明白白真真切切，怎么就好像大家都约好了似的一起犯糊涂，还犯得津津有味的？

今天，做一个语文名师是可耻的！

我很早就想写一篇题为“今天，做一个语文名师是可耻的！”的文章。不是因为那句很有名的话——“奥斯维辛之后写诗是可耻的”，也不是因为2 000多年前孔子的话——“邦无道，富且贵焉，耻也。”

记得有一次，我在《害我语文形象的是古文》一文的跟帖里表示了完全不同的意见，认为中小学语文教学应该强化古文教学，并说了一些理由，由此展开了一场争论，大家各抒己见。其中有一个帖子是这样说的：“听说某名师不喜欢《红楼梦》，王雷同仁您有什么看法？”我一时还没有反应过来，意思好像是说，连这位名师都不喜欢古典文学名著《红楼梦》，由此可见，古典文学无疑是没有什么价值的了，因而，中小学古文教学也就没有什么意义了。一位名师喜欢不喜欢《红楼梦》本来纯属个人爱好，这跟《红楼梦》乃至古典文学有没有价值是风马牛不相及的事情，那么这位网友怎么会硬生生地把它们连起来了呢？原因很简单，名师就是名师，名师就是不一样，难怪大家都要争着抢着当名师。语文界名师很多，然而，我却忍不住要说：今天，做一个语文名师是可耻的！

昨天，朋友打电话问我教师之友论坛上的大讨论看到没有，我说没看到。现在我才看到，文章很多，讨论也很激烈，我没有来得及全部细看，我很高兴看到这样的讨论，不待多考虑，先谈一点自己的感想——

谁也不会认为他们对名师的挑战是针对名师本人的攻击。名师其实已经成了鹄的、圭臬、大纛或者说标签、符号之类的东西，而不再是真实的具体的人了，所以那些热爱和景仰大师的人们大可不必作义愤填膺状。至于语言的尖锐甚至刻薄只是一种言语方式而已，重要的还是看他们批评得有没有道理，有多大道理，再说，有时不这样言说不足以振聋发聩促人警醒。与人为善的确是人际交往的原则，但这儿不是一般的人际交往而是学术争论，“吾爱吾师，吾更爱真理”才是应该遵奉的不二法则。其实，这个世界上大多数人在私人场合大都是温和友善的，甚至那些为非作歹的恶人也有和善的一面，他们可能是好儿子、好丈夫或好父亲。问题是，当人们进入公众领域，进入一个抽象的符号世界，而不再面对一个个具体的真实的能叫出他的名字知道他的家庭情况了解他的性情和爱憎的活生生的人时，人们就很可能也很容易变得不负责任起来，因为在他面前的已不再是一个和他自己一样承受着人性的全部高贵和脆弱、生命的全部尊严和荒诞、生活的所有喜怒哀乐的同胞，而是一个可恶的小偷或肮脏的妓女，对警察来说；一群影响社会稳定、损害政府形象的暴民，对官员来说；一群潜在的需要不断刺激和煽动的消费者，对商家来说；还有农民工、学生、听众、读者等等。他们都有被物化的危险，丧失了主体性实际上也就沦为非人。在别人的一瞥中，我们成了客体，正是在这个意义上，萨特说，他人是地狱，“一切都毫无道理，这花园，这城市，以及我自己，一旦你认识到这一点，你就会反胃，就会晕头转向，这就是‘恶心’。”我们不是常常有恶心的感觉吗，当我们看电视看报纸听报告听讲话的时候？我认为这是一种很可贵的感觉，这种感觉基于一种争取和维护作为人的尊严的悲壮努力——难道人是可以随意地被操纵和愚弄的吗？我们的教育之根本失误就在这儿，它不懂得尊重人，它不知道似乎也不想知道什么是人以及人性的全部丰富性和复杂性，它一会儿向学生灌输知识，一会儿训练学生的能力，后来又说要培养创造性人格，现在又时兴起人文性来了，好像与时俱进，其实质未变，它总是根据自己的需要和现实的要求来塑造学生，它从来不把学生当“人”，而是当作潜在的“人才”来打造——人变成了手段和工具。当然，在几乎所有领域都存在这种非人化现象，我们讨论教育问题不能离开这样的现实背景。

基础教育实际上承担着双重任务，那就是教书和育人，两者既有联系又有区别，前者主要是传授知识和培养能力，后者则属于人格教育的范畴，包括品格、意志、情感等方面。学科素养会影响人格素养的形成和发展，有时则互相渗透，互相制约，追求真理的科学精神和严谨求实的科学态度就可以说既是学科素养，也是一种人格素养。但是两者分离的情况也很多，甚至更普遍，所以前者是不能代替后者的。就对人而言，后者显然更重要，它直接影响一个人的人生态度和人生道路。我们的基础教育基本上是不顾后者的，因为后者是隐性的，不易察觉也很难进行量化分析的。尽管我们也讲德育工作，讲心理教育和人格教育，但实际上谁也不会真正重视。在学校里，德育工作都是为教学工作服务的，教学工作是学校的中心工作，教学质量是学校的生命线，这是我们耳熟能详的话语，而教学质量其实就是升学率。我们的教育是残缺的教育，是严重背离教育本质的纯粹的实用功利教育。

基础教育的沦落固然有着极其深刻、复杂的历史和现实原因，而其最根本的一点则是：不把人当人看。所有的人只有一个使命，那就是成为一个人，一个真正的人。非人化是对人成为更完美的人的使命的扭曲，这种扭曲时时刻刻以各种各样的方式发生在我们身上。……

在这样一种残缺的教育中，名师蜂拥而出，这不是让人十分可疑的事情吗？

为什么中语界的事儿特别多？为什么语文教学总是受到社会各界的严厉批评？比如说一个数学或物理名师会不会受到圈内外人士的广泛责难？恐怕不会，即使有，也只能局限在业内，因为数学和物理是科学，科学是有统一的明确的评判标准的，对这个标准同行们是很清楚的，几乎不存在什么争议。而语文则不同，语文中的很多问题没有这样一个单一的明晰的标准，谁都可以发表自己的意见，也应该允许大家表达不同的看法，这是其一。

其二，语文学科不同于其他学科，它不像数理化等学科那样有一个由浅入深、环环相扣、严谨有序的知识体系，因而也不需要依赖这种知识体系并通过科学严格的训练而达到一定的学科素养和能力，语文的素养和能力更多的是依靠语文实践以及实践过程中的感悟和积淀。就传授本学科的知识理论、思想方法，训练专业技能而言，数理化等学科更重视如何快速有效地实现这种传授，科学本身的严密性和系统性要求训练有素的教师和训练有素的学生。而语文当然也需要一定的训练，但正如孟子所言："君子深造之以道，欲其自得之也。自得之，则居之安；居之安，则资之深；资之深，则取之左右逢其原，故君子欲其自得之也。"一个传授技巧高超的语文教师恰恰会妨害学生的"自得之"，对学生的独立人格和自由创造精神反而有害，如果他对自己发明的这一套技术是否不动声色地戕害了学生的自由灵魂缺乏足够的警惕和反思却沉浸在自豪和喜悦中的话。

其三，基础教育承担着教书和育人的双重任务，而语文的育人功能更重要，这是由语文学科的特点决定的。其他学科特别是数理化等学科至少在传授知识本身时有理由致力于纯粹的知识和技能而暂时搁置其育人使命，语文却没有理由这样做，否则就是一种严重的失职行为。如果只是失职，那还可以补救，失职是"不作为"，我们是"错作为"，故应称之为渎职。比如说，我们在分析课文时为了传授阅读技巧常常肢解和阉割原文的精神内核，我们在指导写作时为了训练作文能力而窒息了学生的自由创作精神，我们在进行应试训练时更是将削足适履、郢书燕说、刻舟求剑等各种强词夺理穿凿附会的伎俩无所不用其极，它们对学生人格上的伤害是很难补救的。一旦认识到这一点，你就无法为你的请君入瓮式的聪明还有循循善诱的技巧、驾轻就熟的本领沾沾自喜，相反，你会痛苦……

说明：此文还未写完就引来一些责骂声，我也无心再写下去，但作了一点补充——

我说做一个语文名师是可耻的，有下面几层含义：

1. 中学语文教学整体状况几近悲惨，前几年的“误尽苍生”之说毫不为过，直到现在并未有任何好转的迹象，在这种情况下，谁还好意思昂起头说“我是语文名师”。

2. 已经成为名师的也就算了，只希望他们能够尽量利用自己的影响和能量挽语文教学狂澜于既倒。而那些正在努力觊觎名师头衔的人，我看就算了，还是做一点实在的有意义的事情吧。但“名师”的诱惑力实在是太大了，它足以扭曲一个人的灵魂。

3. 评选名师的制度是丑陋的、可笑的和有害的，它诱发了每个人心里都存在的“恶”的一面，扰乱了教师的心境，任何一个正直的有良知的教师都应该抵制它，而不是向它抛媚眼，递秋波，投怀送抱。

4. 引用网友“哈里王子”的话，因为我无法说得更好了：“名师实际上是一个学术政治化的中国特产，名师是通过官方的认可的，并带着政治光环的学术政治工匠，这也是学术腐败的根源。‘学术腐败’这个词也有中国特色，‘学术腐败’的方式在一个民主社会里出现，那就不仅仅是腐败，而是犯罪，所以，在民主国家里有在学术上的‘犯罪行为’却不存在着‘学术腐败’。”

5. 引用我刚刚在《关于教书匠的另类思考》一文的跟帖里写的一段话，因为我已经把话说到底了：“教育已经走向了它的反面，这种纯粹实用功利的教育是丑陋的，因为它违背了人性。我们还在为这样的教育卖命，因而我们也是丑陋的和有罪的，谁也脱不了干系。总有一天，我们的后人会为我们今天的表现而惊讶和羞愧，就像今天的我们提到‘大跃进’提到‘文革’一样。但是，中国人是不懂得反思也没有羞耻感的，所以，我们可以一路凯歌地无耻下去……”

弱智化：一个不容忽视的倾向

——谈高考现代文阅读

一

我们来看看 2002 年和 2003 年的现代文阅读选文《话说知音》和《乡土情结》，前者是对“知音传说”的现代解读，后者则直接抒发和讴歌了乡土之恋，两文都涉及对传统文化的阐释和体认。说实话，我不喜欢这两篇文章，因为两文在阐释传统文化时都存在着认识上的庸俗浅薄和情感上的矫情夸饰，根本不能触动读者的灵魂，也进入不了读者的经验和情感世界。

《话说知音》里有这样一段话：“像这样美丽动人的乐曲，难道就不会熏陶出第二个、第三个乃至更多的知音？而如果不再去弹奏这迷人的弦索，哪里还能引出心心相印的知音呢？知音总是越多越好啊！”

什么是“知音”？知音是心灵的契合和精神的和鸣，不但知道你心里想什么，还知道你为什么这样想，茫茫人海，知音难觅，人生得一知己足矣，因为知音是可遇不可求的。如果是想要的话，就可以随心所欲地“熏陶”出几个来，那还叫知音吗？我看，“总是越多越好”的“东西”应该叫做“狐朋狗友”吧。《话说知音》的作者不懂得何谓“知音”，也不理解“伯牙摔琴”的人生悲怆感，而是用一种完全世俗化的感情去解读这个千古悲情，实在是隔靴搔痒，不知所云。作者还“多么想唐突地劝慰”俞伯牙，真是可笑。他根本无法进入伯牙的内心世界，缺乏与伯牙进行心灵对话的精神高度。

作者接着说：“更何况伯牙学习鼓琴的道路实在是太艰辛了……像这样花费千辛万苦学得的技艺，轻易放弃了是多么严重的损失。”“既然已经耗尽了毕生的心血，投入了如此巨大的工夫，确实就应该永不停顿地奋斗下去，将自己美好和高尚的憧憬始终存留在人们心中，获得更多更多的知音。”

我明白了，作者“多么想唐突地劝慰”俞伯牙继续鼓琴以获取更多的“知音”（应该是更多的现实利益）的原因是，伯牙已经付出了那么多的心血，不能让它白白地付出，现在是获得回报的时候。然而，这只是作者自己的想法，也正是我们今天大多数人的想法——学艺是为了卖艺，付出是为了得到。然而，伯牙恐怕不是这样想的，伯牙的人生是艺术化的人生，他在付出的时候已经得到了，得到了艺术和人生的真谛，而且还得到了一个真正的知音，夫复何求？他已经“将自己美好和高尚的憧憬留在人们的心中”了，后人一再为这个故事感动，不正是由于这个原因吗？作者对伯牙的劝慰不只是“唐突”，简直是莫名其妙！设想伯牙在子期死后，“化悲痛为力量”（中国人最喜欢说的一句话），“永不停顿地奋斗下去”，获得了越来越多的“知音”，那我们今天的成语词典里恐怕就不会有“高山流水”这个故事了。

二

《话说知音》的作者没有读懂“知音”，命题者也没有读懂，这从命题者出的几道题目可以看出来。

首先，选这样的文章本身就已经可以看出命题者的人文视野和心灵空间的狭窄，这属于精神贫血，先天不足，且不去说它。题目的设计也是那么弱智，实在匪夷所思。

请看第一道题目：俞伯牙遇到钟子期这个知音，为什么会“万分的兴奋和感激”？

这叫什么问题！遇到知音不高兴，那什么事情值得高兴呢？如果一定要我回答，我想到的答案是，因为知音难觅。但这样答是一分也得不到的。我们来看看标准答案吧："因为俞伯牙的琴声变幻无穷、神秘莫测，钟子期却能够准确地感应他的琴声，领悟他的情思。"这个答案明明是在解释知音的本义，而不是回答为什么高兴的问题。这个问题可以换成：俞伯牙遇到钟子期这个"能够准确地感应他的琴声，领悟他的情思的人"，为什么会"万分的兴奋和感激"？你回答说因为钟子期"能够准确地感应他的琴声，领悟他的情思"。那不等于没有回答吗？

我不知道为什么要制定这样的答案，查看原文，才恍然大悟。原文中说得明明白白："对这变幻无穷和神秘莫测的琴声，怎么能感应得如此丝毫不差，竟犹如从自己心弦上盘旋着飞翔出来的？如此神奇地领悟和熟稔伯牙弹奏出来的袅袅情思，真像是变成了他的化身一般。这怎么能不让伯牙万分的兴奋和感激？"答案就是从这儿来的，只要把这段话里的两个形象化的比喻句去掉，剩下的内容稍微压缩一下，就能拿到满分。我有一个疑问：如果把这段话全抄下来，能不能得分呢？这两年现代文阅读的主观题的回答已没有字数规定了，照理，也应该得满分。那么，这样的题目究竟考学生的什么能力？究竟有什么意义可言呢？

再看第二道题目：知音的传说已经成为中国传统文化中的一部分。根据文意，分两点对此概括说明。答案：(1)神往和渴求知音，已经成为华夏子孙的一种纯洁而神圣的情操。(2)中国古代典籍中多有记载、传诵。

对知音的神往和渴求是作为本质上是精神存在的人类的普遍心理，为什么一定要扣上"中国传统文化"的帽子呢？人是注定孤独的，这跟生活在什么文化里没有关系。不要动不动就华夏子孙、炎黄子孙的，听着就别扭。原文中说"两千多年前的这个关于知音的传说，已经深深地珍藏在无数华夏子孙的心坎里"，倒还说得过去，而题目里上升到"知音的传说已经成为中国传统文化中的一部分"，就没有必要了。再来看看答案，第一点是在原文中的"神往和渴求充满了崇高友谊的知音，是一种多么纯洁而神圣的情操"这句话里嵌进"华夏子孙"一词，如果明白现代文阅读的答题就是遵循这样一个游戏规则——不允许有自己的理解，只要找现成的语句组装一下，那么，这一点是很容易回答的。第二点就有点勉为其难了，原文中的确提到一些古代典籍，但考生一般不知道这个居然就是答案。其实，如果把这个题目换成“为什么会有这么多古代诗文里提到这个古老的传说?”恐怕能激起学生更广泛和深入的思考。

再看第三道题目：俞伯牙因失去知音而不再鼓琴的故事已成为千古佳话，但作者为什么还要“唐突地劝慰他”？根据文意，简要回答。答案：(1)知音越多越好，俞伯牙不能因为失去钟子期而不去寻求更多的新知音。(2)千辛万苦学得的技艺不应轻易放弃，艺术的追求必须不懈地坚持下去。

关于“越多越好”的问题，上文已经说过。我现在要说的是这道题目同样是一个非常弱智的题目，因为根据原文的内容，特别是原文第四段开头的“更何况”的提示，作者的两点理由很容易找到，稍微组织一下，就能答出来。这样按图索骥、寻章摘句式的解答题目有什么思维密度和思想含量可言？我不知道阅卷时怎样拉开差距，恐怕只能凭借与标准答案的文字出入来评判得分的高低吧，如果真是这样，那就太无聊了，而且也极不公正。

其实，这道题可以这样出：作者“唐突地劝慰他”的两点理由能不能成立？谈谈你的理解。

我们的试卷中为什么看不到这样开放性的题目呢？

三

再看2003年的现代文阅读题。

如果说《话说知音》的作者还对一个古老的传说提出了自己的看法——尽管是浅薄的，表现出一种质疑精神——尽管是莫名其妙的，那么在《乡土情结》里则完全看不到作者自己的思想，听不到作者自己的声音，通篇只是喧嚣的失语和美妙的呓语罢了。衡量一篇文章的标准只能是——它有没有为我们提供新的东西，《乡土情结》只是钻进祖国的怀抱尽情地撒了一把娇而已。什么安土重迁，什么叶落归根，什么鸟恋旧林，说到底就是一种传统的家乡观念，狭隘的民族意识，它是小农宗法社会的产物，尽管曾起到过一定的凝聚作用，但总体上是制约中国社会进步的惰性力量，根本不值得去讴歌。不管世界如何发展，乡土之恋当然不会消失，因为它有更深刻的人性基础，人既有向外的冲动，也有向内的渴望，这是超越特定民族文化的人类本性。乡土情结不是不可以写，但应该站到人性的高度作必要的反思，动辄“祖国”“革命”“民族”“炎黄子孙”云云，除了自作多情，还能怎样？这样的文章不要也罢。

如果有人愿意这样说话、写文章（他不知道还有其他什么说话的方式，也就是我上文说到的“失语”），那是他的权力；命题人喜欢这样的文章，也是他们的权力，但把这样的文章拿到高考试卷中来，就值得商榷了。我们知道，语文高考对中学语文教学的影响力是十分巨大的，现代文阅读，包括古文阅读的选文，直接影响到中学生的阅读品位和审美趣味乃至价值取向。难怪中学生那么喜欢余秋雨的东西，而且平时的写作也开始余秋雨化，这实在不是什么好事情。

再者，命题的方式也直接影响学生的阅读方式和习惯——急功近利，浅尝辄止。我们来看看题目。一共三道主观题，前两道题同样是到原文中找找现成语句，拼凑重组一下了事，兹不赘述。第三道题是：“本文第四段写了一代又一代炎黄子孙浮海远游的潮流，并赞颂他们不忘桑梓之情，慷慨奉献，与祖国休戚相关。请你结合乡土情结，分析这样写的作用和好处。”我的疑惑是：题干中的“这样写”是指什么？如果是指“第四段写了一代又一代炎黄子孙浮海远游的潮流”，那么，作者不写这个写什么呢？这不是“乡土情结”的题中应有之意吗？这样写的作用无非是为了抒发爱国之情，因为，据说，出国的人最爱国，最懂得爱国，也最有资格爱国。如果“这样写”是指“赞颂他们不忘桑梓之情，慷慨奉献，与祖国休戚相关”，那我就更不知道怎么回答了，你来回答回答：作者赞颂他们不忘桑梓之情的作用和好处是什么？是要我们向他们学习？学习他们的爱国精神？学习他们到国外去爱国？都不对，还是来看看标准答案吧：深化主题。哦，我知道了，这叫“深化主题”！

这叫什么题目！

四

联系到2000年的高考现代文阅读，我们的确可以总结出一些规律性的认识。

2000年的《长城》也是一篇发思古之幽情的抒情散文，该文对让中国人盲目自豪了几千年的长城进行了历史的反思和未来的展望。作者先指出，长城是一卷凄婉的历史，是民族封闭的象征和文化愚钝的标志，紧接着，笔锋一转，写到今天的长城敞开胸襟“显得十分开放，而又充满自信”，它将昂首阔步走进新时代。最后，作者激情满怀地重复了那个幼稚的错误：“外层空间能看到的地球上唯一的人工痕迹，就是你呵，长城！”这样，终于与《乡土情结》胜利会师——两文是同一思路和腔调，都是从“凄婉的历史”到“近在眼前的动人事例”。前者只是一个陪衬，后者才是作者要“深化”的主题。如果说这样的文章跟我们的中小学教育熏陶出来的中小学生作文有什么区别的话，那只是，语言更生动且似乎更有知识罢了。至于命题者出的几道题目我也懒得去说了，有兴趣的人可以找来看看，只是要做好大跌眼镜的准备。

中国人有浓得化不开的历史情结，因为中国的历史实在太悠久了，可以说的事儿太多了，五千年的文明史，随便翻开一页都可以说上半天，层出不穷的历史人物、历史故事、传说、掌故、遗迹等等让人目不暇接。但是说实在话，我们在发思古之幽情时，不要忘了这段历史中更多的是充满了血腥、野蛮、粗鄙和愚钝，让我们自豪的东西并不多，所以正确的态度应该是反思和超越，而不是陶醉和欣赏。《长城》、《话说知音》和《乡土情结》三文均涉及历史问题，但津津乐道有余，深刻反思不足：或隔靴搔痒，不得要领；或闪烁其辞，不知所云；或矫情媚俗，不能卒读。基本上没有多少个人的经验和感情，与严峻的现实也相距甚远，显得飘渺而不真实。这些文章只适合中学生朗诵或演讲比赛上用，用作高考试卷的选文是远远不够格的。这是一个方面，另一方面则是命题的问题，我已经说过，题目或者太简单，按图索骥即可，或者太奇怪，叫人不知怎么回答，它们都没有什么意义，不能检测出学生的阅读和独立思考能力，更无从检验学生的批判意识和创造精神。这一方面是由选文的特点决定的，一方面则是由于命题者本身的思想和水平的欠缺。当然更可能是，我们根本不需要独立意识和批判精神，而选这样的文章以及出这样的题目刚好可以毁灭青年学生的独立思考和批判意识。如果真是这样，我就没话说了，因为这恰恰表现出命题者的高超的技巧：不动声色地剥夺了学生独立思考的权力，轻而易举地扼杀了人们的批判精神和创造活力。

五

我早就说过，我还要说，我坚持认为，现在的语文高考试卷必将成为后人的笑柄！从基础知识及运用到作文，从古代诗文阅读到现代文阅读，从选材到命题，从内容到形式，都存在着严重的问题，它们不利于高考选拔人才，特别不利于中学语文教学。语文应该怎样考？这个问题并不复杂，但需要坐下来好好研究，多听听各方面的意见，多了解中学语文教学的实际——它已经混乱到了什么程度和学生的学习情况——它已经糟糕到了什么程度！如何利用高考的指挥棒作用来纠偏补弊，如何兼顾能力和素质，如何促进中学语文教学健康地发展，我们可以参考国外母语考试的经验或我国上个世纪二三十年代的一些做法，尽快走出一条语文高考命题的新路子。我认为，这是当前语文教学改革中最迫切最现实也最具操作性和可行性的事情。只要语文高考试卷的面目依旧，语文教学行为和观念就不可能有实质性的改变。道理很简单，对付像现在这样的试卷，还需要读什么书，思什么考，书读得多，思考得深，反而答不好题，而应试训练最有效。不是吗？

迟早要被他们逼疯！

——向语文高考现代文阅读题扔鞋

我看书本来就很少，尤其是中国当代作家的作品几乎从不涉猎。由于教学的需要，有时不得不看几篇现代文，仅此而已。最近在跟高三学生复习“文学类文本阅读”，看了几道高考题，很有几句话想说说。2007 年江西卷选了一篇汪曾祺的散文《泰山很大》，里面有这样一句话：“人到了超经验的景色之前，往往找不到合适的语言，就只好狗一样的乱叫。”面对我手边的这一张讲义上的三篇文章——2006 年全国卷的《绵绵土》、2006 年四川卷的《乡村的瓦》和 2006 年重庆卷的《说村落》，我恐怕也很难找到合适的语言，只能像狗一样乱叫一通了。

《绵绵土》是一篇借物抒情的散文。绵绵土是故乡一种极细柔的沙土，很多、很普通，它是从西北大沙漠那儿吹过来的。故乡有一个习俗，那就是孩子要诞生在绵绵土上——在他们看来，绵绵土是天上降下来的净土，这种金黄色的被烘焙的暖暖的柔柔的沙土能洗掉血气。作者对绵绵土充满温馨美好的记忆，绵绵土也就成了作者对故乡对母亲深深眷念和热爱之情的寄托物。

平心而论，《绵绵土》只能算是一篇习作水平的文章，无论是主题还是写法均无新意。思念故土是中国文学的母题之一，借故乡特有的风物寄托情感更是这类作品最常见的手法，像“红豆生南国，春来发几枝？”“来日绮窗前，寒梅著花未？”古人用20个字营造出来的隽永意境被今天的人稀释成1000字的白开水，为了增加一点味道，只能求助于“添加剂”了：“没有模仿谁，我情不自禁地五体投地，伏在热热的沙漠上。”“但是我这个有土性的人，忘不了对故乡绵绵土的眷恋之情。原谅我这个痴愚的游子吧。”这些话听起来总觉得有点别扭。

我对语文高考现代文阅读的选文一直很有意见，十年前我就“狂吠”了一阵。什么《青菜》《长城》《乡土情结》《话说知音》之类，或幼稚浅薄，或矫情作态，甚至充斥着无知妄说，让人无法容忍。十年来，现代文阅读的选文还是这么弱智，我不知道是中国当代作家不争气，写不出好东西，还是命题者乃武大郎开店——比我高的都不用！或许两种情况都有。

我们来看看题目是怎么出的。共四道题，前两道题目很简单，直接到文中找。我不知道这种题目究竟考查什么能力，且不去说它。

第三道题是这样的——

除了以“沙漠——绵绵土——沙漠”为思路安排的文章结构，本文还另有一个隐喻性的表达结构，请写出体现这一线索的三个关键词语。（5分）

短短一行多字里出现了很多文学评论的术语像“思路”“结构”“隐喻”“表达结构”“线索”等等，我想恐怕没有几个考生能看懂，最后写出的三个词语也是瞎猜猜的，蒙对蒙错看各人的运气。应该说这道题目本身包括答案都是没问题的，只是难度太大，而答案却押在三个词语上，这样的题目哪有信度可言？

第四题似乎很简单——

作者对绵绵土的回忆和对塔克拉玛干沙漠的抒写，寄托了什么样的思想感情？请简要分析。（7分）

但是答案让人哭笑不得——

（1）对绵绵土的回忆，寄托了作者对故乡和故乡古老习俗的怀念。

(2) 对塔克拉玛干沙漠的抒写,寄托了作者对故乡的热爱。

(3) 讲述了生命与母体、人与故土之间难以割舍的精神、情感联系,表达了游子对故乡深深的眷恋。

三句话的意思完全一样,为什么要硬拆成三个得分点? 面对这样的题目和答案,你恐怕只能掩口胡卢而笑吧,如果还没有枉将你气杀也么哥。顺便说一下,原文中有一段话颇奇怪,似与文章的主旨游离,它是这样说的——

“年轻时,有几年我在深深的陇山山沟里做着遥远而甜蜜的沙漠梦,不要以为沙漠是苍茫而干涩的,年轻的梦都是甜的。我的心灵从小就像有血缘关系似的向往沙漠,我觉得沙漠是世界上最悲壮最不可驯服的野地方。它空旷得没有边沿,而我向往这种陌生的境界。”

这样看来,文中对塔克拉玛干沙漠的抒写就不只是寄托作者对故乡的热爱了。

《乡村的瓦》也是一篇借物抒情言志的文章,由“乡村的瓦”想到童年和故乡,表达怀想之意,同时又讴歌了“瓦”的什么对称之美、团结精神以及对乡村的坚守云云。“瓦在骨子里是集体主义者,它们总是紧紧地扣着,肩并肩,再冻再冷也不松手。”作者是想借此歌颂农民乃至中国人民骨子里的“集体主义”精神吧,估计作者是读杨朔的《荔枝蜜》《茶花赋》长大的,而且后来也没有读过多少真正的书。

文中也有一段莫名其妙的话,这就是该文的第六段——

“籍贯属于乡村的瓦有一天走进城市,它晕头转向,无所事事,毫无用途。城市里的幻影夜色与镭射霓虹拒绝它。有一片瓦迷路了。它被开往城市里的一辆大卡车用来垫上面的器物,最后被拉向城市,当它完成自己的使命时又被远远地抛弃在公路边。城市人就爱过河拆桥,瓦看看身上“籍贯”一栏,早已被风的手擦模糊了。”

这片迷路的瓦,大概放弃了对乡村的坚守,因而受到作者的无情嘲讽,然而,它有什么错呢? 谁规定它必须永远待在“乡村”? 这是作者对瓦的

"身份('籍贯')歧视"。可笑的是,作者自己不是跑到城里去了吗?不过,他可以写文章,假惺惺地说什么——

当我的灵魂有一天回归大地,就请瓦在上面扣上小小的一方,有你瓦的余温,还有你瓦的纹络。这一方故乡的小房子,泥与水组合的小房子,草气上飘摇的小房子,你罩着我。像谁夜半耳语:

"睡吧,孩子。这叫归乡。"

还有更可笑的,作者不仅瞧不起乡下人,他还瞧不起城里人,毫无根据地谩骂:"城市人就爱过河拆桥。"真是活脱脱一个阿Q!

可笑的事远没有结束,看看题目吧——

文中第六段写到:"有一片瓦迷路了。"为什么"瓦"会"迷路"?作者这样写有什么意义?(6分)

看来命题者很欣赏这段文字。

总有一天,我要被这些人逼疯。选的什么文章?出的什么题目?他们究竟要把中学语文教学引向何方?

《说村落》是阎连科写的,看过阎连科的小说《为人民服务》,感觉他是个有胆识的汉子,后又看过他的《受活》,也很好。但这篇文章却不怎么样。

《说村落》是一篇议论性的文章,主要阐述"村落"的真正内涵和意义以及它的衰落,"村落精神"被遗忘确实令人遗憾,但"村落精神"究竟是什么?恐怕早就不是作者大而化之的什么"温暖和诗意"了。这篇文章可能写得比较早,总觉得有点隔靴搔痒,不得要领。今天,每个人的家乡都在沦陷,这种沦陷是全面的深刻的和令人痛心的,它不光是环境的严重破坏,生态的急剧恶化,还有物欲的折磨、精神的沦丧和"文化"的彻底堕落。这难道真是像人们说的那样是发展必须付出的代价吗?那这样的发展又有什么意义呢?

该文第二第三两段描绘了两幅画面,字里行间流露出对那种建立在落后的生产生活方式上的充满温暖和诗意的"村落"的缅怀和憧憬,是让我最不能接受的,好像农村就应该忍受自身生存的艰辛与愁苦,然后源源不断地向城市付出温馨、古朴和诗意，而城市只要表现出廉价的抑或热闹的同情就可以大享田园的诗情了。

阎连科自称是个“地道的农民”，这种沾沾自喜的标榜也让人反感，尽管他用的是反讽的口吻。他以为这样一说，就可以讨好农民，同时又显得高于城里人。一个不再是农民的人经常会说“我是一个地道的农民”或“我是农民的儿子”之类的话，其实这正暴露出他们骨子里的“身份意识”，我认为这不是“对农民的背叛”（阎连科语），而是对人的背叛。前面两篇文章也存在同样的问题，这是中国作家普遍存在的问题，这正是他们写不出好东西来的根本原因——对人的背叛！

对于文中的这些问题，命题人是不可能看出来的。至于题目，则永远是那么怪怪奇奇，而答案更是匪夷所思。随便说一题吧，第四题——

> 作者说“我这个自认为是地道的农民的所谓作家”，对“村落”也“模糊得如它们都沉在雾中了”，联系上下文说明这样写采用了什么表现手法？有什么好处？（6分）

为了便于说明这道题目，我们先抄录原文的第五段——

> 连我自己，做小说的时候，对于乡村的描绘，也是不断重复着抄袭别人的说法：“站在山梁上望去，村落、沟壑、林地、河流清晰得如在眼前”，或说“模糊得如它们都沉在雾中”。而实际上，村落真正是个什么，沟壑的意义又是什么，河流在今天到底是什么样儿，我这个自认为是地道的农民的所谓作家，是果真地模糊得如它们都沉在雾中了。

现在我们来看，命题人究竟在问什么，他究竟要考生回答什么。

“这样写采用了什么表现手法”中的“这样写”是指什么呢？是指作者自认为是“地道的农民”，还是作者说自己是“所谓作家”？抑或是说自己对村落的认识已经“模糊得如它们都沉在雾中”？如果是指这些，那又是用了什么表现手法呢？“表现手法”这个概念本来就很模糊，就这一句话，很难说用了什么表现手法，如果是问修辞方法（修辞格其实只是修辞的一个方面），那可以说后半句用了比喻或者引用。我们还是来看看答案吧——

表现手法:对比、反讽。好处:深化主题。

他们是这样解释的——

作者以“农民作家”的身份与对乡村的模糊进行对比,农村与城市的对比,写了村落的真正意义被人遗忘。“所谓”一词的使用,使语言具有讽刺之意。

反讽是一个很复杂的专业术语,这儿也不是什么反讽,就是一个自嘲而已。他们是不是把“反讽”理解成“反过来讽刺自己”了?这句话里哪里有什么“农村与城市的对比”?全文也没有写农村与城市的对比。“作者以‘农民作家’的身份与对乡村的模糊进行对比”这本身就是一个病句。这句话里如果有什么对比的话,似乎应该是过去的“我”和现在的“我”的对比以及自认为的“我”和实际上的“我”的对比。

总之,一笔糊涂账!我在讲这个题目的时候,就糊里糊涂,可以想见,考生看到这个题目会怎么的茫然失措。高考现代文阅读中这类题目很多,我实在不明白语文高考究竟是一个什么玩意儿!而我还要整天面对着它们,苦口婆心,强词夺理,自圆其说,耳提面命,胡说八道……

我说过,我总有一天要被他们逼疯。

这是我手边这张讲义上的三篇阅读题,三篇文章从选文到命题到答案很难让人满意和接受,这就是语文高考现代文阅读题的现状。

阅读能力是语文能力的最基本也是最重要的方面。考查阅读能力应该不是什么高深的复杂的事情,给他一篇文章,问他读懂了多少,读到了什么,就够了。现在,题目出得这么刁钻古怪,答案又是那么匪夷所思,我真不知道,他们究竟想干什么!当然,题目和答案的设计跟选文有很大关系,选文是最大的问题,如果所选文章是那么浅陋苍白,矫情媚世,那命制题目就只能挖空心思而弄巧成拙了。

翻开手边厚达千页的复习资料,浏览一下近几年的高考阅读题,真叫人气不打一处来。现在是各省自主命题,他们好像商量过似的,所选文章多是一路货色，说实话，我实在不愿意看这些文章，瞄一眼就知道是什么东西了。随便举几个例子吧——

吟风弄月的，像《吟风》(2008 福建)、《雨韵》(2008 辽宁)、《碧云寺的秋色》(2008 北京)，等等。

咏山川古迹人物的，像《文赤壁》(2006 山东)、《张家界》(2005 全国Ⅲ)、《阳关古道苍凉美》(2008 全国Ⅰ)、《敦煌》(2008 天津)、《泰山之思》(2007 浙江)、《行吟阁遐想》(2006 安徽)、《歌德之勺》(2008 山东)、《草堂·诗魂》(2004 江苏)，等等。

表现农村生活的，除了上面讲到的三篇文章，还有像《一幅烟雨牛鹭图》(2006 江苏)、《麦天》(2007 江苏)、《乡村的风》(2007 安徽)，等等。

这些文章大多无真情实感，无现实关怀，或卖弄知识，或炫耀文采，提到乡村，就是温暖啊，诗意啊，提到历史古迹或人物，则是辉煌啊，苦难啊，文章憎命达啊，完全脱离实际，空洞且虚伪，只是文人的无聊游戏罢了。他们还常常做反思状，喟叹一下，装出很真很深沉的样子，实际上很假很肉麻。当代中国作家确实写不出像样的东西来，因为他们不敢说真话，至多只是用假嗓子撒撒娇而已。难得看到的一篇触及现实的文章《告别三峡》(2007 重庆)，也是“歌德牌”的，什么“让我动容”啊，“顿生敬意”啊，“感天动地”啊，真是让人浑身起鸡皮疙瘩。

我说两个具体的例子。

2008 年福建卷的《吟风》就是一篇套话连篇、空洞无物的借物抒情散文，什么“风是大气的精灵”啦，是“人间的使者”，是“大自然的雕塑家”，是“忠实的史学家”云云，全文堆砌了很多华丽的辞藻，似乎什么都说了，但你不知道作者究竟想说什么。事实上，这儿的“风”可以换成任何自然物或人工物，比如，雨啊，雪啊，树啊，墙啊，然后，换几个词，又是一篇文章。“古来多少英雄把酒临风，抒发豪情，畅怀壮志”，下面就要歌颂大流氓刘邦了，“大风起兮云飞扬”啊，顺便把职业杀手荆轲“风萧萧兮易水寒”再缅怀一下。这就是作者所热爱的英雄，这就是作者所要抒的情吧——

“季风虽有四时之变，而惟有其风骨不变。日月经天，乾坤朗朗，是季风万年不衰的永久风源。愿清丽的风荡涤世俗尘埃，将世界催化得更清纯、更壮丽！”

这个最后一段恐怕是命题人看了特别激动的文字，他们要考生理解其丰富内涵呢。

2008年天津卷《敦煌》的作者面对“敦哉煌也”的伟大历史和智慧，激动得无可如何，“繁荣丰美”啊，“酣畅淋漓”啊，“辉煌壮丽”啊，感觉作者的词语实在不够用，“伟大”和“美丽”出现了好多次，甚至“自由的灵魂”也用上了，管它是什么意思，管它有没有，只要听起来好就行，“让自己的精神顶天立地站立在这里”，我没有看到什么顶天立地的精神，却看到一个委琐的灵魂——

“一位美丽的女菩萨。一千多年前的泥土，竟然塑造出这般鲜活的肉体，让人油然而生爱心。她就像是邻居家年轻的少妇，脸上洋溢着愉快的光辉。丰腴的手臂叫人想偷偷伸过手去摸上一摸。瞧她那隐然含笑的样子，应该是不会生气的。”

看到这儿，我忍不住要喷饭。可能是作者太激动，有点忘乎所以，说漏嘴了。但命题者怎么也没看出来呢？不过这段话的确道出了中国当今文人的真实心态——伸手到丰腴的历史或虚构的现实中摸一摸，获得一点阿Q拧小尼姑嘴巴的那种滑腻的感觉。

我再说一次，我迟早要被他们逼疯。

高考古文阅读批判

——兼谈中小学古文教学

先抄录一段文章——

高考文言文阅读部分的命题已形成了稳定的模式，笔者归纳出两大特点：

（一）阅读材料大多是史书中宣扬忠孝节义之类封建道德的人物传记片段，如“事母至孝”的何子平（1994年）、“贤明有节操”的郑母（1995年）、“吾知行吾志而已”的郭永（1996年）、“逆龙鳞忤人主”的狄仁杰（1997年）、“忠君事君，有死无二”的李若水（1998年）。人物一般缺乏鲜明的个性，往往是观念的化身；写法上平铺直叙，近乎光荣榜。

（二）主要考查字词句的理解，几乎不涉及思想内容和艺术特色的分析鉴赏评价。为增加难度，命题人想方设法刁难学生，然而，聪明反被聪明误，很多题目或有错误（1995年第13题），或不严密（1994年第14题、1996年第14题等），当然，更多的题目是毫无意义可言！

古文中精品很多，那些描写生动、语言精练、意境深远的写景叙事类散文，那些见解深刻精辟、说理晓畅透彻的议论性作品，乃至元明清的戏曲小说，为什么就不能进入命题者的视野呢？而且，那种纠缠于词句的考法必将沉重打击学生学习文言文的热情，并直接间接地导向一种古人早就严厉抨击过的“寻章摘句”的教法和“死在言下”的学法。

博大精深的古典文化是中华民族贡献给全世界的宝贵遗产，我们的年轻一代不懂得珍惜她，不知道从中不断汲取营养以丰富完善自己的主观世界，从而为客观世界的可持续发展提供不竭的精神资源，这是令人忧虑和不安的事情。高考文言文阅读的权重已经偏低且有下降趋势，是不是屈从于“现实”的挤压呢？然而，如果失去了根基，“现实”还能走多远呢？

这是我写于1999年的一篇谈高考命题的文章中的一个片段，又是五年过去了，关于高考文言文命题的争论一直没有停止过，高考试卷中古文阅读的分值始终在20分上下，选材和命题也没有什么大的变化，只是近两年增加了翻译题，翻译题实际上还是客观题，是不容许主观理解和阐释的。

“清慎”的苏琼（1999年）和同样“清慎”的胡质父子（2000年）、大施“反间计”的田单（2001年）和“忠实心诚”的李广将军（2002年），以及“佞于隋而忠于唐”的裴矩（2003年），这五年的古文阅读选文与前十年一样都是来自史传文。我不是说不能选这类文章，但这类文章的思想和艺术分量的确不大，古文中的精品很多，为什么不用最优秀的作品作为考查的材料？为什么那么害怕学生接触人类文化最优秀的成果呢？十几年来孜孜不倦非把学生对古文业已所剩无几的兴趣彻底摧毁就不肯善罢甘休吗？我要告诉命题者，你们的确做到了：现在已经没有多少人喜欢古文了。

中学文言文教学究竟意义何在？在我看来，优秀的古典文学作品是一个民族心路历程的折射，是一个民族文化和智慧的结晶，其认识作用、教育作用和审美作用是其他任何东西无法替代的。尤其在当今喧嚣浮躁的人情世风下，在充满功利、粗俗、浅薄和暴戾气息的今日中国，那些有着清明思想的古典作品无异于一副绝好的清醒剂和镇静剂。一个国家的青年一代不能充分吸收本民族优秀文化遗产的滋补而任由现代工商业文明去揉捏，恐怕是让人深感不安的事情。传统是根基；失去了根基，我们还能走多远呢？

中学文言文教学正是要让学生尽可能多地接触古文瑰宝，加深对本民族的了解，树立深邃的历史感，砥砺品质，陶冶情操，同时提高分析鉴赏能力。简言之，古文教学，既要以提高学生的古文修养为己任，更要以提高学生的人文素质为旨归。然而，中学文言文教学不说与这个目标背道而驰，至少是偏离了正道。文言文教学没有教出学生对民族悠久文化的热爱，对历代思想和文学巨人的崇敬，而是教出了学生的厌恶和畏惧情绪，这怎不让人痛心疾首？对此，高考文言文命题难辞其咎！

学习古文既是文化传承的需要，又是提高文学修养和母语素养的重要途径，同时为青少年奠定一定的国学根基、为社会注入典雅淳厚的古风，使古老的中华文化在遍及全球的现代化进程中再放异彩。以上这些论点当然还有待进一步分析和论证。比如说关于传统文化的传承问题，北大张祥龙教授认为，中国传统文化的活生生的存在，几乎快要消失了，中国传统文化的主流正面临断子绝孙、无以为继的重大危机，并从四个标志性现象中作了详细的分析论证，张教授有这样一段愤慨之语："呜呼哀哉！印度人在建国后，花大气力复活梵文这个早已死去的古代文字，法国政府为了维护纯洁法语、对抗英语的话语霸权也是不惜工本，而中国人何以对维系祖宗文化的语言龙脉就如此绝情，非认定它是落后的根源而务必铲绝？"如果我们假设这不是危言耸听而是一个真正文化人的切肤之痛，那么，接通和恢复中华文化的血脉元气就是今天的炎黄子孙理应担负起的责任，而其方法和途径有哪些呢？在中小学语文教学中加强古文经典的教学是不是一条有效而便捷之途呢？我认为是的。

众所周知，传统文化中有很多落后保守的东西，它曾经阻碍和束缚了中华民族更好更快更健康地发展，一直到现在，巨大的惯性和惰性依然存在，克服和清除其毒素依然是当前十分艰巨的任务。但是，这跟中小学语文教学中加强古文经典教育是两回事。如果认为中小学生诵读了一些（或大量）古代经典就会妨碍他们接受现代文明，就会让他们回到古代去，一个个都之乎者也起来，那不是很可笑吗？在如今这样一个开放社会，在全球化浪潮席卷天下之际，靠几篇古文就能把青少年拉回到古代去吗？让木子美读几篇烈女传就能变成信奉“饿死事小，失节事大”的贞妇了吗？相反，祥林嫂斗大的字不识一个，不是照样满脑子“好女不更二夫”的封建贞节观念吗？阿Q没有读过书，他的胆怯和凶残、愚昧和狡黠、自大和自卑、欺人和自欺，一句话，他的奴隶性格是从哪里来的？是制度，是两千多年的专制制度造成的，制度对人性的戕害是深入骨髓溶进血液化为基因代代相传的，我们不去批判和改造这个制度而去责怪四书五经唐诗宋词恐怕有点文不对题吧，现在就更是如此了。我不相信一个现代人读了“采菊东篱下，悠然见南山”之后就会下决心远离现代文明，躲进深山老林过起隐居生活来，他可能偶尔会冒出这样的想法，但一般不会付诸行动，就算他真的这样做了，又有什么不可以呢？难道就阻碍社会进步不成？我同样不相信，今天，一个人读了“君君臣臣父父子子”以后，就会变得更愚忠愚孝或专制残暴，他的“愚”和“暴”是早就由历史赋予他了，他还需要从“仁者爱人”里学会伪善吗？他还需要从“择乎中庸”里学会圆滑吗？或者从“夫唯不争”里学会平庸，从“天地不仁”里学会悲观吗？认为读古代经典会使人们的头脑愚钝思想僵化是没有根据的。

再比如说，关于提高母语素养的问题，一个明摆着的事实是，几十年来，我们的整体的语言表达水平显著下降，无论是官方语言还是个体语言，无论是文学语言还是日常语言越来越丧失典雅和淳厚之风，变得浅白、庸俗、粗陋，这是与心灵和精神的贫瘠苍白冷硬荒寒互为表里的。这种情况跟我们整个社会轻视古文，文言教育的血脉被切断有没有关系呢？我认为是有的。能不能让经典的永恒性与规范性来启迪当今社会，提供人生指引，能不能通过阅读古文经典来培养正确价值观和人文情怀，培养敦厚儒雅之风，笔者不敢断言，但仅就汉语教育来说，我认为让儿童进入中国文化的核心，让年轻人直接进入传统文化的语言世界，直接阅读传统经典，千锤百炼、博大深厚的中华文学文化经典定能受到沦肌浃髓、醍醐灌顶之效。我们花那么多时间和精力学英语，但英文只是一种工具，汉语却是思维和文化的载体。传统语言目前只能以“成语”、“引语”一类的破碎形式残存于人们的话语中,而现代人的话语中更多地夹杂着洋文、广告词、流行歌曲和各种“戏说”。中文的悠久、丰厚和诉诸直觉的灵性在世界文字中是无与伦比的,但今天却越来越被冷落。我坚持认为中小学文言文教学应该进一步强化,在教学内容和形式以及考试方式等方面要作大的调整和变革。

就高考来说,第一,增加古文阅读的分量,比如分值应该提高到50分左右。第二,选文要选最好的文章,最有价值的文章。第三,减少客观题,增加主观题。第四,不在字词和语法上纠缠,要求读通文章、读懂文章、读透文章,侧重阐述义理和鉴赏评价。比如客观题只保留翻译和默写,而默写题也可以灵活一点,主要考查平时的阅读和记忆量。

有人担心这样会增加学生的负担,其实,现在学生学习语文的负担并不轻,而教师和学生在繁重的语文教学和训练中并没有多少真正的收获,没有多少对学生一生产生深远影响的东西进驻学生的心灵。教师和学生互相折磨,在高中三年中均无长进,无论是语言上还是思想上。阅读文言文比阅读现代文当然要困难,但并不是想象中的那么困难。古文中大多数词语保留在现代汉语里,古今汉语语法变化也不大,只要多读一点,积累一定量的文言实词和虚词的用法,慢慢增强文言文的语感,一定会越读越通,越读越顺,越读越好读,越读越爱读。所谓负担问题实际上并不存在。我们设想一下,如果一个人在小学阶段已经背诵了数百首古代诗词和“三字经”“千字文”等,到初中又熟读了《论语》《孟子》《老子》和一些唐宋散文名篇,有了这样的古文功底,到了高中阶段,再读《大学》《中庸》《庄子》《荀子》《左传》《战国策》《史记》等等,就非常轻松了。所以,我认为负担问题根本不存在。

还有一种看法,学生不喜欢怎么办?首先,学生不喜欢的原因不是经典本身缺乏吸引力,而是我们现在丑陋的考试害的,是我们不争气的教学害的。其次,教什么内容,不能完全由学生的好恶来决定。学生喜欢物理吗?喜欢数学吗?喜欢英语吗?事实上现在的中学生有多少人喜欢这样的学习和考试？再次，趣味是可以培养的，这正是教师的职责所在。

我女儿读小学四年级，语文课本里的大多数文章都要求背诵，并且要由家长签字。说实话，我有点不胜其烦。有一天，我拿出手边的一本《大学·中庸》，要她背诵下面一段文字：

“大学之道，在明明德，在亲民，在止于至善。知止而后有定，定而后能静，静而后能安，安而后能虑，虑而后能得。物有本末，事有终始，知有先后，则近道矣。古之欲明明德于天下者，先治其国；欲治其国者，先齐其家；欲齐其家者，先修其身；欲修其身者，先正其心；欲正其心者，先诚其意；欲诚其意者，先致其知；致知在格物。格物而后知至，知至而后意诚，意诚而后心正，心正而后身修，身修而后家齐，家齐而后国治，国治而后天下平。自天子以至于庶人，壹是皆以修身为本。其本乱，而末治者，否矣。其所厚者薄，而其所薄者厚，未之有也。”

这段文字里对她来说总共只有一两个生字，我带她读了几遍，并简单地作了一些解释。然后她自己读了一小会儿，就能够一字不差地背下来，而且还表现出很大的兴趣，当然主要是觉得好玩。她背诵这段文字所用时间大概只要背她课本中的一篇白话课文所用时间的一半。更重要的是，这两百多字的价值和分量是她那册语文书里所有白话文加起来也远远不能相提并论的！

我们都知道，下面这些句子都是出自《论语》——

老者安之，朋友信之，少者怀之。己欲立而立人，己欲达而达人。知者乐水，仁者乐山。君子喻于义，小人喻于利。不义而富且贵，于我如浮云。学而不思则罔，思而不学则殆。志于道，据于德，依于仁，游于艺。不愤不启；不悱不发。发愤忘食，乐以忘忧，不知老之将至。朝闻道夕死可矣。其身正，不令而行；其身不正，虽令不从。君子坦荡荡，小人长戚戚。君子固穷，小人穷斯滥矣。君子求诸己，小人求诸人。君子耻其言而过其行。仁者不忧，知者不惑，勇者不惧。知之者不如好之者，好之者不如乐之者。古之学者为己，今之学者为人。邦无道，富且贵焉，耻也。道不行，乘桴浮于海。

我们还知道，下面的成语也是出自《论语》——

学而时习之，有朋自远方来，人不知而不愠，犯上作乱，三省吾身，君子不器，成事不说，遂事不谏，敏而好学，不耻下问，斐然成章，温故而知新，朽木不可雕，思无邪，是可忍，孰不可忍？见贤思齐，学而不厌，诲人不倦，暴虎冯河，举一反三，三月不知肉味，三人行，必有我师，不在其位，不谋其政，三分天下有其二，三军可夺帅也，匹夫不可夺志也，夫人不言，言必有中，升堂入室，鸣鼓而攻之，待贾而沽，仰之弥高，钻之弥坚，岁寒，然后知松柏之后雕也，己所不欲，勿施于人，言必信，行必果，君子和而不同，小人同而不和，危言危行，见利思义，见危授命，夫子自道，以直报怨，以德报德，知其不可为而为之，杀身成仁，道不同，不相为谋。

但我们未必知道，下面这些成语俗语，它们中的大多数已经完全溶入我们的日常语汇中了，而它们也全部出自《论语》这本薄薄的小册子——

祸起萧墙，割鸡焉用牛刀，色厉内荏，道听途说，患得患失，饱食终日，无所用心，四体不勤，五谷不分，巧言令色，见义勇为，尽善尽美，既往不咎，一以贯之，乐而不淫，哀而不伤，愚不可及，一言以蔽之，和为贵，文质彬彬，任重道远，鸟之将死，其鸣也哀，人之将死，其言也善，苗而不秀，秀而不实，后生可畏，各得其所，何陋之有，过犹不及，空空如也，四海之内皆兄弟也，成人之美，察言观色，以文会友，欲速则不达，怨天尤人，工欲善其事，必先利其器，人无远虑，必有近忧，言不及义，当仁不让，有教无类，分崩离析，既来之则安之，无可无不可。

我之所以不厌其烦地罗列了许多出自《论语》的成语，是想说明，哪怕仅仅从语言学习的角度来看，诵读经典也是很有意义的，同时，那种认为经典艰深晦涩不适合中小学生阅读的看法也是不能成立的。我怀疑有些人根本没有好好读过这些经典著作，而是想当然地认为它们一定是佶屈聱牙面目可憎而拒之于千里之外，其实，经典倒是很朴素也很亲切的，因为真理从来都是朴素的，它不需要装出高深的样子来吓人。

有人说，我们要培养青少年的科学意识和科学精神，而《论语》《老子》

之类恰恰不具备严肃的科学态度。关于这个问题,我们还是来听听中科院院士、机械工程专家、原华中理工大学校长杨叔子先生的说法吧。他说:“1998年我对考我门下学机械工程的博士生说,从今年起,做博士生就要学《老子》。如果你不学,背不出,对不起,你的博士论文我不答辩。1999年,对新考上的博士生,我又加了条规定,不但要学《老子》,背《老子》,而且要学《论语》,要背《论语》二十篇里面第一篇到第七篇。”(《学术报告厅》,中国青年出版社,第262页)我认为杨先生不是标新立异哗众取宠。他的“《道德经》指出了宇宙大爆炸前的情况”,“中庸之道是计算机技术的基础之一”,“佛经里有克隆技术的基本思想”,“《论语》在2500年前论情商”等等说法,或许有牵强之嫌,但他说这些伟人对自然界、对社会、对个人的观察是非常广泛而深入的,思考是非常深刻而明晰的,“现代科学从实践中得出的结果,同这些伟人,包括西方的伟人,从哲理中得出的结果,从开放的形象的直觉思维得出的结果彼此相应相符,是不奇怪的事情”,我是愿意相信的。更重要的是,在科学和人文日益分离的今天,经典里蕴涵的人文精神显得特别重要。我当然不相信所谓“半部《论语》治天下”,但我同样不相信,仅靠那些科学狂人、技术精英和官僚政客就能够把我们带进一个美丽新世界。

爱因斯坦说,一个人不能只是读读报纸杂志,还应该读一点优秀的古典作品。前复旦大学校长、著名数学家苏步青教授说他从小就爱读《左传》《史记》等古典名著,并说,要考复旦大学数学系,首先语文要过关。其他像钱学森、华罗庚等著名科学家无不具有深厚的古文修养。反观现在,建国以后我们的教育究竟培养了几个世界级的科学家?几乎没有,相反,倒是听到科学界、学术界爆出不少丑闻!我当然不是说,那些剽窃者、那些卖身体制的伪院士们都没有好好读过“四书五经”,但如今学术界普遍缺乏独立人格、原创精神和人文关怀的状况可能的确与“五四”运动之后特别是建国以后文化的命脉被切断有很大的关系。

高考语文江苏卷文言文阅读试题之批判

十多年前，我曾写过一系列文章严厉抨击过高考语文试卷，无论是基础知识部分、文言文阅读部分、现代文阅读部分，还是作文，整个高考语文试卷，其弱智、愚蠢、荒谬和无聊无耻到了让人无法忍受的程度。那时还是全国统一命题，后来各省自主命题，我以为会有所变化，其实变化不大，不说越来越糟糕——已经到极致了，很难再糟糕下去，至少没什么长进。此后，我对语文高考试卷完全失望，也不再关心它，随它怎么去胡闹胡搞胡扯蛋，让它自生自灭好了。这个世上永远有小丑，小丑永远有市场，“蚍蜉撼大树，可笑不自量”，邪恶势力还十分强大的时候，你只能惊讶地看着它，脑袋里一片空白。现在我终于明白了什么叫人民战争的汪洋大海，于是我就变成了随波逐流的行尸走肉，尽管我还在教高三，还不得不陪它玩，尽管我常常深感屈辱和愤怒，但事情就是这样，愤怒，无奈，日子一天天流逝，平静而绝望……

这几天在复习文言文，把近几年各地高考试卷中的文言文阅读题找来做做讲讲，发现了一点问题，忍不住要说几句，也就是随便说说吧。

1998 年的时候我写的系列文章中有一篇谈文言文阅读的选文和命题问题。语文高考试卷文言文阅读的选文总是故意回避名家名篇，而找一些偏僻的史传类文章,也就是说,坚决不给学生读好文章,而硬是找一些垃圾塞给学生;出的题目更是莫名其妙,有些还刁钻古怪,强词夺理,故意为难学生。

我记得当年上海卷(那时上海已独立命题)的两篇文言文阅读的选文非常好,一篇寓言故事,一则游记,都属于文学类作品,写得也非常好,尤其是那篇游记散文,我记得好像是清代文学家俞樾写的,我就是看了那篇文章才喜欢上古文的,后来我想找那篇文章,却怎么也找不到,颇遗憾。顺便说说,上海卷的文言文阅读总是选一些非常精彩的文章,比如 2005 年的那篇谈写作问题的古文("古大将之才,类出天授"),尽管是议论性的文章,却是妙语连珠,令人叹绝。再比如 2008 年的《秋寻草自序》也是千古美文——

"夫秋也,草木疏而不积,山川澹而不媚。比之春,如舍佳人而逢高僧于浣衣洗钵也。比之夏,如辞贵游而侣韵士于清泉白石也。比之冬,又如耻孤寒而露英雄于夜雨疏灯也。天以此时新其位置,洗其烦秽,待游人之至。而游人者,不能自清其胸中,以求秋之所在,而动曰:'悲秋'。予尝言宋玉有悲,是以悲秋;后人未尝有悲而悲之,不信胸中而信纸上,予悲夫悲秋者也。"

各省自主命题以后,古文阅读中果然出现了一些好文章。

比如 2005 湖北卷、2007 广东卷和 2008 山东卷选自《聊斋志异》,2006 北京卷、2008 重庆卷和福建卷选自《晏子春秋》,2007 北京卷选自《淮南子》,2008 江西卷选自《左传》,2008 天津卷选自《墨子》,都是文学类甚至思想类名著名篇。

2005 上海卷白居易的《冷泉亭记》、2005 福建卷宋濂的《送天台陈庭学序》、2005 湖南卷欧阳修的《记旧本韩文后》、2006 浙江卷方孝孺的《蚊对》、2007 浙江卷苏轼的《王定国诗集叙》等等都是名家名文。

还有像 2007 北京卷的《冉氏烹狗记》、2007 江西卷的《催科》等也是精彩绝伦、妙不可言的佳制。

尽管有些题目出得并不高明甚至很委琐,大大玷污了这些美文,但毕竟是从垃圾堆里挣扎出来,终于知道什么叫好坏了,也算是一种进步吧;如果能进一步把粘在自己脸上身上的污物抖落掉就好了。不过,对此,我不抱什么希望:有些人就喜欢追腥逐臭,干干净净的他看了不舒服。

然而,近五年江苏卷文言文阅读试题的材料却无一例外均来自史书中的人物传记——2004 年《宋史》、2005 年《新唐书》、2006 年《宋史》、2007 年《三十国春秋》、2008 年《后汉书》,这些文章大多无法卒读,题目也出得莫名其妙。我不去多说了,作为江苏人我难为情。

我想说的是,他们之所以选这样的文章可能是出于这个考虑:那些名家名篇可能有些学生平时读过,为显示公平,就选择那些大家都不大可能看到的庞杂的史料堆里旮旯头的破玩意儿。其实这种担心是很可笑的。为什么怕学生读好文章呢?如果一个学生平时就读到白居易的《冷泉亭记》或《墨子》的“兼爱篇”,那不是好事吗?那不是我们语文教学要鼓励学生去做的吗?如果你真是担心,因为考名篇名著,学生就都去看名家名篇了,那就不要怪我批评你不识好歹了!你的担心恰恰是我的愿望。通过高考的导向作用把学生引入正途,以促进中学语文教学的正常发展,这不正是语文高考的重要功能之一吗?想想我们现在的语文教学都变成什么样子了,语文高考命题与有力焉,难辞其咎。

高考诗歌鉴赏题的整体批判和命题出路

我们先来看几个2009年高考诗歌鉴赏题——

1. 全国卷

次石湖书扇韵

姜 夔

桥西一曲水通村，岸阁浮萍绿有痕。家住石湖人不到，藕花多处别开门。

(1)略。(2)有人说，诗的后两句歌颂了范成大的品格，第三句中的"人"是指趋炎附势的人。你对此有什么看法？请简要说明。

答案：观点一：这种说法有道理。

此诗赞誉石湖美景，也包含对石湖主人的赞颂。"人"是指势利小人，这些人在范氏去职归隐后不再与他来往，范氏却不以为意，反而享受田园之乐，这与作者终生不仕的人生态度相契合。

观点二：这种说法不确切。

此诗描绘了石湖清幽恬静的美景，表现的是作者对石湖主人归隐田园的赞赏。"人"只是泛指，无人相烦正是幽静的要素，不是写范氏失势后的世态炎凉。

第二问设计有问题，或者说题目没问题但答案的"观点一"有问题。

“家住石湖人不到”的“人”应是泛指，不是特指什么“势利小人”。石湖环境幽雅，但地处偏僻，人迹不到，这才符合范成大晚年归隐之意，他把门特意开在“藕花多处”也是这个意思，不希望有人打扰他宁静恬适的生活，不管是什么人，当然一二知己除外，比如姜夔不是来拜访他了吗？“人不到”是说这个地方人少偏僻，题目把这句中的“人”故意曲解为“势利小人”，实在莫名其妙，且在误导学生，这本身就是诗歌鉴赏的大忌，更奇怪的是答案居然还肯定这种说法。

这首诗歌，一二两句写景，三四两句还是写景，但景中有人，更有人的行为、品质和志趣，荷花本是高洁脱俗的象征，这儿也可以看作是主人品性的写照，人和景融为一体。当然景中也有情，这个情就是作者对主人的倾慕和赞赏之情。题目里突然冒出个“势利小人”，完全破坏了这首诗歌的意境和雅趣。其实，题目可以这样出，直接要求学生写一段赏析文字。尤其是诗的最后两句，含蓄隽永，语淡情浓，意境浑成，值得深味。还有“藕花多处别开门”的“别”的理解，这些地方很容易看出功底的深浅和鉴赏能力的高下。

2. 江苏卷

满江红　登黄鹤楼有感

岳　飞

遥望中原，荒烟外，许多城郭。想当年，花遮柳护，凤楼龙阁。万岁山前珠翠绕，蓬壶殿里笙歌作。到而今，铁骑满郊畿，风尘恶。

兵安在？膏锋锷。民安在？填沟壑。叹江山如故，千村寥落。何日请缨提锐旅，一鞭直渡清河洛。却归来，再续汉阳游，骑黄鹤。

(1)、(2)略。(3)词的开头写作者登黄鹤楼遥望中原，结尾说“再续汉阳游，骑黄鹤”，反映出作者的思想感情有何变化？

答案：由开头对昔盛今衰的悲慨，对外敌入侵践踏大好河山的愤恨，对统治阶层奢侈误国的隐隐痛心，对抗击敌人收复失地的决心，转到想象中“提锐旅”“清河洛”之后再登黄鹤楼的舒畅心情。

第三题问“反映出作者的思想感情有何变化”？答案中前四点，即①对昔盛今衰的悲慨，②对外敌入侵践踏大好河山的愤恨，③对统治阶层奢侈误国的隐隐痛心，④对抗击敌人收复失地的决心，这四种思想感情是一致的，互为依存的，没有什么变化，其中第③点说得有点牵强，因为“花遮柳护，凤楼龙阁。万岁山前珠翠绕，蓬壶殿里笙歌作”说的是过去，主要是用来与今天对比，表达对敌人的愤恨，而不是对统治者的不满。这儿问题还不大，奇怪的是答案说“转到想象中再登黄鹤楼的舒畅心情”，其实，诗人的心情并没有“转”，更没有转为“舒畅”，因为这是想象中的，最后几句还是表达一种杀敌的决心和对胜利、对和平的渴望，并没有舒畅愉快，而是更加豪情满怀更加慷慨激昂，如果没有更加沉重的话。总之，诗人的情绪始终是沉痛、愤慨、激昂，这几种情绪是统一的，没有什么变化，因为它们基于同一个事实，那就是外敌入侵、山河破碎。题目硬要问“思想感情有何变化”，那就只能牵强附会地说成由痛心到舒畅了。这些地方只能暴露出命题人自己的鉴赏水平实在有限。

3. 山东卷

寄　远

杜　牧

南陵水面漫悠悠，风紧云轻欲变秋。

正是客心孤迥处，谁家红袖凭江楼？

(1)略。(2)本诗后两句表现了诗人怎样的情感变化？请作简要分析。

答案：这两句写正值客心孤寂之时，忽见红袖凭楼而更增思家之情，诗人看见红袖凭楼的情景时，一下子联想到家人也在盼望自己归来，于是思家之情更加浓重（或红袖的悠闲和客心的孤迥形成鲜明的对照，越发衬托出旅思的凄凉，进一步触发了诗人的思家之情）。

这又是一个问“情感变化”的题目，答案很是雷人：由想家到更加想家。这也叫情感变化，真不知命题人是怎么想的！

这首小诗很有意思，前两句写舟行所见，从风平浪静到风云突变似乎有个情感变化的过程，“欲变秋”触动了旅人的愁思，那么，“水面漫悠悠”则是烘托了羁旅的孤寂。这些描写，都为第三句的“客心孤迥”作了准备。这首诗的精彩之处当然是后面两句。正当“客心孤迥”之时，忽见岸边的江楼上有个红袖女子正在凭栏远眺。这是一幅饶有意趣的画面，其涵义由于不确定性而变得十分丰富，给读者留下了巨大的想象空间。而诗人的情感恐怕不是答案所说的那样更加凄凉越发孤寂这么简单。

4. 四川卷

秋夜将晓出篱门迎凉有感（其二）

陆　游

三万里河东入海，五千仞岳上摩天。

遗民泪尽胡尘里，南望王师又一年。

(1)请谈谈这首诗前两句中“入”字和“摩”字的表达效果。(2)略。

答案：“入”字表现出河的生气，“摩”字突出了山的高峻。

第一问“入”如何“表现出河的生气”？如果是李白的“奔流到海不复回”，那又要说“到”如何表现了河的气势！这种脱离整体意境，纠缠个别词语的做法也是诗歌鉴赏的大忌，学生的回答只能是一些套话，套话可以得分，深入思考会走偏，这样的诗歌鉴赏题实际上就是反鉴赏。

5. 浙江卷

踏莎行　雪中看梅花

王　旭

两种风流，一家制作。雪花全似梅花萼。细看不是雪无香，天风吹得香零落。

虽是一般，惟高一着。雪花不似梅花薄。梅花散彩向空山，雪花随意穿帘幕。

(1)略。(2)指出这首词的写作手法并简析作者的情感。

答案：手法：对比（反衬）。情感：对梅与雪的品格有所褒贬，突出了对梅花的喜爱和赞赏之情。

第二问的答案说“对梅与雪的品格有所褒贬”，这么模糊的答案，在实际阅卷时很难把握，势必造成巨大的主观误差，这又让说一些空话套话的学生沾光，而仔细品味，反复揣摩，有独到见解的考生势必吃亏。事实上，我们的诗歌鉴赏似乎并不鼓励真正的鉴赏，而是提倡模棱两可，似懂非懂，投机取巧，人云亦云——这是一种典型的伪鉴赏。

对这首诗可能有不同的理解，但我觉得作者褒梅贬雪的态度还是很清楚的。关键是“雪花不似梅花薄”的意思究竟是什么。我觉得这句话是说：雪花不如梅花，因为雪花轻薄。这样理解好像有点不合语法，但诗歌的语言不是科学用语也不是日常用语，它常常无视语法规范而达到一种陌生化和新奇的效果。这首词的上阕也有一个类似的句子“细看不是雪无香”，同样理解成：细看不是雪，因为雪无香。接着说梅有香——“天风吹得香零落”。同样的，下阕的最后两句也在解释雪花何以轻薄，而梅花则高洁孤傲——“梅花散彩向空山，雪花随意穿帘幕”。这些地方都要细细地玩味，而不是像答案说的“有所褒贬，突出了对梅花的喜爱和赞赏之情”那样含糊笼统。

诗歌鉴赏题究竟应该怎么出，其实很简单，根本不需要搞得这么琐碎无聊，直接让考生就某诗（或诗中某句、诗的某方面）写一段 200 到 300 字左右的赏析文字就可以了。这最容易看出一个人的鉴赏水平，而且让考生有自由发挥的空间，让有丰富阅读经验和较强鉴赏能力的考生脱颖而出。这样简单高效的事情为什么不愿做呢？这是有原因的，我下面再说。

6. 宁夏卷

鹧鸪天　代人赋

辛弃疾

陌上柔桑破嫩芽，东邻蚕种已生些。平冈细草鸣黄犊，斜日寒林点暮鸦。

山远近，路横斜，青旗沽酒有人家。城中桃李愁风雨，春在溪头荠菜花。

（1）略。（2）词的最后两句作者用了哪种写作手法？表达了什么样的感情？词题为“代人赋”，作者为什么要以此为题？请简要说明。

答案：题为“代人赋”，实则为己赋，采用代人填词的形式，以荠菜花自况，效果独特。

题目问：词题为“代人赋”，作者为什么要以此为题？我倒禁不住要问：命题者为什么要出这样的怪题？在“代人赋”这个问题上出题有什么意义？学生可能并不知道“代人赋”是什么意思。猜猜看，可能是代别人所写，那么是代什么人？又为什么要代别人写？不知道。也有可能是假托代别人写，实际上是表达自己的思想感情，这倒是很有可能。但这个问题没什么意思啊。我们来看看答案：题为“代人赋”，实则为己赋，采用代人填词的形式，以荠菜花自况，效果独特。什么意思呢？是“采用代人填词的形式”因而“效果独特”呢，还是“以荠菜花自况”而“效果独特”呢？如果是前者，怎么就“效果独特”呢？如果是后者，跟“代人赋”又有什么关系呢？

7. 辽宁卷

晚泊岳阳

欧阳修

卧闻岳阳城里钟，系舟岳阳城下树。
正见空江明月来，云水苍茫失江路，
夜深江月弄清辉，水上人歌月下归。
一阕声长听不尽，轻舟短楫去如飞。

(1) 诗中有三处写到“月”，请就此作简要赏析。

(2) 这首诗表达了作者什么样的心情？是怎样表现的？

答案：(1) 第三句写明月“来”悬空江，表现作者人在旅途，只有明月为伴；第五句用拟人方法呈现静夜“月弄清辉”的画面，也为下句渔人归家作引；第六句写月光引领水上人伴着歌声飞去归家，带出作者一丝思乡之情。(答出三处“月”所写不同景象，给3分；答出所写景象的作用，给3分。)

(2) 这首诗表达了作者触景生情的思乡之情。是通过以景寓情来表现的。

要求答出三处“月”所写不同景象以及三种景象的不同作用，这实在很难回答，而命题人给出的答案也实在牵强。“月弄清辉”的画面，是“为渔人归家作引”；第六句写月光的作用是“引领水上人伴着歌声飞去归家”：真是亏你想得出来！什么叫"为渔人归家作引"？是引导、指引、引路，还是下面说的引领？问得刁钻而怪异，答案琐碎而勉强。事实上，这三处"月"的描写应该是一个整体，尤其是后两处，不宜拆开作琐细的分析。另外，说这首诗表达思乡之情当然没问题，但就作者"心情"而言，恐怕没有这么简单，它跟孟浩然的"野旷天低树，江清月近人"是不完全相同的。

…………

高考诗歌鉴赏题的设问和答案均存在太多问题，在阅卷过程中更是表现出很大的随意性和机械性。在一次教研活动中听一位负责诗歌鉴赏题阅卷的老师介绍评分标准，我深感悲哀。这位老师几乎是恶狠狠地说——怎么答不得分，怎么答得零分，怎么答一分没有等等，而我觉得她说的那些答案都不无道理，为什么不得分呢？原因很简单，就是与标准答案不一样！为什么要制定标准答案？因为阅卷时好操作，可以减少主观误差。但语文中很多题目是没有标准答案的，尤其是鉴赏类的题目，更不应该有标准答案。语文不同于数理化，它的特点就是多义性、复杂性、暗示性、丰富性、创造性、个别性和不确定性等等，它的魅力也正在这里。取消了这些特性而代之以标准性、统一性、限制性等等，实际上也就取消了语文，取消了鉴赏，取消了文学，取消了个性、灵性和人性。我们知道，诗歌是文学中最纯粹的形式，诗歌鉴赏能力是文学素养的最重要方面，诗性、诗意又是人性的最高现实。中国古典诗歌成就斐然，是中学语文教学的重要资源，而这一宝贵的财富已被现在的诗歌鉴赏考题糟蹋得满目创痍。我痛恨那些题目，我在复习诗歌鉴赏时，常常跟学生坦言，如果没有这些题目，就让我们来读读品品这些诗歌该多好啊，而现在的学生，他们不肯读也不愿去品，他们急于想知道答案究竟是什么、我能得到几分、有什么答题的方法和诀窍。如果我没有马上把答案和评分标准告诉他们，他们就茫然；如果我带他们读几遍这首诗——总共才几十个字，他们就不耐烦；如果我要品评赏玩这首诗，他们就不屑和生气。语文考试，我说的是现在这种命题和评卷方式彻底毁了我们的语文教育。这个话我十多年前就讲过了，十多年来，情况没有一点儿好转，而是越来越糟。

我不是一般地反对考试，其实，诗歌鉴赏的考查很简单，给出一首诗，写一段赏析文字就行了。上文我已经说过，这样的题目最容易看出一个人的阅读经验和鉴赏能力。我们为什么不出这样的题呢？原因就是阅卷的难度太大：没有标准，不好操控。但事实上，根据考生的这段赏析文字是完全可以判断他的理解和鉴赏水平的，也完全可以给出一个恰当的分数，而且完全可以做到从零分到 15 分（如果该题满分是 15 分的话）差距拉开，层次分明。如果我们不能做到这一点，那只能说明我们自己的理解、鉴赏和评判水平有问题，而最大的问题恐怕恰恰就在这儿。教师的水平决定了阅卷的水平，教师的阅卷能力和水平决定了命题和评卷的方式，而命题和评卷方式决定了教学的内容和方式，最后，教学的内容和方式决定了教师的水平，这是一种路径依赖，它们互相依存，彼此促进。要打破这种恶性循环，必须在某个环节上有所突破。

我们设想一下，如果学生的水平和觉悟比较高，那么，他们肯定不满于现行的教学方式，更会对现行的考试内容和评卷方式嗤之以鼻，这就会迫使我们改变目前的教学和考试方式。但是，学生的水平和觉悟怎么可能高呢？想想他们都是一些什么教师教出来的就知道了。

如果教师有起码的良知和一点点思想，那么他们肯定会改变自己的教学方式，同时强烈抗议目前的考试内容和形式，迫使命题和评卷方式发生革命性的转变。但是，教师不会的，因为他们是现行考试制度、现行教学方式和现行命题评卷方式的既得利益者，所谓“既得利益者”，是说他们只要捧着一堆现成的试卷和答案就能在这个据说是太阳底下最光辉的事业中混一辈子，我刚才提到的那个高考阅卷组的专家，就是那个得意扬扬地说怎么答就不得分怎么答才得分的特级教师，你可以想象她那副胜任愉快志满意得的样子。

教师的阅读数量和质量在下降，文学素养和鉴赏水平在下降，同时，人格在萎缩，精神在矮化，这都是现行教育制度和应试制度一手造成的。改变这种状况有个很简便的办法，那就是改变高考（考试）的命题和评卷方式。比如诗歌鉴赏题，就如我上面讲的要求学生写一段300字左右的鉴赏文字。评卷时先组织阅卷老师认真学习这首诗，反复阅读、品评、交流，达成相对成熟和一致的评判意见，并在阅卷过程中随时监控和纠偏补正。这可以提高教师的水平，并迫使他改变自己的教学方式和内容。要之，鉴赏就是鉴赏，就是“根底无易其故，裁断必出于己”，就是自由地创造性地领悟、阐述和发挥。语文试卷中的大多数题目都不应该有所谓的标准答案，让各种备考手册、考点清单、应试训练、答题技巧彻底破产吧。最好的复习就是朗读，最好的复习资料就是古今中外的名著名篇，最好的应试训练就是阅读、思考、表达和交流。

补充一点，现在的命题选材（诗歌、古文和文学类文本）总是回避名家名篇，命题者的意思恐怕是担心有学生平时可能看过这些名作，其实这种担心是不必要的，他们误以为现在的学生还会去看书，真是太可笑了。除了教材里有的，其他名篇尽可以考，学生是不可能看过的，在如今这样一个考试体制中，学生怎么可能去看书，又有什么必要去看书呢？再说，就算有个别学生看过，让他们沾点光，有什么不可以呢？我们不就是希望学生能多看一点书吗？看看现在语文高考试题中所选的一些文本都是一些什么东西啊。如果我来出高考题，我的所有材料，无论是诗歌、古文、文学类作品还是论述类文本都必须是绝对的名家名作，而且是顶尖级的，我的目的就是要把学生引向这些经典，引向这些最伟大的灵魂、最深的思想渊薮和最高的精神圭臬。如果一定要出错别字、病句或成语使用错误之类的题目，我也一定要求出自名家，如中国中央电视台。

语文教学：呼唤诗性

——诗歌教学随想

一

动物依赖本能自动地生存，饿了就觅食，困了就睡觉，它们没有思想，没有感情，没有想象力和创造力，没有生的烦恼和死的恐惧，没有关于过去的回忆和对未来的憧憬，没有忧虑、苦闷、悔恨、孤寂、失望……而这一切，恰恰是人的宿命！人是唯一会思考生命的本质和意义的动物，这种思考充满了痛苦和不幸。个体生命是那样的短暂而艰难，又是那么的虚幻和荒诞。我是谁？为什么要在一个偶然的时间里把我扔进这个世界，又在一个不可期的将来把我抛出这个世界？活着是需要理由的，如果找不到理由，那么，它就会成为死亡的理由。任何事物本身都是没有意义的，只有人才会赋予它意义；人的存在也是这样。诗人的存在就是为这个世界提供价值，诗歌所捍卫的正是人的生存中不可缺少的东西。人类为什么需要诗歌？说到底，就是为生命寻找一个理由。

李白的理由是“此行不为鲈鱼鲙，自爱名山入剡中”，杜甫的理由是“致君尧舜上，再使风俗淳”，王维的理由是“行到水穷处，坐看云起时”，刘禹锡的理由是“天地肃清堪四望，为君扶病上高台”，柳宗元的理由是“孤舟蓑笠翁，独钓寒江雪”，巴尔蒙特的理由是“为了看看阳光，我来到世上”……所以荷尔德林说：“人类诗意地栖居在这个星球上。”那么，从本质上讲，每一个人都是诗人，诗情、诗意、诗心、诗性潜藏在每一个人的心中。朱光潜说：“诗人的本领就在于见出常人所不能见，读诗的用处就在随着诗人所指点的方向，见出我们所不能见，这就是说，觉到我们素认为平凡的实在新鲜有趣。”我们本来是能觉出趣味来的，只是因为我们的诗心被蒙上了一层又一层阴翳；但在诗人的指点下，我们还是觉出了，可见我们的诗心未泯。

诗存在的理由就是人活着的理由；人类如果还能继续存在下去，诗就永远不会从人们的心底消失。

二

中华民族曾经是一个泱泱诗歌大国。从《诗经》到《楚辞》，从陶渊明到“建安七子”，从唐诗到宋词到元曲，高潮迭起，名家辈出，精彩纷呈，璀璨夺目。诗人们张目人间，寄情世外，漱涤万物，牢笼百态，人情物理，体察入微，或醉或醒，或执著或洒脱，或沉郁或飘逸，或振拔或淡远，风情万种，千古流芳。这是前人留给我们的宝贵遗产，批判地吸收和创造性地继承这个精神养料，对于滋养性情、陶冶灵魂、重铸民族精神具有其他任何东西无法替代的作用。然而，长期以来，中学语文教材和语文教学一直把她们置于青少年的视野之外。比如说，在刚刚试用的这套试验修订本之前的高中课本中，古典诗词寥寥无几；比如说，前几年，高考试卷中的名句填空突然被砍掉，据说是为了减轻学生负担；再比如说，相当多的教师对古典诗词的讲解以及几乎全部训练和测试包括高考试卷中的所谓诗歌鉴赏题差不多是在糟蹋诗歌和教唆学生厌恶诗歌。

如果说老年人的生活像散文，中年人的生活是小说，那么，青少年更应该与诗歌结下不解之缘。是谁斩断了这个因缘？这无异于割断了民族文化的血脉！

当然，诗歌的衰落有深刻的历史和时代原因，但是，诗心没有理由也不应该随着那个诗歌繁荣的时代的消亡而一同被埋葬。

随着商品社会带来的价值冲击，人们面对一个物质化的世界变得越来越实际了，现实功利诉求压倒了一切。然而，物质的富足并不必然带来精神境界的提高，相反，它常常会窒息人们的心灵。

我听说，在西方，人们大多喜欢读诗，一本好的诗集根本无须为销路发愁，而到了莎士比亚、塞万提斯、雨果、歌德等文化名人的生日或其他纪念日，全国各地会采用各种形式来纪念他们。但在我们这里，诗歌或流于民间各种恶俗的顺口溜，或成为少数圈内人自娱自乐的工具，至于李白、杜甫、苏东坡、李清照，则成了当地人发展旅游业的招牌或为经济唱戏而搭台的工具，有多少中国人知道并且愿意说起辛弃疾、关汉卿、曹雪芹呢？

三

诗歌确实是不实用的东西。孔子说的“不学诗，无以言”的时代早已过去，而现在诗歌只会让人在“自是人生长恨水长东”中变得不切实际起来，在“惜春常怕花开早，匆匆春又归去”中变得迂阔起来，在“云破月来花弄影”中消磨了斗志……

于是，如果谁还沉浸在“吟赏烟霞”中，会被认为不正常；而说谁像个诗人，恐怕更多的是一种讥诮，多愁善感更是一种不合时宜的被取笑的奢侈。现代人早就没有了“我见青山多妩媚，料青山见我亦如是”的情怀，没有了“山光悦鸟性，潭影空人心”的淡远，没有了“白云回望合，青霭入看无”的雅趣，没有了“相看两不厌，只有敬亭山”的从容，更没有“晴空一鹤排云上，便引诗情到碧霄”的兴致，没有“沉舟侧畔千帆过，病树前头万木春”的胸襟，没有“静看蜂教诲，闲想鹤仪形”的俊逸，没有“新松恨不高千尺，恶竹应须斩万竿”的豪情，当然也没有“一片花飞减却春，风飘万点正愁人”的哀婉和“酒债寻常行处有，人生七十古来稀”的洒脱……

所以诗性的衰颓实质上是人性的萎缩，现代人可以上天入地，生存空间急剧膨胀，但与此同时，心灵空间日趋褊狭。当然，诗人救不了世界，也救不了人心。但是，你可以嘲笑世人的贪婪，却没有理由嘲笑诗人的迂阔；你可以批评世人的意志消沉，却没有资格指责苏轼"人生如梦，一尊还酹江月"的浩叹。同样，语文教育当然也不可能挽救世道人心，更不是要把学生都培养成诗人，但是，我们可以让他们爱诗、读诗，让他们在诗歌的海洋中吟咏性情，在文学的殿堂里徜徉精神，在民族文化的深厚土壤上放飞心灵……

一个人在中学时代读了哪些书，又是怎么读的，注定要影响他的一生，他的心灵空间和人文视野，他的价值取向和精神旨归，他的文化胸襟和审美情趣等等，都是在此基础上发生发展起来的。因此，在我看来，中学语文教育的任务就是要把学生培养成读书人、文化人，让我们的语文教学带上一层文化的色彩和诗性的光辉。

四

把学生培养成一个读书人、一个文化人，并不是什么难事。

学生为什么不肯读书？不喜欢读诗？原因很简单，是我们不让他们读，是语文高考不需要他们读。所以，只要我们把语文高考命题彻底地变革一下，就可以利用高考的指挥棒作用，迫使学校、教师和学生走近诗歌，走近经典。

举个例子来说，出几个题目让学生回答，马上就可以知道，他有没有读过《红楼梦》、读得认真不认真；如果题目出得再好一点，还能检验出他在读书时有没有独立思考的习惯以及经典中的人文精神多大程度上内化到他自己的思想感情中去了。再比如说，高考试卷中就应该有一定数量的名篇名句的默写，分值不能少于 20 分，命题可以灵活多样化，主要考查学生到底记诵了多少民族文化的精粹。

这样，那些名目繁多、层出不穷、淆乱视听、败坏胃口的语文训练测试资料自然会被扔进垃圾堆，久违了的人类文化文学精品将出现在教室的课桌上和学生的书包里，学校和教师都会想方设法给学生时间和自由，为他们创造条件，给他们方法指导，组织形式多样的读书报告会、诗歌朗诵会、专题研讨会，研究性学习、交流、讨论、演讲、辩论等等将成为校园里一道道亮丽的风景，这才像一个读书人聚居的地方。

你不这样做不行！你不读名著或不认真地读，不积极思考、探究、体验和感悟，不去跟别人交流碰撞，不努力开拓自己的心灵空间和人文视野，你将在语文高考中一败涂地。而不是像现在这样，一本像样的课外书都没读过，唐诗宋词总共背不出几首来，但考试时连蒙带猜加上一篇“垃圾文章”也能拿到八九十分。如此一来，学生当然还会谈论赵薇、流川枫、韩剧什么的，但他们恐怕更愿意比一比谁记诵的名篇多，更愿意交流读书的心得，更愿意谈论青莲居士“敏捷诗千首，飘零酒一杯”的身世和南渡对李易安词风的影响，更愿意争论薛宝钗的“不语亭亭”和玛丝洛娃的命运遭际……这才像个有文化的人啊！

把数理化的难度降下来，我就不相信北大清华会招不到高材生；让学生多读一点诗，我就不相信天下会大乱；把学生培养成读书人，我就不相信国家会少了专业技术人才。我坚信的是，现在的语文高考不像是有文化的人做的事，我更坚信，文化是一个民族发展的基础，在一片文化沙漠上搞建设，恐怕只是海市蜃楼。

五

“一切文学都具有诗的特质，一部好小说或是一部好戏剧都要当一首诗看。”正像朱光潜所说，“诗比别类文学较谨严，较纯粹，较精微”。诗歌是语言艺术的精髓所在，她从来就代表着文学艺术的最高成就。一个远离诗歌的民族，算不上是文明的民族。诗歌在当今社会遭冷落的可悲处境，与其说是诗歌不能适应现代社会的需要，不如说是现代社会的文化演变正在偏离“美”的原则，正在向粗糙和肤浅、丑陋和病态的深渊滑落。

让我们来看看 2000 年全国高考语文试卷中的一道诗歌鉴赏题——

对下面这首宋诗的赏析，不恰当的一项是：

约　客

赵师秀

黄梅时节家家雨，
青草池塘处处蛙。
有约不来过夜半，
闲敲棋子落灯花。

A. 前两句写出了时令特色和地方气息，从侧面透露出诗人在静候友人来访时的感受。

B. 第三句点题，以“夜半”说明诗人在久久等待，但约客未至，却只听到阵阵的雨声、蛙声。

C. 第四句描写了“闲敲棋子”这一细节，生动地表现出诗人此时闲适恬淡的心情。

D. 全诗通过对环境和人物动作的渲染，描写诗人雨夜等候客人的情景，含蓄而有韵味。

这道试题的A、B、D三个选项均停留在对诗句的简单解释上，勉强涉及“赏析”的地方则吞吞吐吐、语焉不详；惟有C项试图进入诗人的内心世界，分析诗人的“感受”和这首诗歌的“韵味”，尽管不够具体细致，倒还差强人意。但是，教育部考试中心的《高考试题分析(2001年版)》却是这样说的——

“C项中，‘闲敲棋子’确是一个细节的描写，但我们仔细体味一下，约客久候不到，灯芯很长，诗人百无聊赖之际，下意识地将黑白棋子在棋盘上轻轻敲打，而笃笃的敲棋声又将灯花都震落了。这种貌似闲逸，其实反映出诗人内心的十分焦躁。由此可知，C项的赏析是不恰当的。本题的选项应是C。”(第15页)

我觉得这个分析是没有根据的。《约客》这首诗究竟营造了一个什么样的意境，又表达了诗人什么样的心情呢？且看——

江南的夏夜，梅雨纷飞，蛙声齐鸣，诗人约了友人来下棋，然而，时过夜半，约客未至，诗人闲敲棋子，静静等候……

此时，诗人的心情如何呢？我看主要不是或根本就没有什么焦躁和烦闷的情绪，而更可能是一种闲逸、散淡和恬然自适的心境。也许曾有那么一会儿焦躁过（这种焦躁情绪怎么会持续到“过夜半”呢？），但现在，诗人被眼前江南夏夜之情之景感染了：多情的梅雨，欢快的哇鸣，闪烁的灯火，清脆的棋子敲击声……这是一幅既热闹又冷清、既凝重又飘逸的画面。也许诗人已经忘了他是在等友人，而完全沉浸到内心的激荡和静谧中。应该感谢友人的失约，让诗人享受到了这样一个独处的美妙的不眠之夜。

如果这首诗就写了诗人等友人而没等到，因而“十分焦躁”，那还有什么诗意可言？为什么我们会有“貌似闲逸，其实反映出诗人内心的十分焦躁”的看法？原因是我们习惯于以今人之心度古人之腹。在今天的人看来，时间就是效率，时间就是金钱，别说“有约不来过夜半”，就是过了几分钟，也不能忍受，当然就“十分焦躁”了。我们怎么能理解“人闲桂花落，夜静春山空。月出惊山鸟，时鸣春涧中”的意境呢？我们又怎么能容忍“众鸟高飞尽，孤云独去闲。相看两不厌，只有敬亭山”的“百无聊赖”呢？至于“策扶老以流憩，时矫首而遐观”的陶渊明，“何夜无月，何处无竹柏，但少闲人如吾两人耳”的苏东坡，恐怕更要被今人视为恨铁不成钢的“二流子”了。在命题专家看来，约客未至就得“十分焦躁”，那么“寻隐者不遇”（“松下问童子，言师采药去。只在此山中，云深不知处”），当然就必须“万分失望”了。古人的心情我们永远不懂，不懂就不要装懂；装懂也就罢了，还要强迫别人接受，就更不应该了。

诗歌鉴赏是最富个性色彩、最具创造精神的情智活动，自立意见，强作解人是鉴赏的大敌，“严刑逼供”“请君入瓮”式的命题思路只会剿灭学生的个性和创造性，从而实际上取消了鉴赏。本来希望诗歌鉴赏题能给沉闷的语文高考试卷带来一丝灵动的气息，但现在看来，在语知部分、阅读部分、写作部分的命题相继走入绝境之后，诗歌鉴赏题的路也快走到尽头了。显然，这不完全是命题者的责任，这是我们的语文教育教学思想出了问题，进一步讲，这也不完全是语文教育思想的问题，我更愿意把它看作是我们的民族文化走向衰颓的表征。

六

“诗人”这个名字在希腊文中的意义是“创造者”。真正的诗人不仅要创造一种新的意境、新的情趣、新的语言、新的风格，也是在创造一种新的文化、新的精神和新的人生，同时他还要在大众中创造一种新的审美趣味和美学追求。我们知道，大众的情趣永远趋向于肤浅、庸俗、低级甚至堕落。谁来提升他们？在一切历史中，这个责任都是由诗人——真正的诗人和他们创造的诗篇——不朽的诗篇来承当的。

从“路漫漫其修远兮，吾将上下而求索”的屈原到“欲为圣明除弊事，肯将衰朽惜残年”的韩愈，从“人生自古谁无死，留取丹心照汗青”的文天祥到“苟利国家生死以，岂因祸福避趋之”的林则徐……他们代表了我们民族的精神；从孔子到《史记》，从庄子到陶渊明，从“竹林七贤”到李、杜、欧、苏，从元曲到《红楼梦》……他们代表了我们民族的智慧和心灵。柏拉图曾这样说起过亚里士多德：“我的学园由两部分组成：一般学生构成它的躯体，亚里士多德代表它的头脑。”

征服过那么多国家和民族的亚历山大，却无法征服犬儒第欧根尼，以至于他感叹说：“我如果不是国王的话，我就去做第欧根尼。”有人问丘吉尔：“你认为印度和莎士比亚哪一个更重要？”当时，印度是英国在海外的最大的殖民地，丘吉尔斩钉截铁地回答道：“我宁愿丢掉五十个印度，也不愿失去一个莎士比亚！”是的，任何一个民族或者说任何一个有出息的民族，都不会忘记自己民族乃至整个人类历史上出现的精神导师，都会如饥似渴地从他们那里不断汲取精神养料以滋补民族的灵魂。

趣味是可以培养的，语文教学理应担负起这项工作，而不是像现在这样做着相反的事情。报纸杂志电影电视网络等可以迁就、纵容和助长大众的口味，但中学语文教育不能这样；数理化等学科是解决生产生活中某个领域某个方面的具体问题的工具，而语文学科不是工具，它的任务是培养使用工具的人，或者说是为人的成长打下精神的底子。古罗马政治家和哲学家塞涅卡说：一个人可以是好医生、好统治者和好语法家，但没有美德就不可能是一个好人。同样，一个人可以是技术精英、政治领袖、媒体英雄抑或是普通工人、农民、知识分子等等，但他首先是一个人，如果他的精神是贫乏的、灵魂是空虚的、心灵是苍白的、头脑是混沌的，那么他就不可能是一个完满和幸福的人。语文教育正是要让人们的头脑、精神直至灵魂变得澄明、丰富、深刻和美好起来。

还是朱光潜说得好："诗是培养趣味的最好媒介，能够欣赏诗的人们不但对于其他种类文学可有真确的了解，而且也决不会觉到人生是干枯的。"语文应该是最具人文关怀的一门学科，但由于排拒诗性和诗意，已经变得干枯、丑陋，让人目不忍睹。

七

新教材高中语文第三册有三个诗歌单元（这册书总共六个单元），与课本配套的读本里也选了大量的诗歌，教材编写者的意图恐怕正是试图用民族文化的精品来打造学生的精神底子，他们的古道热肠让我深受感动，以至于在教学这几个诗歌单元的过程中，我也情不自禁地给学生补充了很多课外的诗歌作品。在备课时，我查阅了有关资料、读了很多诗歌，自己首先被深深吸引了：我们这个民族曾经出现过这么多伟大的诗人，留下了这么多光辉的诗篇；而他们的生平遭遇又何尝不是一篇篇不朽的乐章啊。我常常呆想，作为一个中国人，作为一个中国的青年学生，不背诵 1 000 首唐宋诗词，怎么对得起我们的民族文化？

然而，学生不喜欢。他们没办法喜欢，数理化作业压得他们喘不过气来，哪有时间和精力从容涵泳；他们没必要喜欢，看看高考试卷中的那两个关于古典诗词赏析的选择题——它们把充满审美愉悦的诗歌欣赏搞得那么面目可憎，读再多的诗歌有什么用？试卷中就那么几分，而且还不用——常常是禁不住——推敲，瞎蒙蒙就足以应付了。当然，这跟我们的教学内容和方法吸引不了学生也有关系，但前两个问题不解决，语文教师纵有三头六臂，也无能为力啊！这是一个讲究实际的时代，对于学校、家长和学生来说，高考就是一切。但是，如前所说，我们完全可以利用高考的杠杆作用，把语文教学导向充满诗性光辉的宽途。如果担心学生因为要多读诗书而少做了几道数理化题从而拿不到奥赛金牌从而辱没了国格和民族形象，那么，就把语文课上那些用于繁琐的课文分析和莫名其妙的训练的时间拿来指导学生阅读吧。如果担心讲解和训练少了，学生就不能熟练地运用"语文"这个工具，以至于母语也不会说了，"官样文章"也不会写了，那么，我们不妨来看看现在的学生掌握语文工具已经"熟练"到何种程度了——

"高考是高水平的考试，但我们非常不解的是竟有这样多的学生不能正确地使用母语作文。许多作文语言的基本功差，连话也说不清；有些学生热衷于使用欧化的语句；一些考生无法准确地表达自己的意思，句子写不顺，错别字过多……学了 12 年语文，竟然无法用母语通畅地写一篇 800 字的文章，竟然无法让人从中感受到母语的美。"

"今年的高考作文仍旧反映出中学生的视野不够开阔，他们辨析问题多数还停留在'要怎么样、不要怎么样''谁对谁不对'上，缺乏理性高度，极少能从人文高度认识诚信问题，充斥在议论文中的，仍旧是大量的假话大话空话，官腔官调，文风恶劣。为什么 29 万考生中没有人能写出纵横天下、大气磅礴的文章？在一个不断变革的时代，在一个纷繁复杂的社会里，一个学了 12 年语文的高中毕业生竟然毫无批判意识和怀疑精神，他的人文素质能合格吗？"

"从总体上看，29 万份作文试卷大多数是缺乏书卷气的，简而言之，不像有文化的人写的，不像读过书的人写出来的。"

以上几段文字出自江苏省高校招生委员会主办的《招生考试报》2001年第2期（总第463期），我之所以不厌其烦地大段引用，是因为它的确说出了实情。我们知道，江苏省还是教育比较发达的省份，其情形尚且如此，全国的中学生、我们这个民族的青年一代的文化素质就可想而知了。为什么会这样？原因很简单：不读书。

八

我听说有很多人在抱怨新教材（试验修订本），抱怨什么呢？学生在抱怨要背诵的东西太多，教师在抱怨教参对课文的分析语焉不详，看来语文教学改革的阻力确实不小。我认为，新教材要求的是新观念、新方法，当然也要求与之相应的新语文高考。

就高中第三册的诗歌教学来说，我认为应该在教学内容和方法上作大幅度的调整和改进。

比如说讲宋词，应该首先让学生了解两宋词坛的概况：

从北宋初期的二晏（晏殊和他的儿子晏几道）、欧（欧阳修不但诗文出名，词也是北宋一杰。他的作风富丽婉转，一往情深，如《蝶恋花》和《临江仙》）、张（张先，字子野，因为他的词中名句有"云破月来花弄影""娇柔懒起，帘压卷花影""柳径无人，堕风絮无影"，所以又自称"张三影"，与柳永同时）到柳永（"奉旨填词柳三变"），都是婉转委曲的风格，自从苏轼出而词有了豪放的风格。晁无咎说："居士词，人多谓不谐音律。然横放杰出，自是曲子内缚不住者。"此外北宋词人之著者，有秦观（字少游，集婉约派之大成者，蔡伯世称："子瞻辞胜乎情，耆卿情胜乎辞，辞情相称者，唯少游一人而已。"其词作如《踏莎行》）、贺铸（字方回，吴梅说："北宋词以缜密之思，得遒练之致者，惟方回与少游耳。"其词作如《下水船》）、周邦彦（字美成，自号清真居士。吴梅说："词至美成，乃有大宗，前收苏、秦之终，后开姜史之始，自有词人以来，为万世不祧之祖。"而王国维在《人间词话》里批评道："美成深远之致不及欧、秦，惟言情体物，穷极工巧，故不失为一流之作者，但恨创调之才多、创意之才少耳”)与李清照(自号易安居士,李格非的女儿,赵明诚的妻子。她的名作《声声慢》,张义端称其“乃公孙大娘舞剑手,本朝非无能词之人,未曾有一下十四叠字者”)。以上都是北宋巨子,其他负盛名的,还有王安石、李之仪、黄庭坚、张耒、陈师道等。南渡以后,国势大变,因之词到南宋,一变而为雄放,或者一变而有颓废之风,这完全是政治背景的关系。苏轼之作风又盛行一时,辛弃疾、张孝祥就是这一派的代表。辛弃疾,字幼安,号稼轩。刘潜夫说他“大声镗鞳,小声铿訇,横绝六合,扫空万古。其秾丽绵密者,亦不在小晏、秦郎之下”。辛词的豪放者如怒涛排壑,而细腻者又尽幽咽之能事,确是南宋一大宗匠。如《贺新郎》、《祝英台近》等。张孝祥(字安国)纵笔直书,横放无涯,他的《六州歌头》一直为人们所传诵。南宋词人中词如周美成者,有姜夔(字尧章,号白石道人)。范成大评他的词“有裁云缝月之妙手,敲金戛玉之奇声”。南宋重琢句而求雅正者,尚有吴文英(号梦窗)、史达祖(号梅溪)。此外,如陆游的词也颇有豪放气,陈亮、刘过有辛弃疾之风,陆游、陈亮之《水龙吟》,刘过的《沁园春》,皆是名作。[注:以上材料均来自《词曲》一书(蒋伯潜、蒋祖怡著,上海书店出版社)]

这样可以让学生获得一个整体印象,在这个基础上再重点介绍几个词人,其余的让学生自己去看,并辅之以各种语文活动,激发学生的兴趣。这比面面俱到、零打碎敲的做法更有收益。

再比如说,讲苏轼的作品时,应该首先比较全面地介绍苏轼所处的时代特别是苏轼的生平、思想和个性,努力还原出北宋那个特定的政治、经济、思想、文化环境和在这个具体环境中生存、思考和写作的活生生的苏轼。

“苏轼是一个富于浪漫气质和自由个性的人物。一方面,他作为士大夫集团的成员,抱着强烈的社会责任感积极地参预国家的政治活动与文化建设,另一方面,他比当代任何人都更敏感更深刻地体会到强大的社会政治组织与统治思想对个人的压抑,而走向对一切既定价值准则的怀疑、厌倦与舍弃(但不是冲突与反抗),努力从精神上寻找一条彻底解脱出世的途径。他的文学创作中所表现出的洒脱无羁与无可奈何，随缘自适与失意彷徨，深刻地反映了知识分子在封建专制愈益强化时代的内心苦闷。”（《中国文学史》，章培恒、骆玉明著）

“如果没有苏轼，宋代文学将会平淡得多”，如果没有中国的传统文化和北宋那个特定的时代，那就没有苏轼。所以，要读懂苏轼，就不能离开时代、社会、民族和人；反之，读苏轼就是读中国的历史、文化、传统，读中华民族，读世界，读宇宙和人生。

这样来讲苏轼，恐怕要花去很多时间，这又有什么关系呢？李杜韩柳就不讲了吗？不讲又有何妨？如果你真的把苏轼讲活了，学生自己会去“复活”李白或者柳宗元的。

“知人论世”的读书方法古人早就讲过，但我们的语文教学就是习惯于把它们割裂开来、孤立起来，并且还贴上一些莫名其妙的标签，随意曲解、阉割、糟蹋，把历史上的这些敏感、智慧的“头脑”简单化和庸俗化，让他们在我们的心里一次又一次地死去，变成古董和标本。

九

但是，《诗经》没有也不应该死，《离骚》没有也不应该死，“汉乐府”没有也不应该死，“魏晋风度”没有也不应该死，“建安风骨”没有也不应该死，李白没有也不应该死，苏轼没有也不应该死，关汉卿没有也不应该死，曹雪芹没有也不应该死，鲁迅没有也不应该死……他们应该永远活在产生这些大师和经典的民族的后代特别是年轻一代的心里。“一切历史都是当代史。”传统就是现代，终了就是开始，死亡就是新生！

新课程标准和新教材即将出台，我们有理由相信，语文教学改革将真正开始，一个回归诗性和人性的中小学语文教育呼之欲出。尽管阻力重重，但似乎应该到时候了，应该到让我们死去以迎接新生的时候了！

我的一节语文课

上个星期的一节语文课，我讲到唐代诗人杜荀鹤的一首诗，我捧着一大堆讲义，走进教室。这节课计划讲三张讲义，大概有十五六个诗歌鉴赏的题目，可是在讲到第二个题目时，却遭遇上了我上面提到的杜荀鹤的《山中寡妇》一诗。尽管在备课时已经接触了这首诗，并已经把题目、答案和解题的要点都思考了一下，但在课堂上再一次向学生讲述这首诗时，我还是感到灵魂被深深地撞击而不能自已。这首诗是这样的——

夫因兵死守蓬茅，麻苎衣衫鬓发焦。
桑柘废来犹纳税，田园荒后尚征苗。
时挑野菜和根煮，旋斫生柴带叶烧。
任是深山更深处，也应无计避征徭。

我想到了我国古代诗文中反映民生疾苦的作品。早在"诗经"时代就有《伐檀》和《硕鼠》等篇章，这些作品深刻揭露了社会不公的现实。历代文学作品中表现对劳动人民悲惨处境的深切同情的篇章很多，这些作者们固然是立足于儒家的仁政和民本思想，为国家的长治久安着想，但他们表现出的正直和良知确实是现在很多知识分子所欠缺的。

我想到了西汉政治家晁错在《论贵粟疏》中的话："一日不再食则饥，终岁不制衣则寒。夫腹饥不得食，肤寒不得衣，虽慈父不能保其子，君安能以有其民哉！"中国是一个传统的农耕社会，民以食为天，人民温饱了，社会就稳定，而现在的政治家们好像并不懂得这样一个简单的道理。

我想到了李绅的《悯农》诗："春种一粒粟，秋收万颗籽。四海无闲田，农夫犹饿死。"想到了梅尧臣的"陶尽门前土，屋上无片瓦。十指不沾泥，鳞鳞居大厦"。想到了白居易的"今我何功德，曾不事农桑。吏禄三百石，岁晏有余粮。念此私自愧，尽日不能忘"。

杜荀鹤在另一首诗里说："宁为宇宙闲吟客，怕作乾坤窃禄人。诗旨未能忘救物，世情奈值不容真。"另一个中唐诗人韦应物也说："身多疾病归田里，邑有流亡愧俸钱。"他们为什么又羞又怕？因为他们有良知。柳宗元说："有达于理者，得不恐而畏乎？"那么，这个"理"是什么呢？让我们再来重温一下柳宗元的话吧：

"凡吏于土者，若知其职乎？盖民之役，非以役民而已也。凡民之食于土者，出其十一佣乎吏，使司平于我也。今我受其直、怠其事者，天下皆然。岂惟怠之，又从而盗之。向使佣一夫于家，受若直、怠若事，又盗若货器，则必甚怒而黜罚之矣。以今天下多类此，而民莫敢肆其怒与黜罚者，何哉？势不同也。势不同而理同，如吾民何？"

我想到了郑板桥的话："天地间第一等人只有农夫！"我想到了晚唐诗人皮日休的话："古之取天下者以民心，今之取天下者以民命。"我想到了被誉为"诗圣"的杜甫的警世之句，这句出自《自京赴奉先县咏怀五百字》这个不朽名篇中的句子，足以概括一部封建社会史，这十个字抵得上全部二十四史，这十个今天仍然震撼人心的字就是——

"朱门酒肉臭，路有冻死骨。"

让我们再来读一首杜甫的诗——

堂前扑枣任西邻，无食无儿一妇人。
不为困穷宁有此，只缘恐惧转须亲。
即防远客虽多事，便插疏篱却甚真。
已诉征求贫到骨，正思戎马泪盈巾。

为什么要读这样的诗歌？这些诗歌还能唤醒我们麻木的心灵吗？

我讲到这儿时，下课铃已经响过两分钟了。我这节课上的是什么呀！对于高三学生来说，每一分钟都是那么宝贵，而我却在……

我讲杜甫诗《又呈吴郎》

题目：读下面一首诗，写一段200字左右的赏析文字。

又呈吴郎

杜甫

堂前扑枣任西邻，无食无儿一妇人。
不为穷困宁有此？只缘恐惧转须亲。
即防远客虽多事，便插疏篱却甚真。
已诉征求贫到骨，正思戎马泪盈巾。

【注】 大历二年(767)，即杜甫漂泊到四川夔府的第二年，他住在瀼西的一所草堂里。草堂前有几棵枣树，西邻的一个寡妇常来打枣，杜甫从不干涉。后来，杜甫把草堂让给一位姓吴的亲戚(即诗中吴郎)，自己搬到离草堂十几里路远的东屯去。不料这姓吴的一来就在草堂周围插上篱笆。寡妇向杜甫诉苦，杜甫便写此诗去劝告吴郎。以前杜甫写过一首《简吴郎司法》，所以此诗题作"又呈吴郎"。

做这类题目，要特别注意：才200字左右的篇幅，不要说得太远，要立足文本，就本诗的内容(思想和情感)或艺术表现(表达特色和修辞等)作具体的评析；可以全面分析，也可以就某一方面作细致的赏析。

比如提到杜甫，有同学马上想到"忧国忧民"啦，"具有深刻人民性的现实主义大诗人”啦，还有“致君尧舜上，再使风俗淳”“感时花溅泪，恨别鸟惊心”“朱门酒肉臭，路有冻死骨”“穷年忧黎元，叹息肠内热”“安得广厦千万间，大庇天下寒士俱欢颜”等等，但这些东西如果跟这首诗没有最直接的关系，就别说了，因为题目是要求我们赏析这首诗，而不是介绍杜甫其人。换句话说，如果没有告诉我们这首诗的作者是杜甫，那难道我们还不能赏析呢？所以“立足文本”非常重要，我反复强调过做这类主观题要树立牢固的“文本意识”和“语境意识”，切忌架空分析，要紧扣文本，具体明确。无论是小到3、5分的简答题，还是大到70分的作文题，概莫能外。

根据注解，我们知道，杜甫的这首诗是写给吴郎的，目的是要劝告吴郎对邻居寡妇友善一点，尽可能地给予她同情和帮助，也就是说，这首充当书信的诗是有明确意图的，全诗都是围绕这个意图展开的，而要达到劝告的目的，还需要讲究劝告的方法和技巧。我们来看杜甫是怎样来劝说吴郎的——

西邻寡妇无食无儿，极端贫困，万般无奈之下到别人门前打几颗枣子充饥，实在可怜。当初我不但不阻拦她，相反，考虑到她打枣时内心的羞愧和忐忑，我还尽量对她友好一点亲切一些，以便打消她的疑虑。这是前四句的内容。这儿，杜甫并没有直接批评吴郎，而是用妇人的极端困苦和万般无奈来打动他，也是用自己的做法来感化他。言下之意，你是不是也应该像我这样做呢？照理，杜甫作为长辈，而且还是房子和枣树的主人，他完全可以直接要求吴郎怎么做，但杜甫没有明说，这固然是出于宽厚仁慈的本性，更重要的还是出于杜甫的良苦用心：杜甫的本意不是要教训吴郎，更非借此表现自己的仁慈，而是要让吴郎真切体会到这个寡妇生存的绝对艰难，从而真心实意地同情和帮助她。

杜甫没有把这个事情看成是一件小事而虚与委蛇，而是认真地思考和处理这个问题，这从下面两句更能看出来。吴郎住到这里以后，在屋子四周插上篱笆，显然是不让西邻寡妇来打枣，但这个事情不能直接跟吴郎说，他担心吴郎面子上过不去，可能造成吴郎的对立情绪，反而让事情变得更糟。但插篱笆的事情又不能不讲,因为这是事情的要害所在,也是寡妇来诉苦的直接原因。作者在前四句的铺垫之后,终于要谈到这个问题了,而杜甫是怎么说的呢?

“即防远客虽多事,便插疏篱却甚真。”

这两句的主语是不一样的。第一句是说寡妇,“防”是防备、提防,“远客”,指吴郎。“多事”,是多心、多虑的意思。这句是说寡妇对你的防备和猜疑是多虑了。这儿杜甫责怪寡妇多疑,是在为吴郎开脱,意思是你其实并不是真的不让她打枣,只是寡妇自己“多事”罢了。第二句的主语是吴郎,意思是你一来就忙着插篱笆,好像真的要禁止她打枣哦,所以,你也不能怪她多心。这样看来你们之间只是有点小误会罢了,不是什么大事。其实,杜甫知道是怎么回事,但措词十分委婉,目的还是要让吴郎乐于并易于接受自己的意见。我们设想,如果直接批评吴郎,义正辞严地痛斥其小气和缺乏同情心,固然痛快,但只是痛快而已,事情不会改变,这就违背了杜甫的初衷,而且,这样做不免有失厚道,因为杜甫知道吴郎也属于困难群体,否则也不会为几颗枣子计较。现在,我们要思考的是,造成吴郎、寡妇和杜甫自己颠沛流离穷困潦倒的原因是什么,那就是诗歌的最后两句提到的“征求”和“戎马”。

“已诉征求贫到骨,正思戎马泪盈巾。”

这两句的主语一是寡妇,一是作者自己,诗人用“已”和“正”两个表示时间的副词来连接。而这两个时间是不一致的,一是“已经”,一是“正在”。另外,两句描述的行为也不同,一是“诉”(诉说),一是“思”(忧虑),两句刻画的情状也不同,一是绝对的物质贫困(“贫到骨”),一是极端的精神痛苦(“泪盈巾”)。这些地方都可以当作互文理解,杜甫要吴郎也是要我们看到由于战乱和苛政造成的广泛而深重的社会灾难,在这样一个苦难的时代,我、你、寡妇还有很多很多挣扎在社会底层的穷苦百姓都活得不容易啊,我们不正应该互相体贴互相帮助吗?所以这最后两句好像说得有点远了,其实还是在启发开导吴郎要“站得高一点,看得远一点,想得开一点”,不要为几颗枣子斤斤计较，大家都活得不容易，能帮一点是一点，否则我们还能指望什么呢？如果是当官的，还可以“权为民所用，利为民所谋”，而我们这些百无一用的读书人，能做的也只是“心为民所系，情为民所牵”了。这儿的“民”不是有些人经常挂在嘴边的抽象的空洞的“人民”，而是一个个具体的人，是身边这个无食无儿的寡妇，是冻死在最佳人居城市南京市某立交桥下的那个可怜的民工，是自杀在繁荣富庶的国际大都市上海市的某大学宿舍里的那个穷困的女研究生……

“忧国忧民”在杜甫那里从来就不是一句空话，而是活生生的现实，是忧心如焚，是恫瘝在抱，是发自内心的悲悯和哀号。杜甫有感于“朱门酒肉臭，路有冻死骨”的骇人现实，发出了“致君尧舜上，再使风俗淳”的书生之见，虽幼稚却真诚。读这首《又呈吴郎》，你无法怀疑杜甫的真诚，当他说“穷年忧黎元，叹息肠内热”“安得广厦千万间，大庇天下寒士俱欢颜”时，我们同样不会怀疑他的真诚。杜甫真正做到了在道义上和情感上站到弱势群体一边，为他们的悲惨处境而号泣，这与今天那些声称“以卵击石”、扬言“就应该买不起房”“在城市买不起房为什么不回农村去”甚至威胁“你究竟为谁说话”的官员们和专家们真是判若云泥！杜甫才是真正的知识分子，是有良知有关怀有正义感和责任感的顶天立地的大知识分子，而今天的知识分子在干什么呢？我从来不看报纸杂志，也很少看电视，不知道他们在干着什么崇高的事业，我只是一个教书匠，我的阅读范围就是几篇高考现代文阅读题的选文，当我看到 2007 年江苏卷的《麦天》和 2009 年全国卷的《彩色的荒漠》时，我想到了一个词——卑污！

《语文考试说明》该寿终正寝了！

我觉得谈语文教学而不谈语文高考是不可能谈出什么名堂来的。语文高考对中学语文教学的影响和冲击是巨大的。语文高考是尚方宝剑，是达摩克利斯之剑，是指挥刀和金元宝……一句话，语文高考是一个巨大的磁场，它使得有关语文教育的一切都发生了变形和变态。普通中学的语文教学被《考试说明》和高考严重束缚了手脚，教师和学生大部分精力和心血都花在应试训练上，均被搞得心力交瘁，几近瘫痪，而这样做在我看来根本没有什么意义。造成这种悲惨状况的原因当然是多方面的，但高考内容和形式肯定是最直接的原因。

1. 我们先来做这样一个大胆的设想：2005 年语文高考试题这样出——

改正错别字，共 150 个小题，改对一个得 1 分。当然，事先谁也不知道是这样一份语文高考试卷。

那么，这样一份试卷怎么样呢？它能不能有效地鉴别和区分考生的语文素质和能力呢？能不能衡量出考生的语文水平呢？能不能实现高考的选拔功能呢？

我的回答是肯定的。而且我以为，它将比这十多年来任何一年的语文高考都更能更好更准确更充分地实现这个检测和选拔的功能。唯一的遗憾是，汉字字形一直是高考的考点之一，考生在语文复习中为这一块都做了或多或少的准备，这多少影响了这份试卷的信度。

2. 我们曾有一个机会出一份就现行语文教学和语文高考来说最完美的语文试卷，那是在 2002 年，但我们错过了。

大家知道高考试卷中有一道名句默写题。这道题从 1993 年一直考到 1998 年，终于在人们越来越严厉的批评声中黯然退场。批评的理由是，这道题纯粹考机械记忆能力，无端地增加了学生的记忆负担。我不同意这个看法，尽管这道题在连续考了六年以后的确已经变了味，但变味的不是这道题目本身，而是考生为应付这道题目而付出的大量的烦琐的机械的训练。其实，语文高考的哪一个考点不是被大量的应试训练搞得遍体鳞伤而了无生趣呢？只要《考试说明》里明确规定的考试内容和形式，甚至早在高一时就已成为教学、考试和训练的圭臬，它们几乎统治了整个中学语文教学，并已经渗透到小学语文教育中去了。再好的题目也经不住这样折腾，何况高考试卷中的很多题目，其立意、构思、设问都很成问题。相比较而言，名句默写题还算是好题目，当年拿掉这道题目时，我就说过这样的话：综观整个高考语文试卷，还就是这道题有点人文味道，像是有知识的人出的题目。

我不知道什么原因，在停了三年以后，到 2002 年，《考试说明》又重新把默写名句明确作为考点之一。

3. 我刚才说我们曾有一个绝好的机会出一份最好的语文高考试卷，就是指 2002 年。在连续停了三年之后，2002 年的《考试说明》也不要提名句默写，然后，2002 年语文高考全部考名句默写——150 句，每句一分，有错别字，该句不得分。我相信这将是一份绝对精彩的试卷，它将很好地检测出学生的语文素养，并且具有很高的信度和区分度。

在大家都没有准备的情况下，在大家都没有对名句的背诵和默写做大量针对性强化训练的情况下，如果有一个同学，他能写出 130 句左右，他的语文素养一定不会差，他一定读过很多书，并且是用心读的，他的语言积累是丰富的，他善于吸收语言的精华，他是无意中记住了这些句子，他在平时的读写和听说实践中一定有更多的机会与这些句子照面。同样，如果另一个考生只能写出50句或者30句，那只能说明，他平时接触这些句子的机会很少，他对这些句子缺乏感悟力和亲和力，他的其他能力我不敢妄加评论，但我敢断言，他的语文修养一定高不到哪里去。

4. 以上，我讲了两种极端的情况，我还要继续讲——

文学文化常识题以前是必考的内容之一，最近几年都没有考，这在《考试说明》里是明确规定的，这就极大地减轻了学生的记忆负担，这种纯知识性的机械记忆的确毫无意义可言。然而，难道我们直到今天才知道这样的考题只是考学生的机械记忆能力，对发展智力和培养想象力、创造力没有什么意义的吗？如果我们早就知道，那当初为什么要考这个内容呢？

其实这类题目本身不能说没有意义，相反，它很有意义，甚至是完全必要的。文学文化常识本身就是语文素养的一个重要方面，知道多少这些常识体现了、反映了一个人的人文素质状况。一个中国人不知道“四大古典名著”是什么，不知道曹雪芹是何许人也，不知道先秦诸子，不知道韩柳欧苏李杜王孟……总是说不过去的。现在的问题是，如果纯粹为了应付试卷中的这几道题目而去死记硬背这些专有名词、概念、术语，完全把它们当作抽象的符号去记忆，这样做只是为了获取分数，一旦考完，马上就弃之不顾，那么，这样做确实没有任何意义。

5. 常识的获得应该是一个自然的过程，而不是一种有意识的强化训练的结果。比如说，我看过《红楼梦》，我知道他的作者是曹雪芹，我还了解曹雪芹的身世以及他创作《红楼梦》的有关情况，我惊叹他的旷世才华，我还和同好一起讨论过《红楼梦》的有关内容；而另外一个人根本没有看过《红楼梦》，更不知道曹雪芹的生平和创作情况。极端一点说，比如一只狗吧，经过训练，它也知道《红楼梦》的作者是曹雪芹。问一只狗，《红楼梦》的作者是谁？叫一声代表施耐庵，叫两声代表罗贯中，叫三声代表曹雪芹。

每次问它时，叫对了，就给一根骨头；叫错了，就狠狠踢它一脚……然后，我和这只狗一起走进考场——

主考官："请听题：红楼梦的作者是谁？注意，你们用叫声来回答，叫一声代表施耐庵……"我坚定地叫了三声。"恭喜你，答对了。""第二道题：《绞刑架下的报告》的作者伏契克是哪一个国家的？叫一声代表英国，叫两声代表捷克，叫三声代表波兰。"这道题目，我没答出来，而狗却答出来了……

这样考，不但没有意义，而且简直就是对我的侮辱！

6. 然而，这只狗为了记住《红楼梦》的作者和伏契克的国籍，付出了多大的代价啊！不知挨了多少打多少骂，多少白天黑夜……最后，这只狗被折磨得失去了狗性，战战兢兢惶惶不可终日，整天想着自己应该叫几声，才能得到主人的骨头。我们不禁要问：这个代价是必要的吗？恐怕只是满足了主人的权力欲、虐待狂和无聊心理吧！

7. 但是，在连续几年不考文学文化常识之后，如果在 2005 年，突然出一份全部考文学文化常识的高考试卷——150 个填空题，每题一分，那一定能真正衡量出学生的语文素养。

我不会因为不考文学常识，我就不看《红楼梦》，因为我喜欢《红楼梦》。当然我没有必要去背那些作家作品，但我会去看卡夫卡的《城堡》，看契诃夫的《恐惧》，去读孟子的散文，去了解庄子的思想……我在与同学、朋友或家人交流、辩论乃至闲聊时，经常涉及古今中外的一些著名作家以及他们的生平、思想和创作，他们的作品我当然没有全看过，但我了解一些，我还想进一步了解，我正在读或者打算读一读昆德拉、哈维尔、博尔赫斯、卡尔维诺等等。有一次老师在课堂上提到苏格拉底的审判，我想知道是怎么回事；有一次一个同学提到左拉和德雷福斯案件，我很感兴趣，我查找到有关资料，了解到事件的全部过程；有一次，我看到一篇文章里引用到这样一句话"疏瀹五藏，澡雪精神"，我眼睛一亮，于是找到这句话的出处是刘勰的《文心雕龙》，于是我把《神思篇》找来看看，我看了不止一遍，有些话我都能背下来:没有谁强迫我这样做,我喜欢。我喜欢王维的诗,苏轼的文,辛弃疾的词,当我读到"行到水穷处,坐看云起时",当我读到"山高月小,水落石出",当我读到"我见青山多妩媚,料青山见我亦如是"时,我完全陶醉了……

于是,我走进考场,当我拿到语文试卷,看到150个题目全是文学文化常识方面的填空题时,我感到很惊讶也很反感,我拿起笔来试着回答,大多数题目我都能很顺利地做出来。而另外一个同学,由于他的生活里根本没有或很少有这样的内容,他当然就只能回答出与他的文学素养和语文水平相当的题目。那么,这样一份看上去很糟糕的试卷不是照样很好地检测出学生的语文水平吗?它比现在的任何一份语文试卷都更能衡量学生的语文素养。

8. 我举了上面三情况(改正错别字、名句默写、文学常识填空),听上去似乎荒诞不经,其实我是在严肃、认真地讨论问题,那么,我真正想说的问题是什么呢?

语文高考命题的内容、形式、思路、原则和方法等等要做到让教师和学生无法在高中三年里进行应试训练,他们能做的只有老老实实执行课程标准,切切实实提高语文素养和能力,踏踏实实地多读书、多思考、多练笔、多交流。也就是说,只有这样做才是唯一有效的"应试",而按照考点进行的大量训练不说是毫无用处,但肯定是得不偿失!

怎样才能做到呢?一个很简单的办法就是取消考试说明,而且明确告诉学生和教师,每年考试的具体内容和形式都不一样!

有人说,那不乱套了!是的,如果这样的话,语文教学更找不着北了。然而,当我们换个思路来看这个问题,马上就豁然开朗了。

语文教学的"北"在哪里?在阅读和写作,在读书、思考、对话和交流,在读好书,读大量的书,读真正的好书,在思考历史和现实,思考人生和生活,在表达与对话,与历史对话,与现实对话,与经典对话,与大师对话,与周围的人和我们生活的这个世界对话,在交流,与自然交流,与他人交流,与自己交流。这个“北”一直在那里，它没有变，也不会变！我们的问题恰恰是在忙着找北，越找越糊涂，越找越着急，整天忙得喘吁吁屁颠颠汗涔涔，最后啥名堂也没忙出来。那么多语文教师在慨叹：语文越教越不会教！这正常吗？大家想想，这是自己的母语啊，这要传出去，不把别人笑死了！

9. 一个人在房间里，想尽各种办法要出来，他想从窗户跳出去，但窗户太高，他想从烟囱爬出去，但烟囱太窄，他像没头的苍蝇到处乱窜，正当他走投无路气喘吁吁地摊坐在地上时，发现房间的门原来是开着的——其实这个门一直开着。语文教学的门也一直开着，我们现在要做的事情，只是告诉他：门开着。

10.《考试说明》早就该扔掉了，不过最好留下一个做标本，让后人知道，我们曾经有过多么荒唐的语文教学和语文考试。

站在教室的讲台前，我战战兢兢……

课堂上，面对50个活生生的生命，面对50双神态各异的眼睛，我常常感到战战兢兢，无所适从，我不知道我该讲些什么和怎么讲。

他们真正需要的是什么？他们明白自己的需要吗？究竟什么才是对他们有用的？这里的"有用"可以分为暂时有用、长久有用，对考试有用、对提高素养有用，对知识积累有用、对能力培养有用抑或对精神成长有用等等。有些东西看上去很有用，其实毫无价值，甚至有百害而无一利；有些东西看上去无用，实质却有大用。还有，我认为有用的，他们了无兴趣；我认为没用的，他们兴味盎然。我有责任引导他们认识知识的本质，能力到底是怎么回事，精神成长究竟意味着什么。然而，我是多么力不从心啊。再者，有用还是无用以及有多大用，这难道是我说了算的吗？我有权力把自认为有用的东西强加到他们身上吗？每个人都是一个独立自足的个体，都有自主选择和自我发展的权利。我的引导会不会是误导？我的灌输会不会是一种戕害？我的说教会不会是一种精神折磨？我究竟该怎么做？

严厉也好，宽容也罢，还有严肃的面孔、亲切的眼神、煽情的寄语之类，恐怕都是陷阱。有的表现为"十大戒规"之类的图穷匕见，有的则表现为花样百出的评优、评先、评奖等活动的蛊惑煽动，还有"只要尽到了自己的最大努力，我们就满意了，高兴了，我们为你们鼓掌喝彩，我们期待着你们的好消息，我们永远站在你们身边，永远支持你们”之类的温柔陷阱。

以上三种做法越来越恶劣，越来越下作。第一种做法多少有点坦诚，敢于公开承认自己是无德者，古人云：“惟有德者能以宽服民。”承认自己无德是人性的进步。自认为是道德高标，牢牢占据道德制高点，煞有介事地给别人打分，评判你，评判他，这是道德暴政。而第三种做法更可怕。凶恶的法不管用了，虚伪的德也不灵了，干脆耍起无赖来了。前两种还是可以反抗的，而一个人一旦耍起无赖来，你只能束手无策。什么“只要尽到自己最大努力”，实际上你别无选择，只能尽自己最大努力，而且你没有退路，因为他们永远站在你后面支持你，你躲也躲不掉，每当你掉过头去，都能看到他们期待的眼神，还在喝彩鼓掌，你怎么办？只能向前冲。三管齐下，学生就是这样被逼上死路的。

以前在读《祝福》时，记得丁玲说过一句话：“祥林嫂是非死不可的。同情她的人和冷酷的人、自私的人，是一样把她往死路上赶，是一样使她增加痛苦。”其实，在祥林嫂周围，没有爱，没有恨，也没有同情，甚至连冷漠都没有，因为这些感情都是属人的，没有人，哪来这些感情？

不把人当人，这是我们自“秦政制”以来两千年的传统。现在，我们把人当人了吗？没有。学生是工具，是完成教学任务的工具，是按照社会需要订制的机器，是体现学校和教师业绩的数字等等，我们还可以说出很多来，就是说不出“人”来。

学生是人，是独立自足的生命个体，是“立意自定，文体自选，标题自拟”的自我完成的人，是情感自由、精神自治、价值自主的具有创造天性的具体的真实的人。

有人说，照你这样讲，就不要校规校纪了？就不要监督、检查、评比、奖惩等各项规章和措施了吗？所有这些都是枷锁，直接的，间接的，温柔的，严厉的，都是束缚人性摧残人性戕害精神萎缩灵魂的罪魁祸首，那就不闻不问，放任自流，随他们胡乱发展，自生自灭好了？这可能吗？不但社会不答应，学生家长也不答应。教育是服务，难道我们就提供这样不负责任的服务吗？……说出一大堆义正辞严的理由来实在太容易了。但这样的争论不会有什么结果的。

关键不在要不要惩恶扬善、奖勤罚懒，而在于善、恶、勤、懒的标准和尺度是什么。这个标准和尺度为什么只能是你说了算，如果是我自己的事情，怎么我说了倒不算？你要做人，为什么不让我做人呢？当你不把别人当人的时候，你自己也会异化成非人，最后同归于尽。我们看到有的教师忧心忡忡，大倒苦水，现在的学生不好管啊，如何监督，跟踪，盯梢，培养告密者，到处安装探头，甚至在学生宿舍里安装窃听器；有的教师沾沾自喜，我怎样对学生哄骗吓诈，学生怎样被治得服服帖帖，有苦口婆心的，耳提面命的，声泪俱下的，优孟衣冠的，额手称庆的；有的教师整天就是做题，讲题，心力交瘁，疲于奔命，有累垮身体的，有英年早逝的，还有把自己发烧到40度的孩子扔在家里，赶到学校上课的……我就不明白，一个不珍爱自己和自己孩子生命的人，还是一个正常的人吗？

高三语文课堂上，我站在讲台前，不知道该讲些什么。

我讲题目，讲答案，讲解题方法，讲答题技巧，我很清楚，这些东西甚至对语文高考都没有多大用，遑论学生的语文能力和素养了。我讲华盛顿和洪秀全，讲里尔克的向寂寞探索，讲海德格尔对诗意栖居的阐释，讲"明知寡不敌众，自当单身匹马出来应战"的马寅初。讲"将来法国会因为我拯救了她的荣誉而感谢我"的左拉，讲爱因斯坦的"论教育"，讲孔子的"吾与点也"，讲苏格拉底的赴死，朱光潜的人生的艺术化，讲孔乙己叙述者的选择，王小波杂文的思想渊源……我推荐学生读《我们有顾准》《历史还在忍辱含垢》《这一代人的怕和爱》《巨人何以成为巨人》……我讲古代诗文，我试图引导学生进入古代诗人的内心世界，我把很多古文当作政治寓言和人生寓言去解读，就是讲一个词语的用法，我也要引申出很多内涵，比如《送董邵南序》中"吾知其必有合也"中的"合"，《钴鉧潭西小丘记》中"是其果有遭乎！书于石，所以贺兹丘之遭也"中的"遭"。

这就是我的课堂，我只能这样讲，我必须这样讲，我不可能只讲题目，我甚至很少讲题目，即使讲题目，我也不会照本宣科，我要引申迁移，要批判，要发挥。我试图开拓学生的视野和胸襟，激发兴趣，启发他们思考。我总是想，有些东西，现在错过，就可能一辈子错过。他们进入大学或者工作以后，还会买一本《古文观止》看看吗？还会看胡适王国维海德格尔里尔克吗？现在我跟他们讲了，或许会在他们心里残存一点印象。

但是，无论我讲什么，无论我怎样讲，总有一部分学生不想听，不愿听，他们毫无感觉，了无趣味，他们在忙自己的事情，或者做做其他学科的作业，或者伏在桌子上睡睡觉。你讲远了，他觉得不着边际；你讲深了，他觉得莫名其妙；你讲浅近了，他觉得没有意思；你讲粗俗了，他哈哈一笑……本来，这是很正常的事情，一个班四五十个人，各人的兴趣不一样，进一步讲，各人的欲望、性情、需求、冲动、个性、气质、意志、期望、知识背景、能力结构、表达方式和手段、发展模式和成长路径等等，肯定是千差万别、大异其趣的，我不应该指望所有人都感兴趣，我甚至想，哪怕只要有一个人听呢。何况事实上感兴趣的人不在少数。所以，我并不曾失去信心。

然而，有一天，当我偶然看到一个眼神，我的心猛地一沉，我突然感到我的残忍。那是一双迷惘的眼睛，那是一个被长期关在狭小的笼子里的豹子的眼神，英武之气悄然消逝，凶悍之光日趋黯淡。从这个眼神里，我读到的是孤独和无助、痛苦又麻木。后来，我从其他部分同学的眼神里也多多少少捕捉到了类似的信息。我害怕，作为教师，我一直比较自信，现在我明白了：在这里，没有一个人是干净的，没有谁能脱得了干系，我同样参与了这场可怕的谋杀。

几年前，一个老师在上千人参加的民间论坛上发言，他走上主席台，不知是由于激动还是紧张，他说了几句就忘了自己该说什么，他是说到这一句时停下来的——“我们每个人都是有罪的！”当时台下有惊惧声。

我知道，我的这篇文章也会引来一片惊惧声或者嘘声的吧，那么，我也只能像他那样，口中喃喃道“我们每个人都是有罪的”，然后在一片讶异声中黯然离去。

太阳从来不怕别人批评

《〈语文考试说明〉该寿终正寝了》一文写于2004年，更早在1999年，我就写过一篇文章《对语文高考说不》，对语文高考的各个考点进行了分析，指出了它们的弊端所在。我当时提出的减少选择题，增加主观题的设想，在后来的语文高考试卷中逐渐体现出来，但主观题的命题质量并不高，留下了很多隐患。试卷中的古文阅读和现代文阅读，从选文到命题均存在不少问题，对此我也早就著文严厉抨击过，然而试卷中阅读题的状况没有变化。至于作文题，问题就更严重了，从命题到阅卷，简直让人痛心疾首，欲哭无泪。

《2008年江苏卷考试说明》业已出笼，说实话，我真懒得看。我怕又会出言不逊，我就不明白，我们有《教学大纲》，有《课程标准》，为什么还要《考试说明》？我可以这样说，不管《考试说明》怎么变，只要有它，《课程标准》就不可能得到实施。中学所有教学活动势必围绕《考试说明》转，整个教学活动就是应试。提到“应试”这个词，我突然感到犹豫。前一段时间，关于应试教育和素质教育还有过热烈的讨论，现在人们的认识已经高度统一了，举什么旗，走什么路，以什么样的精神状态，朝着什么样的目标努力奋斗等等已经十分明确，每一个人心里都亮堂堂的，正豪情满怀地走在有中国特色的社会主义的金光大道上。

语文教学和考试怎么会弄成今天这样一个局面？为什么如此荒谬的现象一直在持续着？为什么这么多人安之若素？我想到一个经济学的词汇，叫“路径依赖”，大概是说，人们一旦选择某一路径，就可能对这个路径产生依赖，有点类似于物理学中所说的“惯性”。《语文考试说明》也是这样，围绕着它形成了一个强大的利益共同体。对它的发布、兜售、解释、研读、宣讲有一个专家团体，这里面有着高额垄断利润；与它配套的教辅材料的炮制和销售更是一个庞大的利益集团；教师和学生对这个《考试说明》也是望眼欲穿，哪怕比别人早得到一天也是如获至宝，然后一头扎进去，昏天黑地呼天抢地大干快上。那些与这种制度共生共荣的组织和个人为了自己的既得利益当然会竭力维护它，利令智昏，从而对它本身的荒谬不再有起码的警惕，大家都装着看不见。于是，语文教学就被锁定在这种无效率的状态之下。一旦进入了锁定状态，要脱身而出就会变得十分困难。经济学家、经济学诺贝尔奖得主诺斯认为，一种制度一旦形成，不管是否有效，都会在一定时期内持续存在并影响其后的制度选择，就好像进入一种特定的“路径”，制度变迁只能按照这种路径走下去。

语文教学就是这样走上了一条不归之路？

现在想来，确实大可不必义愤填膺，中国的事情就是这样，越是腐朽的东西越有生命力。想想中国的皇权专制制度能够持续两千多年，你恐怕很难再有脾气。两千多年来一直有人抨击，但丝毫不能触动其根基，反而越来越壮大。我们的语文高考才几十年时间，它正像早晨八九点钟的太阳，还早着呢，根本不要指望它会有所改变，任何人奈何它不得，这是没办法的事情。当然，你批评批评、建议建议都是可以的，它甚至还欢迎，表现出令人恶心的大度。你就是攻击和诅咒，它都能一笑置之。太阳从来不怕别人批评，它就有这样的自信。它居然就有这样的自信，你有什么办法？愚蠢是不可战胜的，自信也是不可战胜的。像马克思一样，必要的时候，对各种谩骂和诅咒像蛛丝一样轻轻抹去，大多时候它还不屑于理睬呢。这样，那些批评和诅咒的人反倒扮演了小丑的角色。

我早就感到绝望，我的错误就在我不该绝望，“绝望之为虚妄，正与希望同”，不断绝望才是真正的绝望！因为绝望的前提是希望。如果希望就错，绝望就可笑；如果说希望是悲剧，绝望就是喜剧。我只是充当了喜剧中的小丑罢了。以前我是对语文教学绝望，对语文高考绝望，后来是对中国的教育绝望，再后来是对人(中国人)绝望，现在我知道这一切全是错，一开始就错，错在本就不该希望。五年前跟几个朋友会面，他们都是语文教师，但他们对语文不感兴趣，更不愿意多谈。他们读过那么多书，思想那么深刻，眼光那么敏锐，性情又是那么率真，如果他们来批评语文教学和语文高考，肯定能深中肯綮，但他们就是不愿意多谈，我很不满，也很奇怪，他们为什么能沉得住气？这是自己正在从事的职业，而这个事业正在受到前所未有的玷污，他们居然能安之若素？我却做不到。我记得当时有一个论题：“我为什么鼓吹教改?”我很积极地发言，我的观点是，无论从哪个角度说，我们都应该不遗余力地鼓吹。我找到当时发言的一个记录，有段话是这样说的：

> 我为什么要鼓吹教改？为我女儿。她今年读小学二年级，天天背着一个大书包，足有十斤重，起早摸黑，比我还辛苦。才七岁的孩子，整天心事重重，为学习，为作业，为考试……我翻看了她的书包，仅语文课外练习就有三套：
>
> 《小学语文情境练习》(少年儿童出版社)
>
> 《精编每日一刻钟强化训练》(江苏少年儿童出版社、南京大学出版社)
>
> 《同步达标随堂检测》(中国和平出版社)
>
> 仅此一点，我敢断定这是不正常的教育，我希望她能得到更好的或者说更正常的教育，我们这代人的努力，或许会促使我们的教育有所改变。但我怀疑我女儿这一辈子恐怕不能享受到，但我女儿还会再有儿女，我害怕等我做了外公时我无法面对我的孙辈对我的质问。

现在我女儿读初二了，情况变得越来越糟糕。现在的孩子很少有真正喜欢学习的，这样的基础教育也很难让学生喜欢。我设想的通过一代人两代人的努力改变基础教育的面貌，这个设想看来是完全不符合中国国情的。现在我明白了那几个朋友为什么不谈语文教学，他们比我看得更清楚，他们知道自己能干什么，他们在教书，而且教得很好，深受学生喜欢，他们从不指望什么。而我却总是抱着这样那样的幻想，这正是我幼稚的地方。好了，从此以后，关于语文教育和语文高考，我不再发言，尽管我还在教语文。是的，我还能干什么？今天，做什么事情还不都一样。活着总要做事情，那就做吧，但不要抱什么希望。

“人活着究竟有没有魂灵的?”

——我的工作总结

任现职以来,除了认真完成学校布置的各项教育教学工作(本职工作、各项考核记录均有案可稽,兹不赘述),主要延续以前的思考——教育是如何发展到今天这个样子的?在如今这样一个教育极端贫困和贫乏的时代,作为一个中学教师,我究竟能做什么和怎么做?

对这个问题的思考时断时续、时缓时急,但始终挥之不去,因为这是我正在从事并将继续从事的工作,我不能只是干活而不去思考和反省我所干的活儿,特别是这个活儿关涉到一个个具体的人的成长和发展。

首先,我想对当前中小学基础教育的状况作一个基本判断,这是我个人的看法,可能失之偏颇,但我自己是坚信不疑的——

自孔子办私学以来,中国教育有进步有反动,但总的趋势是持续倒退。最近20年(我走上教师岗位整整20年),我亲身感受到,中学教育无论是观念、体制、内容和方法均加速走进腐朽、残忍、混乱和黑暗之中,如今正处在历史上最糟糕的时期,我不知道还会不会发展到更疯狂的程度。

这种教育即使在知识传授和能力培养这个最低层面上也是完全失败的,在精神建构和文化传承这个较高层次上当然毫无建树,至于在人性觉醒和灵魂成长这个最高层面上则刚好走向反面——它“成功”地摧毁了人的全部尊严，最大限度地窒息了人格独立和灵魂觉醒的任何可能性。

这种反社会、反文明、反人性的教育何以可能？其实很简单，它的秘诀就是充分激发、调动和利用人性中贪鄙和邪恶的方面。这种做法是非常不人道的。我们都知道人性中有很严重的弱点和缺陷（贪鄙和邪恶），但这不能成为被利用的东西，而应该是悲悯的对象。

一个人能承受多大的诱惑？一个人的尊严可以做多大的牺牲？举例来说：给十元钱让一个人当众跪下，他是不会干的；给他一百元，也不管用；但给他一万元呢？如果是给一百万呢？如果不是在大庭广众之下而是两个人的私下交易呢？如果不是身体跪下而只是要求交出忠心听候驱遣呢？

除了魔鬼谁有权力这样侮辱一个人呢？诱惑者的诱惑正是出于邪恶的本性，而被诱惑者的被诱惑也是基于人性的黑暗，结果是邪恶引爆邪恶，黑暗加重黑暗。诱惑者得意狂妄，被诱惑者愤怒屈辱，双方互相利用，在敌视和仇恨中沉沦挣扎，人性的微弱光辉淹没在重重黑暗中，没有希望，没有温暖，没有光明……

如果被诱惑者并不觉得屈辱，甚至得意于自己用尊严换来的利益，如果诱惑者并不觉得邪恶，而是认为这是理所应当的，是对被诱惑者的激励和鞭策，甚至认为自己是高尚的，是在帮助被诱惑者，如果这样，那只能说明，这一群人根本没有灵魂，没有关于人格和尊严的最起码的意识，那就不是可鄙可憎，而是彻彻底底的可怜了。

我们的教育中正是充满着这样的诱惑。从幼儿园到小学到中学到大学，每个阶段从重点到非重点从名牌到一般都有诸多等级，教育资源的分布在不同地区不同学校之间刻意造成人为的极大的不均衡。大家都被煽动着相信孩子就是未来，教育就是竞争力，谁都希望或被希望享受最“好”的教育，据说因而就有最“好”的前途，其实所谓“好”的教育和“好”的前途也不过是一个弥天大谎而已，完全是人为制造的迷雾。“好”是一个非常模糊的价值判断，它应该是基于个人的感觉。个人的感觉对自己来说永远是最真实和最重要的，但我们这个社会早已使人丧失了个人的感觉，而把虚构的社会公众标准误认为是最真实的东西。现在，大家都在疯狂地追求最“好”的教育，这种追求必然有输有赢，无论输者赢者均是伤痕累累，这是一种恶性竞争，类似于黑社会抢地盘式的火拼。

这种以基本人性为抵押品（炮灰）的火拼不仅在学校之间进行，在同一学校的不同班级，同一班级的不同群体、个体之间同样激烈。学生成了牺牲品，教师也卷入进来。不同学校教师的身份地位是不一样的，同一学校的教师也有不同等级。职称、地位、荣誉、待遇等等均是诱饵，没有谁能真的不在乎。明争暗斗，尔虞我诈，阿谀奉承，溜须拍马，为了抢夺那一点利益罔顾一切，人性恶充分暴露，尽情释放，载歌载舞，盛世华筵。

出成绩，出成果，把别人或别的班级或别的学校比下去，算是最正大光明的逐利途径。即使在这个过程中大家都能严格遵守游戏规则，不在背地里玩各式各样的大大小小的动作和心计，这个游戏本身也是极其残酷的：它把学生置于何地？把学生视为何物？

就以成绩说，什么成绩？不就是考试分数吗？考试分数算什么？算个屁！不就是分数高一点就可以进好学校吗？什么叫好学校？我们有好学校吗？我们连教育都没有，哪来学校？我们有教育吗？我们这也叫教育吗？真是笑话！我们没有真正意义上的学校，我们有的只是工厂、车间、看守所和训练营，我们在灌肠、洗脑、麻醉、截瘫。我听说一个学校从早晨7点到晚上10点把学生关在教室里，任课教师对他们进行轮番轰炸。上帝要毁灭一个人，先让他疯狂！

与一个朋友聊天，说到教育现状，我试图为学校和教师的堕落寻找一点理由：他们也没办法，资源有限、竞争压力、生存需要、现实利益等等，他们还能怎么样呢？朋友斩钉截铁地说：“借口！所有这些都是借口！”我忽然明白了。是的，根本没有理由，他们是自甘堕落，甚至是渴望堕落。资源永远是有限的，不可能满足任何人的任何需要，利益也永远是追逐不完的，而生存其实是很容易的，并没有迫切到需要放弃尊严和人格以获得生存条件的地步，如今的情况只能说明，他们根本不需要尊严，只要生存，在生存欲望的无限膨胀中追求动物式的满足。然而，问题恐怕不是这么简单，如果他们头脑里根本没有人格、尊严、灵魂等等这些概念，那么他们也就不存在牺牲尊严、出卖灵魂的问题。如果是这样，问题就变得复杂了。祥林嫂死前惴惴地问："人死后究竟有没有魂灵的？"我却禁不住要追问："人活着究竟有没有魂灵的？"或者说，原先有，后来丧失了，或者，原先没有，后来慢慢形成。最重要的问题，灵魂究竟是什么？

汉语里有没有"灵魂"这个概念？汉语里的"灵魂"似乎只是一个喻体，常常用来表示"情感、思想、精神、品格、操守"等等意思，而这些词语又常常被附着上许多莫名其妙的东西，言人人殊，搞得混乱不堪。我的理解，"灵魂"就是一种反省的需要和能力，反省的对象除了肉体生命（它的存在、欲求及意义），还有上面提到的情感、精神、心理、意志、品格等等，没有反省就没有灵魂。我们活着，我们为生存而奋斗，我们追求知识，我们寻求爱，如此等等，这些都与灵魂无关。灵魂是一种追问和否定的力量。比如说，我们追求知识，这是所有人都在做的事情，有人主动，有人被动，有人积极，有人消极，有人聪明，有人不够聪明甚至愚蠢，不管哪种情况都不需要灵魂在场，而一旦灵魂出场，它就会当头棒喝：为什么要追求知识？追求什么知识？知识究竟是什么？知识对于生命有意义吗？有什么样的意义？有人说这个问题我们早就解决了：知识可以创造财富。那么"财富"又是什么意思呢？我们为什么需要财富？有人说，财富可以让我过上好日子。过上好日子是什么意思？不就是滋养肉体吗？肉体生命存在的意义究竟是什么？

这个世界上大多数人都是浑浑噩噩地活着，有些人却不愿意浑浑噩噩地活着，他们在反思：人是什么，生命究竟是怎么回事，知识是什么，爱是怎么回事，死亡又是怎么回事等等。这些问题很复杂，也许根本不是人所能思考的，难怪西谚说：人类一思考，上帝就发笑。然而，不把这些问题思考清楚，人何以活着？"未经审视的人生是不值得过的！"苏格拉底说。

我们当然可以说，上帝很残忍。他给人知识，但又不给你全部，有些东西他是不会让你彻底明白的；他给你生命，但给你的尘世生命又是有限的，不知什么时候他就突然收回。然而，我们终将明白，埋怨上帝是没有用的，上帝就是这样来安排人类命运的，或者说，根本没有上帝，人类命运就是这样的。如果这两种情况让我们选择，我觉得西方人倾向于选择前者，中国人大多选择后者。

西方人相信有一个上帝，这个上帝给人类安排了这样的命运，所以他们才会反抗，也因为有上帝存在，反抗才有意义。他们质问上帝：为什么要给人类安排这样的命运？于是，他们就怀疑，就苦苦思索，就拼命挣扎，就不断探究、冒险、挑战、反叛。我认为西方的科学、艺术、哲学等等都是建立在对上帝既相信又怀疑、既敬畏又反抗的心理驱力的基础上的。探索自然奥秘也好，探索心灵奥秘也好，都是为了探索上帝的秘密，因为这一切在他们看来都是上帝创造的，达·芬奇是这样，拜伦也是这样。然而，上帝的秘密是凡人能够知道的吗？所以，他们陷于深深的痛苦中，秘密隐藏得那么深，而隐藏得深又使他们更相信秘密的存在。这就是他们的生命状态，也是他们的生命张力所在，在这个过程中，有坚信也有疑惑，有欢乐也有痛苦。他们过的是世俗生活，但处处时时跟上帝和信仰相关联。

而中国人则过的是完完全全的世俗生活。是上帝遗弃了中国人，还是中国人遗弃了上帝？自从孔子说了“未知生，焉知死”之后，死亡问题就被悬置了，死亡问题的悬置消解了生命的全部荒诞性，也就杀死了上帝，从此中国人就过起了没有上帝的生活。在中国人的观念里，人类命运就是这样的，不是哪一个安排的，怀疑和反抗是没有意义的，接受它并在有限的尘世生活中尽情地享受它。中国人没有生之苦恼，只有生之欢乐，养生、乐生、苟且偷生，好死不如赖活着，这就是中国人的生命状态。我们也有怀疑，但只是“王侯将相宁有种乎”的怀疑，我们也有反叛，那只是“彼可取而代也”的反叛，我们的全部努力都是指向世俗生活。世俗生活当然不等于物质生活，我们也有精神和情感，但这种精神和情感还是世俗的，以和谐和稳定为最高价值追求，目的还是要维护当下的世俗生活。

西方人中有虔诚的也有不够虔诚的，他们过着不一样的生活，但他们都是相信上帝存在的，因为如果上帝不存在，很多事情就无法解释，“如果没有上帝，我还是什么大尉呢？”（《卡拉玛佐夫兄弟》）而对上帝的反叛也是从上帝诞生起就开始的，一直发展到宣称上帝死了，但他们实际上心里明白，上帝是不会死的，只是不能理解上帝怎么会创造出这样一个世界来，他们反抗的是上帝创造的这个世界和这个世界上的形形色色的上帝的代言人。他们要跟上帝叫板，以至于发展到用自杀来对抗上帝（《群魔》中那个基里洛夫）。在我们的封建文化里，没有超越性的上帝，只有现实存在的人间帝王和他的各种代理人，他们形成一种严格的等级关系，必须绝对信服，直至伟大光荣正确的核心力量和人物。

西方的上帝在天上，他只管人的灵魂，恺撒的事务归恺撒；中国的“上帝”在人间，他什么都管。西方的上帝是可以质疑和反叛的，而中国的“上帝”是永远正确的，不容置疑和反对的。这就是中西方文化的根本差异，由此而衍生出很多不同。比如，西方人崇尚平等，每个人都是上帝的造物，在灵魂上是平等的，都只对上帝负责，谁也没有权力干预别人的灵魂，每一个人在上帝面前都是罪人，人和人之间应该怜悯和扶助，爱人就是爱上帝，恨人就是恨上帝，管理人间事务只是作为上帝的仆从尽自己卑微的职责而已。而在中国文化里，要么自己什么也不是，要么不知道自己是谁。

现在，我，一个中学教师该怎么办？一个学生和一个同事的话给我很大的启发。那个学生说：“我们是可以反抗的，在内心。”那个同事说：“反抗是没有用的，我现在能做的是与学生一起承担苦难。”他们的话给我深深的震撼，我明白我该怎么做了。

教育理想主义者存在的理由

——一个教育理想主义者的呓语

谨以此文献给歌者、泣者、痴者、哀痛者、幸福者：阿啃、卫星、美忠、祖祥、干干、夫子、助理、礼明、泥土等等我的这帮可敬可爱的兄弟们！

我坦言，我骨子里是一个教育理想主义者，我对当今的教育现实深感失望和愤怒，我理想中的教育不是这个样子！

教育就是生活。为什么要学习知识和增长才干，难道不是因为藉此而获得快乐而有意义的生活吗？知识应该帮助人们发现生活的意义和获得生命的欢乐，而不是遮蔽生命的意义和窒息生命的活力。

教育就是对话。一群青春少年睁着好奇的眼睛，热切地观察着这个世界，兴奋地谈论着自己的感受，他们渴望交流和沟通，叽叽喳喳像一群快乐的小鸟憧憬着蓝天白云。

教育就是自我发现。每天都充满了新鲜感、兴奋感和紧张感，因为每天都有新的太阳和新的发现，生活是如此的美好，生命在幸福地成长。山在，水在，大地在，树在，草在，天空在，而我恰好也在，还有什么比这样的事情更惬意的呢？

教育是让人幸福的事。人性有善的一面，也有恶的一面，教育的本质是激发善性,抑制恶性。让学生从空虚、苦闷和浮躁中走出来,从自私、恐惧和仇恨中走出来。青春是美丽的,也是短暂的,她终将逝去,谁也无法留住,但我们可以留下幸福的回忆,留下美好的瞬间,让她伴随我们度过同样短暂的苦乐一生。

这就是我的教育理想。

我知道这个理想是多么的可笑,这不要紧,理想从来都是可笑的,如果不可笑,她就不是理想,而是现实了。我知道有些人放弃了自己的理想而与现实握手言和了,现实的逻辑比理想的逻辑强悍得多,这也不要紧,理想从来都是少数人的坚守,所有人都执持着的东西不是理想,而是现实。

我知道甚至连学生都会觉得我天真迂腐,他们可能欣赏我,但不会照我的话去做。这更不要紧,相反,我感到欣慰！谁说一定要照我的话去做了？每个人都有他自己的生活,我也是。任何人的存在都是向这个世界显示一种生命的存在方式,呈现出一种不同于别人的生命形态。教师站在讲台上,以自己的整个生命和人格出现在教室里,出现在学生们中间,他的精神力量向外辐射,他的人格魅力不断溢出,也许,在某一个不经意的时候,教师灵魂的光芒照亮了某一个学生的内心,成为这个学生生命体验中一个美好的瞬间,哪怕仅仅是一个童年记忆,一个青春记忆,那也够了。

如果我们看到,现在的青年学生比我们还要世故和自私,那么,不要悲伤,请相信,他们的本性都是善良的,这只是现实挤压的结果,生活的逻辑比教育的逻辑强大得多,教育的效果绝对微弱,这一点我们认识得很清楚,也正是因为这一点,我们才不放弃我们的理想。现实是让人绝望的,而教育就是要反抗绝望!

我是一个教育理想主义者,我知道我的一切严肃的努力和执著的追求都将换来哈哈一笑,但我还是要站起来,高高地举起手臂,告诉天地,告诉宇宙乾坤,告诉历史——

“我在这里!”

思想的缺席：对中学作文教学的反思

高考作文:最刺眼的不公正

从一个人所写的文字中的确可以看出他的语文能力和素养,岂止如此,我们还可以从中看到更多的东西——视野、思想、情感、心理、性情、组织能力、表达能力、创新精神、批判意识等等,但是从考场作文中却很难衡量出这些东西来。

这里有两个方面的原因——

从考生方面来说。由于所给时间较短,又有这样那样的要求,加上高考对学生一生有重大影响等等原因,大多数学生不愿意拿自己的前途开玩笑,写作时不能也不敢尽情尽兴,而是谨小慎微、亦步亦趋。平时的作文教学和训练中,教师也是这样要求学生的。话题作文的出现正是要通过降低审题难度、消除考生的心理压力,让他们用更轻松的心情尽展才华,但事实上效果并不明显,还带来了另一个始料未及的后果,那就是宿构、仿作甚至抄袭,而且防不胜防。我们谈论作文教学、语文教学乃至整个中学教育时,都必须充分认识到高考在基础教育中的强大威力,它可以轻而易举地使很多正常的教育行为偏离轨道而发生扭曲和变形。为了取得比较满意的成绩,教师和学生常常共同谋求稳妥之计、万全之策乃至秘诀和捷径,而这些正是写作的大忌!真正意义上的写作应该是极具个人性的创造性劳动。

有一篇文章，载《现代写作》报2002年6月14日头版，题为“戴着镣铐跳舞——就高考作文向考生进言”，该文向考生面授机宜曰：“开头要打草稿或腹稿，开头段不要长，三五句、七八句即可。议论文开头要点题，要亮观点，单刀直入，一针见血……记叙文开头要开门见山，见人见事，交代清楚……中间要有几个感人的细节，要有几句哲理的论述……要注意作文的外包装……切不可等闲视之”，甚至建议考生“及早使用黑色圆珠笔，最好不要使用劣质的蓝色圆珠笔”云云，这是作者“积二十多年高考作文阅卷的经验”。

我丝毫不怀疑这些“经验”的可靠性和重大意义，我也没有丝毫讽刺这位专家的意思，实际上，他的诚实和厚道让我很感动。但是，如果连用什么圆珠笔、开头一段几句话之类都作出如此详细的规定，这也叫写作吗？你可以把它叫做制作、操作、做作等等其他任何名字，但如果把它叫做写作，我就来气。

设想一下，我们的考生在“要有几个感人的细节”“要有几句哲理的论述”的要求下，备考时是怎样“搜尽奇峰打草稿”，考场上又是如何“为赋新诗强说愁”的。古人是“腹有诗书气自华”，现在是“怀揣秘笈分自高”，古人是“胸中元自有丘壑，故作老木蟠风霜”，今天是“胸中元本无丘壑，矫揉造作扮高深”。这就是应试作文！

从阅卷方面来看。作文水平是很难量化的，这是常识。阅卷人的兴趣千差万别，这是事实。考生的作文尽管训练有素，长期以来被打造得差不多千人一面、异口同声，但毕竟是不同的人基于自己的经验和理解独立完成的，所以它们还是呈现出万千气象，这也是事实。这样，我们在给学生作文打分时必然出现无穷无尽的主观误差，最终使得学生的作文分数与他的实际作文能力缺乏起码的相关度。何况，打分之仓促草率已是公开的秘密。说几十秒钟决定学生的一生，可能夸张，但相当多的考生的命运的确是在不到两分钟的时间里给搞定的。

阅卷人通常的做法是掐头去尾，所以，60分的作文绝大多数人的得分集中在38分—48分之间。在这里,如果说“黄钟毁弃,瓦釜雷鸣”,未免夸张,但确有不少优秀作文被埋没,很多平庸之作则浑水摸鱼乱中取胜。话要说回来,这种“唐突西施,刻画无盐”的做法也不能完全归咎于阅卷人不负责任——乐得打保险分,担心招来麻烦,因为评分标准的确很难准确把握和具体操作,大多数作文也的确难以区分高下。我甚至可以说,一本试卷30篇作文我先闭着眼睛全部打同一个分数,比如40分,也没什么问题。如果你硬要说其中的某一篇只该得32分或应该得47分,那么,我就不妨看一看这篇文章,然后马上可以给你找出它应该或只能得40分的至少10条理由!

由此看来,语文试卷中的作文题对于实际写作能力较差的同学来说是一个绝对的福音,而对于作文水平高的同学来说则是必然的隐痛和可能的灾难。我的结论是,以追求公正为目标的高考,仅语文学科中作文这一块实际上包含着最大的不公正!

谁在写？为什么写？

学术研究的出发点在于问题，在于人们所感觉到的存在中的问题。事实上，所有的学科在它的最初，都是由于存在中的问题而设置的，目的是为了寻求解决的途径和方法，但是，在后来越来越体制化的过程中，人们似乎忘了它的真正目的，用德国哲学家西美尔的说法，这是手段对目的的殖民。那么，当前写作和中学生作文中存在的最突出的问题是什么呢？我认为，正是写作主体的迷失。

为什么要写，谁在写，写什么，怎么写，这是写作教学中首先要弄明白的也是最基本的问题，这些问题都跟写作主体有关。

写作，在其本真的意义上，应该是一种私人活动。一个生命个体面对茫茫宇宙和滚滚红尘，面对烦恼人生和短暂生命，他不能不去体验、感悟和思考，这是一个充满痛苦和欢娱的心灵历险，写作正是对自身生命历程的记录。为什么要写？因为他想弄清楚生命究竟是怎么回事。谁在写？一个有生命感觉的活生生的生命个体在写。写什么？写自己对生命的感悟和对人生社会的思考。怎么写？心里怎么想就怎么写，怎么才能更好地表达内心所想，就怎么写。至于写给谁看，这个问题并不重要。如果说写作活动本身就是一种生命运动，就是一个有生命的人在言说生命和完成生命，那么，它自身就是目的，而不是藉此获取生命之外的其他目的的手段。当然，他也愿意别人来看看，从而听听别人的意见，这种交流是很有必要的。但是，如果这种交流不是生命的交感和灵魂的碰撞，而只是世俗功利层面上的交换，那将是十分有害的，所以，真正的写作者对此非常谨慎。最后，为了便于交流，才出现了谋篇布局、遣词造句等写作方法和技巧的问题。

现在，情况发生了变化，写作不再是个人的事情，而成为公共事务。一个作者在写作之前就要考虑广大读者的口味、编辑和出版社的旨趣乃至社会政治文化等的要求，写完之后还要奔走游说，又是广告策划，又是新闻发布，又是签名售书，然后又紧张地投入下一轮制作……文学不仅职业化，而且产业化了。托尔斯泰说文学的职业化是文学堕落的主要原因，那么文学的产业化大概是文学走向毁灭的开始了。但是，真正有出息的文人——尽管现在并不多，他们还是坚持文学是灵魂的事业。为什么要写作？因为非说不可，如果没有人听，那就自言自语。文学本来就与热闹无缘，灵魂需要安静。

中学作文教学的情形又如何呢？如果说写作是一种私人活动，那么中学作文教学则是一种集体操练，这种操练基本上排斥个人的体验。要揣摩命题者的意图，要迎合阅卷人的趣味，什么话好说，什么话不好说，不要张狂，不要激动，不要乱说，不要调皮，要写有意义的人和事，思想要健康，主题要鲜明，中心要突出，结构要合理，语言要规范，总之，立意构思、谋篇布局、起承转合、遣词造句等等都有这样那样的标准和模式，它们成了悬在孩子们头上的达摩克斯利剑，使他们不敢正视自己的真实感情，摈落了自己的一套话语系统。久而久之，他们不能独立思考，不敢积极体验，不愿主动交流，不会大胆表达……硬是把充满灵性和活力的青少年一个个操练得老态龙钟，步履蹒跚。在学生的作文中几乎看不到具有鲜明个性和独特性的东西，千篇一律，千人一面，异口同声，众口一词。我们不禁要问：是谁在写？又为什么要写？

写作主体的缺席标志着生命意识的淡出，这样的写作活动严重背离了写作的真正目的，也是违背生命尊严和人类本性的。马克思早就指出："自由自觉的活动恰恰就是人类的特性"(《1844 年经济学 - 哲学手稿》)。写作更应该是这样一种自由自觉的活动，而中学作文教学恰恰是其对立面。

有人说，中学作文教学有它自身的特性。就写作主体来讲，中学生的主体精神和生命意识正处在成长过程中，他们视野窄、阅历浅、好冲动、可塑性大，因此不宜过分张扬个性和崇尚自由，而应该给予他们更多的引导和规范。就写作目的来讲，中学作文教学的主要任务是训练他们的语言表达能力。然而，现在的问题是，学生的个性和自由是不是多到我们不得不加以约束和限制的程度了呢？我看恰好相反，它们已经被压抑和剥夺到几近于无。至于表达能力，我认为它首先并且永远要服务和服从于所表达的内容。没有对人生的感悟和思考，任何材料和理论以及操纵它们的技巧都是没有意义的。

可能还有人认为，把写作提高到感悟和言说人生、体验和完成生命这样一个高度，只会脱离中学生的实际，让涉世未深、意趣不足的青少年更无从说起。我的看法是，从本质上讲，写作就是这样一种生命运动，不存在拔高其意义和目的的问题，恰恰相反，我是在努力驱除附着在它上面的现实功利和意识形态迷雾，还其本来面目。写作并不神秘，情动于中而发于外罢了。"情动于中"是关键，一个有生命感觉的人都会有"情动于中"的时候，青少年恐怕这样的时候更多，写作对于他们来说怎么会无话可说呢？我看倒是我们成年人丧失了生命活力和创造激情，又畏惧青少年蓬勃的生命意志，从而发明了一套陈规陋习来窒息他们的鲜活生命。现在，还有几个学生喜欢写作文？他们的作文里有几句真话？有几句自己的话？所以，如果他们还愿意写一点什么，他们更愿意写日记和随笔，而不是道德文章。但他们无权做自己喜欢做的事情，更无权拒绝自己不喜欢的事情。如果说学生作文中动辄虚构情节、虚张声势、虚情假意、矫揉造作、陈词滥调、官样文章已经触目皆是且习以为常，那也正是我们的作文教学观念和方法所导致的结果。

到了反思我们的作文教学的时候了，我不相信一个民族可以肆无忌惮地大规模地鼓励她的孩子说假话、大话、空话、套话。我们花很多时间去训练学生“做文章”，结果怎么样？文章没写好，文风搞坏了。文如其人，文品即人品，文风即世风，最终，我们看到社会上擅长做“功业文章”的人越来越多，看到这个社会说谎和浮夸已经成了习惯，骗子满天飞，假酒假烟假米假药假广告假新闻假政绩假学术……还有什么不能造假？

作文就是做人。中学作文教学理应担负起这样一个神圣使命，那就是唤醒和呵护青少年一代的生命意识。生命的本质是自由，自由的真义是尊重。还学生以写作主体应有的生命尊严，尊重他们的人格和灵魂，尊重他们的感情和欲望，尊重他们的感觉和体验，尊重他们的个人性和独特性，激发和鼓励他们养真性、动真情、说真话。真实——心灵的真实、生命的真实，不只是文学艺术也是人生的永恒的主题，而求真则需要自由作保证。半个多世纪前，著名教育家潘光旦说：“自由是生命的最大目的，个人要自由，社会要自由，惟有自由的生命才能比较长久地保持它的活力，个人如此，社会也是如此。生命不能自由收放，自由分合，自由斟酌损益，补短截长，是迟早要陷于死亡的绝境的。”

鉴于此，笔者大声疾呼作文教学新理念：自由作文。这里的“自由”，包括“写什么”和“怎么写”的自由，只要是从心灵中自然流淌出来的文字就是至情至性之文，听从内心的召唤，遵从自然的天性。什么是真理？在惠特曼看来，大地上的尘土是真理，田野里的草叶是真理，令人害羞的欲望是真理，劳动者的粗粝的笑声和呼喊是真理……在我看来，天真的幻想是真理，神秘的诱惑是真理，甜蜜的冲动是真理，内心的召唤是真理……爱默生说：“我必须做的事就是那些与我相关的事，而不是人们认为我必须做的事。”是的，写作不正是“与我相关”的事吗？我手写我口，与别人有什么相关？这里的“我”就是写作主体，就是生命本体。

谁在写？我在写。为什么要写？因为这是我的事。

中学作文教学，你在扮演什么角色？

以下是我写于1996年高考后的一篇随感——

谈谈作文教学

一

作为高三语文教师，我是如何抓作文这一块的呢？说出来不怕大家笑话，但这种做法的确很管用，不妨和盘托出，聊博一哂。

我郑重其事地不厌其烦地向学生灌输这样一个基本思想：高考作文一点儿也不可怕，根本没有什么高深莫测的地方，尽管命题者常常玩出一点花样来，但说穿了一文不值。

（一）千万要注意，不要跟命题者过不去，他叫你做什么，你就做什么，他叫你怎么做，你就怎么做。想方设法迎合他的心意，没话找话凑足字数就行了。比如，96年高考作文题（两幅漫画的比较），你就说你更喜欢其中的某一幅，尽管你心里可能一幅都不喜欢。然后找些理由——这些理由严格说来也许根本不成立，一定要一本正经地装腔作势地说得好像真有那么回事。如果能想到一两个绘画术语，务必要用上去，尽管你对这些术语可能一窍不通。只要你是就两幅漫画的表现技法进行比较，那分数肯定低不了。如果在文末再说上一句“当然，另一幅画也画得不错”之类的应景之语，你不得满分才怪呢！

（二）我对学生耳提面命，审题，如果没有把握做到出奇制胜，就老老实实按常规思路去考虑，要掌握各类文体的基本要求和各种题型的操作要领，要注意结构的安排，要自圆其说，语言要得体，表意要明确，如果能较恰当地用上一些成语、诗文名句或古今中外名人名言什么的，会使你的文章大为增色。

（三）我开诚布公地告诉学生，作文得分常常会受到阅卷老师当时的情绪和心境的影响，因此，除了不能跟命题者叫劲之外，如何博取阅卷人的欢心就成了我们必须考虑的问题。比如，字迹清楚、卷面整洁、语句通顺、结构合理，自然会让阅卷老师感到心情舒畅。

（四）我半认真半开玩笑地跟学生说，写记叙文也好，写议论文也好，你心里究竟怎么想并不重要，重要的是写出来要像真的一样，哪怕就懵住阅卷老师一会儿也行。等他打完分数以后，想到自己好像上了一当，但虚荣心使他不愿再去考虑了，你的目的也就达到了。事实上，你心虚气短，你腹中空空，你自己都觉得不知所云，但写作文那会儿，一定要表现得煞有介事、理直气壮、情真意切，诸如此类。

最后，我对学生说，如果你注意到了这些问题，那么，作文这一块就什么问题也没有了，至少在这一块上就不会拉开多大的差距，尽管你们的实际作文能力并不像分数所显示出来的那样。

说到这儿，我越来越感到羞愧和害怕：我在干什么？

二

我认为，要从根本上提高学生的作文能力，在现在这样的内外环境下是完全不可能的事情。理由如下：

（一）从学校教育教学内部来看。为了对付高考，学生把几乎全部精力扑在课堂上、书本上以及大量的应试训练上，对全面提高学生素质至关重要的课外活动成了写在课表上的空头支票，对学好语文至关重要的课外阅读几乎是零。另外，考虑到语文学科的特殊性，语文学习时间被大量挤占——这对高考这个整体(大局)来说无疑是极其明智的做法。

青少年充满活力,有着强烈的求知欲和表现欲,然而,我们在一定程度上剥夺了他们用自己的眼睛去观察、用自己的耳朵去倾听、用自己的头脑去思考、用自己的心灵去体验、用自己的双手去创造的权力。他们的潜能遭到压抑、热情遭到打击、身心健康遭到不同程度的摧残……他们在极其沉重的压力下艰难度日。他们人生中的这段本应是丰富多彩的意趣盎然的洋溢着明媚的阳光和清新的空气的日子,现在却是枯燥乏味,死气沉沉,愁云密布,凄风苦雨……面对这些被我们锻造出来的"考试机器",语文老师还能一厢情愿地要求学生作文时不要无病呻吟而要真情实感吗?为高考计,很多语文教师"审时度势"地要求学生学会无病呻吟:谁"呻吟"得像,谁"呻吟"得好,谁就能在高考作文中多拿点分。

(二) 从语文教学自身来看。学生三年时间读六本书一百多篇文章,实在是少得可怜!而且这些课文的讲解又是那么的琐碎而不得要领,本来就为数不多的几篇好文章也被肢解得"一地鸡毛",学生有一百个理由感到厌倦。剩下的时间全部用于应试训练,而那些花样翻新层出不穷的训练题搞得师生均是云里雾里心力交瘁。语文能力和素养得不到切实提高,作文自然难有建树。

写作是一项创造性的劳动,它需要综合运用多种能力,其中语文思维能力是核心,语言表达能力是关键。学生视野的狭窄、阅历的浅薄直接制约着这些能力的发展。学生肚子里本来就没有多少"货",而高考作文还有这样那样的限制条件,时间又只有那么一点点,要学生写出一篇情文并茂的好文章来,实在是强人所难。每年的应试作文中确有一些佼佼者(我敢断言,这些学生绝不是语文教师教出来的),但绝大多数均是平庸之作,分数拉不开,使得作文这一块缺乏必要的区分度和信度。这样也就迫使语文教师在作文这一块上抓形式、抓规范、抓应试技巧、抓得分要领,而忽视了思想感情方面的要求,这样做是与作文教学的宗旨直接相悖的。

(三) 从外部因素来看。这个世界正在用越来越花哨的形式装扮着越来越贫弱的内容,急功近利的喧嚣、浮躁的世态人情深刻地影响着人们的思想认识和情感态度,那些人生观价值观正在形成的中学生当然逃不脱它的影响,这种影响对作文教学又是巨大的冲击。

我曾布置过这样一篇命题作文——《重视小成绩》,我发现很多学生是这样论述的:小成绩是大成绩的组成部分,我们要重视小成绩,为取得大成绩打好基础云云。把大成绩理解成小成绩的简单相加固然表现了学生思维的机械性和肤浅性,而在小成绩可以积累为大成绩这个意义上谈小成绩的重要性恰恰是轻视小成绩的心态的流露。在他们看来,小成绩是没有意义的,如果它们最终未能汇聚成大成绩。而我们知道,绝大多数人终其一生只能取得一些小成绩;小成绩有其自身的意义和价值,否则,这个世界上普通人的生活顿时失去了意义。当我们看到"成则诸侯败则寇"的评价原则还在根深蒂固地影响着人们的日常判断,当我们看到说大话成了时尚而默默无闻成了人们最不能忍受的事情,我们对学生作文中的如此表述还会感到吃惊吗?

我常常分析学生作文中大量的隐含信息,从中了解学生思考问题的逻辑前提和心理背景,剖析学生作文中暴露出的某种带有普遍性的心态,我发现这种心态正是社会世态在学生心中的投影。引用这些例子是饶有趣味的,限于篇幅,兹不赘述。

三

内外交困之下的作文教学究竟该怎么办?我的想法是,首先,在语文高考中取消作文这一块,作为补偿,可以在阅读理解和语言运用部分增加文字表述题。其次,平时的作文训练作相应的调整,比如要求学生写一些读书心得或随感之类的文章,并经常组织学生进行各种形式的交流讨论。

我觉得中学生还是应该多读一点书,尤其是优秀的古典文学作品,从中汲取养分,充实自己,丰富自己,不必急于求成地要求学生完成各种规定的文章,这不但不利于提高作文能力,反而挫伤了学生写作的积极性,助长了说空话套话、矫揉造作、装腔作势的文风,实在是利少弊多。其实,学生书读得多了,知识面拓宽了,视野开阔了,内心充实,感情丰富,剖情析理的能力自然增强。内心有了很多想法，自然激发起写作的欲望，到时候怕是挡也挡不住，还需要“为赋新诗强说愁”吗？

作文命题已经走到山穷水尽的地步，96年高考作文正是命题者黔驴技穷的表现，这样出题无非是要避免猜题，而如此重大的考试竟然成了猜题和反猜题的游戏，受害的则是广大考生，是作文教学，是青少年的写作素养，是整个中华民族的素质。

据说96年有些考生作文居然一字未写，还有的考生就写了一首打油诗，其中有一首是这样写的：“心烦意乱汗淋漓，手摸试卷难下笔。我给教师三叩首，乞求考分上等级。”看到一张张白卷，看到这令人心酸的句子，不知道命题人和阅卷人会作何感想。说不定这些学生中还有人在报纸杂志上发表过文章，而他们写的某一篇日记能让你读了掉眼泪！

从抽屉里翻出这篇四年前为应付学期工作总结而写的文章，再读一遍，感触良深。

四年来，高考作文命题发生了一些变化，由两题变成一题，出现了话题作文等等，然而，作文教学和学生写作的状况不但未有丝毫改变，相反，变得更加混乱和令人忧虑。看来企图通过高考作文命题的导向功能来扭转中学作文教学积弱积贫的面貌，是不会有什么出路的。

1998年《战胜脆弱》——据说，有个考场30个考生有近一半人死了父母！

1999年《假如记忆可以移植》——干脆鼓励胡编乱造，据说，这叫创新能力！

2000年《答案是丰富多彩的》——抄袭作文得了满分！

2001年？——还不知道会出现什么令人啼笑皆非的事情！

有人说，以上只不过是一些特例而已；我要说，事情绝不是这么简单！

我们已经发现，一些学生正在背一些范文，来备战2001年高考，还有一些学生在平时的作文中动辄虚构情节、虚张声势、虚情假意……已经到了令人触目惊心的地步。

到了反思我们的高考作文和作文教学的时候了！

高考作文和作文教学，在没有找到更好的办法之前，停止现在的做法也许是最好的办法。我在四年半前的这篇文章里就有了在高考中取消作文的想法，当时可能还是一时冲动之言，现在想来，不无道理，除了上文讲到的，再补充几点理由：

（一）代圣人立言由来已久，它造就了一代又一代愚忠和虚伪之徒。高考作文命题基本上沿袭了这种做法。每年的作文命题实际上都隐含着一个命题者的意图，考生则是带着“画眉深浅入时无”的惴惴心情揣测并阐述这个意图。

（二）还有几个学生喜欢写作文？他们的作文里有几句真话？有几句自己的话？所以，如果他们还愿意写一点什么，他们更愿意写日记和随笔，而不是道德文章。

（三）谁都知道，在现实生活中，口头表达能力比书面表达能力更重要，中学阶段几乎没有什么说话训练，却花很多时间去训练学生“做文章”。结果怎么样？文章不会写，文风搞坏了。文如其人，最终，社会上擅长做“功业文章”的人越来越多。

（四）高考作文阅卷和评分完全是暗箱操作，其间的弊端没有哪个语文教师包括学生不是心知肚明，这就严重挫伤了师生进行作文教学的积极性。语文高考成绩的区分度和信度不高主要是由高达60分的作文这一块造成的。

结语：事实上，我认为，整个高考语文试卷是完全失败的，这个失败不是命题者的失败，而是语文教学思想的失败，进而也是整个教育思想的失败。什么时候我们有勇气宣布它的破产，那么，作文教学、语文教学以及整个中小学基础教育才会出现转机。

评 2002 年高考作文题

在网上看到这个题目的时候，电视上节目主持人正在让嘉宾们作出选择。电视娱乐节目中这类选择题很多，这些选择大多无聊且庸俗，基本上都是在瞎猜，最后看谁运气好；在给定的答案中作出选择，看上去有一定的自由，其实是一种虚假的自由。当然，电视娱乐节目本来就是瞎胡闹寻开心的，不必较真。我想说的是在现实生活中充斥着这种选择的随意性、平庸化和无选择性，有多少"触动心灵"的选择呢？

今年又编出这样一个道德小故事（与去年高考作文题如出一辙），把考生置于一种虚拟的道德困境中，无非是要考生宣泄一下道德焦虑，充当一次道德卫士，什么同情心啦，乐于助人啦，爱心啦。"而登山者也因此暖和了自己的身心"，"两个人互相搀扶着走出了困境"，多么感人啊，我们在电视上不是经常看到这类感人的画面吗？想到那么多考生在满面春风的"主持人"一声"请听题""请亮出你们的选择"的充满磁性的号令下，一本正经地编造道德故事，煞有介事地抒发道德义愤，争先恐后地表达道德理想……真是秀、秀、秀，秀出你的道德风采来！这何尝不是一出庸俗的娱乐节目啊。

有意思的是，今年全国统考作文题的"注意"里明文规定："不得抄袭"。

我听说河南某地一高速公路上赫然悬挂着这样一条标语："抢劫警车是犯法的。"真是让人哭笑不得。去年作文要求"感情真挚"，今年的意思大概是说，感情不真挚也就算了，只要你不抄袭就行，就像那条标语所含的意思：抢劫普通车辆还能忍受，你抢劫警车就未免太过分了。我不知道明年高考试卷中会不会写上"不许作弊"的字样。

就这么一副德性，还有什么资格谈道德问题？

附：2002 年全国统考作文题：

阅读下面的材料，根据要求作文。

有一位登山者，在途中遇上暴风雪。他深知不尽快找到避风处，非冻死不可。他走啊走啊，腿已经迈不开了。就在这时，脚碰到一个硬邦邦的东西，扒开雪一看，竟然是个快冻僵的人。登山者犯难了：是继续向前，还是停下来援救这个陌生人？心灵深处翻江倒海之后，他毅然作出决定，脱下手套，给那个人做按摩。经过一番按摩，陌生人可以活动了，而登山者也因此暖和了自己的身心。最后，两个人互相搀扶着走出了困境。

也许不是人人都会碰上这种生死的抉择，但是每个人却常常遇到、见到、听到一些触动心灵需要作出选择的事情。那时，我们大家是怎样选择的呢？又应该如何选择呢？请以"心灵的选择"为话题写一篇作文，所写内容必须在这个话题范围之内。

[注意]①立意自定；②文体自选；③题目自拟；④不少于 800 字；⑤不得抄袭。

2003年全国高考满分作文批判

大家来看看下面两段摘自今年高考满分作文的话——

（一）

同是长空中的月，老杜发出了"月是故乡明"的感慨；李白则月下独饮，举杯相邀，有了"对影成三人"的慰藉；王维别有一番"明月松间照，清泉石上流"的清静恬远之情。纳兰性德与众不同的见解让人深思："下弦不似上弦好！"可是外国诗人加里夸斯德的描写更是匠心独运："正巧在赤道上，正巧在秋分点，正在午夜，从船上看，满。月，正在中天。"一"满"一"月"，独自成句，体现了万物的对立又统一。（摘自陕西一考生《同是……可是……》一文的第一段）

这段文字被阅卷老师激赏为"腹有诗书气自华"，"不能不喟叹作者对题意理解的深刻和把握的别致"。

作为应试作文的开篇第一段，这段话的确具有让阅卷老师耳目一新、精神一振的诸多要素：语言的简练流畅，知识的广博丰富，确实很有气势。但是，当我们冷静下来想一想，这段话究竟讲了什么呢？不就是夸夸其谈地罗列了一些中外诗人描写月亮的有关诗句吗？更严重的是这种罗列跟题意相去甚远。我们知道今年的话题是"感情的亲疏远近与认知的正误深浅”，而这些诗人借月抒情，托月寓意，这是文学的移情或象征，根本不存在感情的亲疏远近，更谈不上对事物认知的深浅正误。我就不明白阅卷人的“对题意理解的深刻”是怎么说出口的？大概是被这位考生“惊人”的才气吓昏了头了吧？是啊，连加里夸斯德都知道，尽管我从没听说过，然而这不正说明我的孤陋寡闻吗？而这种效果恐怕正是这位考生所有意无意追求的！

（二）

“观山则情满于山，观海则情溢于海”。事物虽有不同，山和海却各有其妙，都有令人赏心悦目的地方。因此，苏东坡不因对文学的亲近而鄙视自然山川的秀美，于是“耳得之而为声，目遇之而成色”的佳句千古传唱；郑板桥不因独爱竹，而失去了对兰花的认知和感情，于是异曲同工，竹兰万年留香。正是感情的亲与疏，造成了感觉的“一视同仁”，这样才能更深刻地感知事物，理解事物。如果能这样，我们便会有了苏东坡的豁达与乐观，有了郑板桥的风雅与潇洒。（摘自《我爱海，同样爱山》第一段）

下面我对这个“精彩”的开篇逐句进行分析——

“观山则情满于山，观海则情溢于海”。事物虽有不同，山和海却各有其妙，都有令人赏心悦目的地方。

原句是“登山则情满于山，观海则意溢于海”，出自《文心雕龙·神思》：“夫神思方运，万涂竞萌，规矩虚位，刻镂无形。登山则情满于山，观海则意溢于海。”刘勰的本意不是说山和海各有其妙，而是说人可以赋予自然山水以情感色彩。当然，把它引用来借指自然山水各有其奇妙之处也是勉强可以的。

因此，苏东坡不因对文学的亲近而鄙视自然山川的秀美，于是“耳得之而为声，目遇之而成色”的佳句千古传唱；郑板桥不因独爱竹，而失去了对兰花的认知和感情，于是异曲同工，竹兰万年留香。

这段话就十分牵强了。“苏东坡不因对文学的亲近而鄙视自然山川的秀美”，这句话怎么听怎么别扭。“对文学的亲近”怎么会必然地导向“鄙视自然山川的秀美”呢？它们本身常常就是统一的。亲近文学的人一般都会亲近自然，自然本身就是文学表现的重要对象之一。我们再来看看题目，看看话题。“感情与认知”是说主观感情偏向常常影响我们客观地认识事物，这儿的感情和认知应该是指向同一个事物。这位考生没有弄清楚“感情”和“认知”属于不同的范畴，而把它们混为一谈。“苏东坡不因对文学的亲近而鄙视自然山川的秀美”这句话变成了“不因亲近甲事物而疏远乙事物”这个意思，这就跟原来的话题相去甚远。到了郑板桥的例子里，他干脆把“感情”和“认知”放在一起说了：“郑板桥不因独爱竹，而失去了对兰花的认知和感情。”这句话的意思是“郑板桥不因对竹有了认知和感情，而失去对兰花的认知和感情”，从这个简单的分析中，我们可以看到这位考生作文时概念的模糊和表述的混乱。

> 正是感情的亲与疏，造成了感觉的“一视同仁”，这样才能更深刻地感知事物，理解事物。

这句话完全是不知所云，而且立论错误。感情的亲与疏怎么造成感觉的一视同仁？应该是恰恰相反吧。这儿进一步表明作者理解和表达上的混乱。

> 如果能这样，我们便会有了苏东坡的豁达与乐观，有了郑板桥的风雅与潇洒。

“这样”是指什么？根据上文，是指“感情的亲与疏”呢，还是指“感觉的一视同仁”呢？是说苏东坡亲文学疏自然山川、郑板桥亲竹疏兰吗？显然不是。看来是说苏东坡对文学和自然山川一视同仁、郑板桥对竹和兰一视同仁，这怎么就“有了苏东坡的豁达与乐观，有了郑板桥的风雅与潇洒”呢？这个话怎么讲呢？真叫人百思不得其解。

这篇满分作文的第一段几乎句句都有问题，而且有些问题还相当严重，只要稍加分析就十分刺目地呈现出来，不容回避。它们为什么能够逃过阅卷老师的眼睛？一个很重要的原因是这位考生使用了“障眼法”。你看这一段文字里多次出现“感情”和“认知”的字样，很好地造成了一种紧扣话题的假象，同时语言精练不乏生动，表述流利且颇有气势，引用名言佳句和名人事例以壮声势，既显示了自己知识的广博，又增强了立论的权威性。这大概就是何永康先生所说的，高考作文不像平时作文那样，必须有很强的“视觉撞击力”，让阅卷老师在一瞬间就被它吸引，被它打动。

聪明的考生就是这样就把阅卷老师给唬住了！

2004年江苏优秀作文之《山水中走来的沈从文》

先来看看这篇优秀作文——

山水中走来的沈从文

江苏考生

喜欢《边城》,喜欢沈从文;喜欢沈从文,于是喜欢上了沈从文笔下的山山水水。

人们常说:一方水土养育一方人。喜欢上沈从文笔下的我突然悟到:从文先生就是一条河,从文先生就是一座山。

水有水的性格——灵动。从文先生性情如水,文笔如水,在那清澈的文思中涌动的是最纯净的人性之水。

在现实社会中,我们听过看过太多太多的爱情故事,可有哪一个如翠翠的爱情那样不沾一丝世俗之气。

于是,当烦恼接踵而来时,我乐意拿起《边城》,走进从文先生水的世界,在那里,我听到湘西水轻轻流淌;听到船夫豪亮的歌声,品味翠翠如水的情思和爷爷如水的爱。

从文先生这样的写了,也是这样的爱了,爱得执着,如灵动的水常年保持一色的蔚蓝。他的爱人在他死后多年也终于悟了从文先生这份纯真的爱。

山有山的性情——沉稳。从文也无疑是一座山,他有着山的秉性。在“文革”期间,人们误解了他,伤害了他,他却毫不在意,他不争。当无知的人们要他去打扫女厕所时,从文先生认认真真地做了。他用大山的沉默去回击这群无知者的攻击。

沉稳的大山在四季中却能变幻出不同的色彩,这无疑是对从文先生最好的评价。大家都知道从文先生是著名作家,殊不知从文先生也是著名服装研究专家。

在一本书中看到这么一则关于从文先生的故事:在“文革”中,从文先生辛辛苦苦写出的《中国服装史》被没收弄没了,但从文先生硬是又写出了一本。

这就是我们可亲可爱的从文先生:一条汩汩流动永远不会停歇的河流,一座四季常青生机盎然的大山。

在那湘(沅)江畔,你去走一走,去看一看,去听一听,你看见一位书生在书写、在吟唱了吗?

书写,书写山的传奇,

吟唱,吟唱水的多情。

附评析:

我们不必猜测命题人在命这道题的时候是否想到了沈从文先生;但是,我们可以说,用“水的灵动、山的沉稳”来比况沈从文先生及其作品是最恰当不过了。本文作者选择沈从文先生作为叙写的对象,本身就是一种眼光、一种睿智、一种对人与山水的感悟。

文章用朴素平实的笔触,阐释了沈从文先生性格中相辅相成的两个方面,阐释了湘西的山水对先生性情的孕育、熏陶与同构。文章采用了多段落结构的方式,具有轻快跳跃的节奏和韵律,阅读的时候,也使人有面对“长河”的快感。

近年来,这一类以文化文学名人为素材、夹叙夹议的“秋雨体”,在高考作文中大量涌现，但不少文章却出现了堆砌华丽辞藻、名人名言，滥用比喻、排比，追求形式花哨的倾向，因此，本文这种朴实清新的文风尤其值得褒奖。（高朝俊）

我记得今年还有一篇优秀作文是写鲁迅的，题目叫“真正的男儿”，该文前半部分写鲁迅具有山一样坚硬和沉稳的气质，后半部分则写鲁迅的亲切和灵动。不知道高老师看了以后，会不会感慨道：“我们不必猜测命题人在命这道题的时候是否想到了鲁迅先生；但是，我们可以说，用‘水的灵动、山的沉稳’来比况鲁迅先生及其作品是最恰当不过了。本文作者选择鲁迅先生作为叙写的对象，本身就是一种眼光、一种睿智、一种对人与山水的感悟。”

我们知道，沈从文和鲁迅两人的个性相去甚远，但高老师的这段评论却可以原封不动地用在这两个人身上。这是怎么回事呢？其实，你可以把任何一个人写成具有山的沉稳和水的灵动！所以，只要你碰巧熟悉一个人，当然要是名人，现实中的人也好，文学作品中的人也好，然后，你就写他（她）的沉稳和灵动，写他（她）的刚毅和柔情，写他（她）的严肃和亲切，写他（她）的山的一面和水的一面、变的一面和不变的一面。既然鲁迅都可以写出他“怜子如何不丈夫”的水似的柔情，那么林黛玉自然也有面对“风刀霜剑严相逼”的刚毅和沉稳。

我想请问高朝俊教授：您真的认为现在的写作教学还有哪怕一点点儿意义吗？顺便说一句，在我看来，它纯粹是胡闹！

高朝俊：对于现在高考作文的命题阅卷乃至平时的作文教学，我是有一些想法的，但现实如此，有许多时候是无可奈何的，甚至是非常痛苦的。我引几段当时我对这个题目粗浅的理解吧。我真希望有更多的人来关心命题阅卷关心考生的命运。

2004年江苏省高考作文的话题是“水的灵动，山的沉稳”，这是考生写作的出发点。话题之前的那一首散文诗，可以看作是引出话题的“话头”，是帮助考生理解题意的导语,是启发考生打开思路的钥匙。在这一首散文诗中,第一句讲的是审美感受,第二句讲的人生启迪,第三句讲的是哲理意蕴。

话题中的关键词是“灵动”“沉稳”。在这里,“灵动”可以理解为生动、活泛,不拘泥,不固执,不呆板;是一种相机行事、因地(时、事)制宜、与时俱进的品格。“沉稳”可理解为沉着、稳重,不浮躁,不轻佻,不动摇;是一种执著坚定、矢志不移、处变不惊的品格。

考生在审题时,既要注意“灵动的海水却常年保持一色的蔚蓝,沉稳的大山却在四季中变化出不同的色彩”,即灵动中有凝定,沉稳中有变化,但又不能把“灵动”“沉稳”的外延无限扩大:“灵动”不是调皮捣蛋,不是水性杨花,不是见异思迁,不是见风使舵,不是飘忽不定;“沉稳”不是固执己见,不是因循守旧,不是“撞了南墙不回头”,“见了棺材不掉泪”。

“登山则情满于山,观海则意溢于海。”本来,人对山水的感受是各不相同的,对山水所蕴涵的哲理意味和给人的人生启迪也是见仁见智的。境由心造。水不一定就是灵动的:在李煜的眼里是“问君能有几多愁,恰似一江春水向东流”;在李白的眼里是“桃花潭水深千尺,不及汪伦送我情”。山也不一定就是沉稳的:同样是在毛泽东的眼里,有时是“山舞银蛇”,灵动得很;有时是可以任意裁剪的,“安得倚天抽宝剑,把汝裁为三截”。水,也不一定给人以聪慧:在闻一多眼里,“这是一沟绝望的死水”;在余光中眼里,“给我一瓢长江水,那是乡愁的滋味”。山,也不一定给人以敦厚:同样是在毛泽东的眼里,“山,刺破青天锷未残”,锋利得很;“雾满龙冈千嶂暗”,诡异得很。本来从这一首散文诗中是可以引发出各种不同的话题来的,如“聪慧与敦厚”“一色与多彩”“凝定与变化”等等,甚至也可以这样来引出话题,“以上只是诗人对山水的感悟,那么,面对山水,你有什么样的审美感受,你从中受到了什么样的人生启迪,你从中发现了什么样的哲理意韵呢?请以‘感悟山水’为话题,写一篇文章。可以只写山或水,也可以只写某一方面的感悟”,这样一来题目就活起来了。但是,或许是为了避免话题作文过于开放、灵活，过于漫无边际，或许，也是为了区别于“水的联想”“面对大海”之类的题目，本题从材料中引出了“水的灵动，山的沉稳”的话题，这就大大缩小了考生自由发挥的空间。因而，一般说来本题可以（或许）有三种写法：(1)顺着材料展示的思路，把材料所蕴涵的审美感悟、人生启迪、哲理意味等作具体的敷衍——展开夹叙夹议的铺展；(2)以感性的材料丰富这个话题——写一个或几个“灵动”“沉稳”的人或事物；(3)抓住话题中的关键词——沉稳、灵动，展开具体的议论、阐述、证明等等。

因此，文章的优劣，主要在于对“灵动”“沉稳”，或者是两者关系，或者是各个侧面的关系，揭示得是否准确，是否透彻，是否深刻，是否生动形象；在于所用的材料是否贴切，是否典型，是否新颖，材料与观点的关系是否协调，是否和谐，是否圆合；其刻画的形象是否具有“灵动”“沉稳”的特质。

王雷：高老师的分析无疑是准确、全面和深刻的。今年江苏省的高考作文命题确实是脱离了学生的实际的，但问题不在这儿。

纵观中学作文教学和高考作文命题、评分标准以及所谓优秀作文，我越来越感觉到，我们对“作文”的理解存在严重的偏差。究竟什么是作文？作文究竟是怎么回事？为什么要写作文？写什么？怎么写？谁在写？写给谁？这些问题需要进一步梳理和澄清，否则，中学作文教学永远在黑暗中摸索，永远没有出路，永远是出力不讨好，永远是事与愿违和愿与事违。高考作文也只能永远沸沸扬扬轻狂浮躁不得要领——一句话，就是我反复说的：作文教学基本上是在胡闹！当然，我们的语文教学不是在胡闹吗？我们的中小学教育不是在胡闹吗？进一步讲，放眼当下的中国，从政治到经济到文化，有多少事情是以严肃认真和真正对人、对历史高度负责的精神在做的呢？这也是我在说到作文教学说到语文教学说到中小学教育时常常越想越无趣、越说越没话说的原因。

好了，不说这么远了，作为一个中学语文教师，还是关注一下自己这档子的事儿。不过，我还是要强调一下，今天我们讨论任何一个具体的事情，都不能离开当下中国社会这个大的背景和环境,否则,只能陷于技术主义和犬儒哲学的泥潭!

中学作文教学的问题究竟在哪里?问题很多,一言难尽。我只讲一点,而这一点是最根本和最要命的一点:虚假。从感情到心理,从言语到思想,乃至从人物到事件,都可以胡编乱造,胡搅蛮缠,装腔作势,无病呻吟,矫揉造作,卖乖装傻,虚情假意到自己都不觉得甚至还感动自己的程度,学生的作文尤其是应试作文基本上没有真感情、真体验、真思想、真个性、真话语和真事件。我批改学生的作文常常感到痛苦不堪,完全是精神折磨。

为什么我们不能让学生说两句真话呢?作文教学能不能从说真话开始?说一些真实的事情、真实的感受、真实的体验、真实的情感、真实的想法……其他什么也不要!什么中心突出,什么辩证思维,什么结构完整,什么文体意识,什么思想健康……让它们统统见鬼去吧!

这位考生无疑是一个有相当语文和写作功底的学生,就考场作文来说这的确可以算是一篇非常成功的作文。仔细阅读这篇文章,发现作者的思路非常清晰。结构严谨,行文流畅,语言生动利落。从内容上讲,作者选择沈从文的“文”和“人”从“灵动”和“沉稳”两个方面进行解读,应该是比较准确特别是紧扣了话题的。但是,正像蔡老师所言,这篇文章充其量还是“代命题者立言”“演绎别人思想而没有自己观点”的文章。下面我简单地分析下这篇文章——

喜欢《边城》,喜欢沈从文;喜欢沈从文,于是喜欢上了沈从文笔下的山山水水。

(开篇点题,紧扣山水。)

人们常说:一方水土养育一方人。喜欢上沈从文笔下的我突然悟到:从文先生就是一条河,从文先生就是一座山。

(这一段共两句话,这两句话之间没有联系,第一句话应该去掉,另外“喜欢上沈从文笔下的我突然悟到”这句话有语病。这一段的作用是点出“从文先生就是一条河,从文先生就是一座山”以领起下文。)

水有水的性格——灵动。从文先生性情如水，文笔如水，在那清澈的文思中涌动的是最纯净的人性之水。

在现实社会中，我们听过看过太多太多的爱情故事，可有哪一个如翠翠的爱情那样不沾一丝世俗之气。

于是，当烦恼接踵而来时，我乐意拿起《边城》，走进从文先生水的世界，在那里，我听到湘西水轻轻流淌；听到船夫豪亮的歌声，品味翠翠如水的情思和爷爷如水的爱。

从文先生这样的写了，也是这样的爱了，爱得执着，如灵动的水常年保持一色的蔚蓝。他的爱人在他死后多年也终于悟了从文先生这份纯真的爱。

（这四段是写“水的灵动”，然而文中根本没有谈到灵动，“清澈的文思”“纯净的人性”“不沾一丝世俗之气”“如水的情思”和“如水的爱”等等均与“灵动”无关。妙的是最后一段从从文的“文”过渡到从文的“人”，而且又引用了材料中“灵动的水常年保持一色的蔚蓝”。）

山有山的性情——沉稳。从文也无疑是一座山，他有着山的秉性。在“文革”期间，人们误解了他，伤害了他，他却毫不在意，他不争，当无知的人们要他去打扫女厕所时，从文先生认认真真地做了。他用大山的沉默去回击这群无知者的攻击。

沉稳的大山在四季中却能变幻出不同的色彩，这无疑是对从文先生最好的评价。大家都知道从文先生是著名作家，殊不知从文先生也是著名服装研究专家。

在一本书中看到这么一则关于从文先生的故事：在“文革”中，从文先生辛辛苦苦写出的《中国服装史》被没收弄没了，但从文先生硬是又写出了一本。

（这三段是写“山的沉稳”。作者举了两个例子，一是文革期间被迫打扫女厕所，以表现他的沉稳；一是从文先生还是著名服装研究专家，以表现他像“沉稳的大山在四季中却能变幻出不同的色彩”——这是原材料里的话。我觉得这两个例子都不恰当,如果稍微了解一点那段历史,就知道这两件事都只是表现了知识分子的屈辱、辛酸和无奈。)

这就是我们可亲可爱的从文先生:一条汩汩流动永远不会停歇的河流,一座四季常青生机盎然的大山。

在那湘(沅)江畔,你去走一走,去看一看,去听一听,你看见一位书生在书写、在吟唱了吗?

书写,书写山的传奇,

吟唱,吟唱水的多情。

(总结上文,照应开头,紧扣"山""水",抒情作结。)

从上面的分析可以看到,这篇文章既写了"水的灵动",又写了"山的沉稳",还写到了"灵动的水常年保持一色的蔚蓝"和"沉稳的大山在四季中却能变幻出不同的色彩",也就是说材料里所揭示的诗意和哲理都写到了,而且所有这些都是从沈从文的"文"和"人"来生发的,换句话说,作者是从沈从文的作品和为人中截取了一点材料诠释和演绎了一下命题人提供的哲理性抒情小诗的内涵。当我们考虑到,所有这些工作都是在这么短的篇幅里和这么短的时间内完成的,我们能不感到惊讶吗?至于文中诸多牵强附会之处也就是难免的和可以原谅的了,事实上它们也的确被阅卷老师忽略过去了。

这位同学的写作技能或者说应试技巧是无可挑剔的,完全可以说是训练有素,加上他(她)本身有一定的阅读面和写作修养,可以这样说,任何现行模式下的高考作文题都难不倒他(她)!岂止难不倒,完全是驾轻就熟,玩于股掌之间,然后"提刀而立,为之四顾,为之踌躇满志"。这正是我们语文教师费尽心机、梦寐以求希望学生达到的境界啊!

然而,我还是要说,这不是作文!

关于“同情”（附录：一次作文讲评课的部分课堂实录）

孟子说：“恻隐之心，仁之端也。”英国学者罗素说：“爱情和知识，尽其可能地把我引上天堂，但是同情心总把我带回尘世。”

什么是同情（心）？大致说来，它是一种心理活动和情绪状态，就是当人们看到或听到他人的不幸时所产生的痛苦不安的感情。这是人皆有之的发乎自然本性的情感冲动，所以同情一般不带什么功利目的。这是一种很重要很宝贵的人道主义感情。

为什么要有同情心？为什么要努力培养和珍惜这种同情心？我想引用美国人类学家摩耳的一段话，他说：“凡人都是同胞。我们都来自相同的生命的源泉，我们都同样地易感受苦痛，同样地有弱点，走入同样的最后命运。我们应当互相挽着手，我们应当结伴。现在的世界是一个灰色的世界，我们就算不互相为难，也还有不少的忧虑，如饥饿、火灾、地震、风浪、疾病、死亡等等。我们应当互相信托，互相亲爱，互相同情和扶助，忍耐和宽恕。”（《蛮性的遗留》）中国有句成语叫“同病相怜”，“病”就是痛苦的意思，最大的痛苦是死亡，而死亡是所有人的宿命，各人有各自不同的命运，但最终的命运是相同的，所以人们应当“相怜”。“人之异于禽兽者几希”，摩耳认为这“几希”就是人类具有良知，能够同情。

懂得同情的人是幸福的,懂得同情的世界是芬芳的。然而,在学生的作文中,我们发现有相当多的同学对“同情”有着这样那样的误解和偏见。

一、“同情心”与“实际行动”

有同学把这两者进行比较,认为实际行动比同情更重要。但是,同情心和实际行动属于不同的范畴,很难比较出谁更重要。前者是一种心理和情感状态,后者是一种外在可见的客观行为,它们有时是一致的,有时则是不一致的。比如说捐赠,首先,捐赠是一种行为,它本身不是同情,因为同情是一种情感,但它可能是出于同情心的驱使,也有可能是出于其他意图和目的,比如心理安慰、灵魂救赎、沽名钓誉、炫耀、广告宣传等。后一种情况的确存在,但不能作为否定同情的理由,因为他们的行为与“同情”实质上没有多少关系。另一方面,我们对富人的资助行为也不应该有过多的猜疑。他们的行为在客观上帮助了处于困境中的人们。我们看到的是客观效果,至于他的主观动机还仅仅是猜测。

有同学写到,如果有人落水,你站在岸上大喊“我同情你啊”“我可怜你啊”等等,那么这种同情有什么用呢?只有同情而没有行动是不能解决问题的,所以行动更重要。这里有两个问题需要澄清,首先,这不是同情,而是残忍。其次,同情心和实际行动,两者的作用是不一样的,前者是精神力量、情感力量和心理力量,后者才会产生客观、实际的物质力量,解决实际问题不能光是靠同情心,但不能因此就否定同情心,这本身就不属于它能解决的问题范围。所以,同情心和实际行动谁更重要,这是一个伪问题。

再者,不是所有的人在所有的时候都有做出“实际行动”的能力和条件,如果总是把这两者放在一起比较——这种比较对“同情心”是不公平的,说同情心没有意义,不能解决问题,我们需要有实际行动云云,这就给了一些人用“行动”把自己打扮成富有同情心和亲和力的形象的机会,而让另一些人羞于表达自己的同情心,从而逐渐丧失同情心。

二、同情与自尊

有人害怕同情，认为同情是一种侮辱，一种伤害。有同学说，只有弱者才需要同情，滥施同情会使对方丧失自尊和人格等等。

我就不明白，付出同情被讥为愚蠢，接受同情又被认为是软弱，为什么同情，这种人类最美好的感情之一，在现在的青年学生眼里是这么可怕的东西，以至避之惟恐不及呢？

硬是充当强者，鄙视、拒绝别人的同情，认为侮辱了自己，这是大可不必的。孟子说："夫人必自侮，然后人侮之。"如果你确实是一个自尊自强的人，别人又怎么能侮辱你呢？

再说，你能拒绝别人的同情吗？比如说，你正处于困境中，你可以选择自强自立，不需要别人的帮助，不需要别人的怜悯，这时，别人给予你物质上的帮助，你拒绝是可以的，但为什么一定要认为他是在侮辱你呢？再说，你拒绝的只是别人的实际帮助（行为），而不是别人的同情（内心情感）。如果这个困境是自身的力量根本无法解决或很难解决的，这时在外界的帮助下可以较快地摆脱困境重新站立起来，为什么不接受？接受了就没有自尊了吗？伪装强大恰恰是自卑的表现，说明你还没有强大到能够坦然地接受别人怜悯的程度。强弱是相对的，强者有软弱的地方，弱者有坚强的方面。如果一个人要存心侮辱另一个不幸的人，面对嗟来之食，不幸者有三种选择：一是拒绝，把侮辱还给对方；二是勇敢地接受，一个真正自尊的人是不可能被侮辱的；三是摇尾乞怜自鸣得意，这才是一种侮辱，但究竟是谁侮辱了他，不是别人而是他自己。以上三种情况，都跟同情无关：存心侮辱，何来同情？

三、同情被利用，不是同情心本身的错

同情心被利用的情况的确有。一种是到处兜售自己的痛苦，博取别人的同情和帮助，甚至骗取别人的钱财；还有一种是救人反被诬，以怨报德的

“农夫与蛇的故事”之类的事情，这暴露出人心险恶的一面，对正直善良的人的伤害是巨大的。但是同情者的情感是圣洁高尚的，被别有用心的人利用了，这是别人的错，而不是他的错，更不是这种情感本身的错。

还有人把自己伪装成富有同情心，以获取公众的支持和拥护，这也不是同情心的错，相反，这恰恰证明同情心是好的，他为什么不把自己打扮成富有嫉妒心或淫邪心呢？

附：课堂实录（部分且经整理）

（材料：学生问老师，什么叫做“有修养”。教师说：“看见别人摔倒在地上不笑，看见别人受苦心中不忍，这就行了。”学生问：“这不是很容易做到吗？”教师说：“你去试试看。”请以“同情”为话题，自拟题目，写一篇议论文。）

……

师：多数同学在文章的前半部分写什么是同情，为什么要同情等等，都写得很好。到后半部分出现了下面这样的论述，大家讨论一下，有没有什么问题？

（1）同情要看对什么人，对坏人不能讲同情，对敌人怜悯就是对人民残忍。

（2）弱者才需要同情，同情并不能真正帮助别人，反而会损害他们的自尊和自立。

（3）光是同情不能解决问题，应该有实际行动，行动比同情更重要。

生：我觉得这几点都讲得很好啊。我看不出有什么问题。

师：如果孤立地看这几点，好像没有什么问题，这些道理似乎也都讲得通，它们也几乎成为我们的共识。现在，我们把它们放到文章中去，结合文章的中心和议论文写作的要求，具体分析一下。当然，我不是说一定不能这样写。我们可以跳出这次作文本身，联系社会现实，更广泛地讨论“同情”这个话题，这样可以提高我们的思想认识，同时也锻炼我们的思维能力。

生：以上三点都是对“同情”的不同程度上的否定。如果文章的中心论点是“我们要有一颗同情心”之类，那么行文到后半部分，说光有同情没有用，还要有实际行动，或者说有些人是不需要同情的，有些人是不应该同情的等等，这样写就偏离中心了。甚至像前面讲到的情况那样，走到自己的反面去了。

师：有道理。我们反复强调，议论文要围绕中心展开论述，中心论点要一以贯之。

生：我不明白。我先讲我们要有同情心，再讲同情也是有尺度和分寸的，要看对象和情况，不能滥施同情，最后讲同情心不能解决全部问题，还需要有实际行动。这样写怎么就走到自己的反面去了？我是在逐层深入地分析问题呀。

生：是啊，我也觉得这样写比较全面，还表现出辩证的观点，没有把话说绝对，应该是很有说服力的。

师：其他同学还有什么看法？

生：正反论证应该怎样理解？如果我们说对弱者需要同情，强者不需要同情，或者说应该同情好人，不应该同情坏人，这是不是正反论证？

生：我们谈的是“同情”这个话题，还是“我们要有同情心”这个中心论点？

生：对，如果是“同情”这个话题，上面的写法当然可以，如果是围绕“我们要有同情心”这个中心论点展开论述，上面的写法的确有偏离中心甚至无意中削弱中心的问题。

生：就是谈“同情”这个话题，作为一篇议论文来说，你还是要有一个中心论点。因为“同情”本身不是中心论点。

师：对，中心论点应该是在某一个问题上你的观点、态度、意见是什么。比如在“同情”这个问题上，你的看法是什么呢？当然，你可以说“我们每人都应该具有同情心”，也可以说“同情心比实际行动更重要”或“实际行动比同情心更重要”，还可以说“同情要注意尺度，要分清对象”，但你一旦选定了什么作为你的中心观点,那就应该始终围绕这个中心论点展开论述。论述时可以用正反论证,但这儿的“正反”应该是同一个观点的正反两面,而不是两个不同的观点。

比如说,你的中心论点是“要有同情心”,正面论述是“同情心”的作用和好处,反面论述是缺乏同情心的害处,这样,反面论述还是为正面论述服务,有力地支撑自己的观点。如果你一方面讲要有同情心,接着又说不能滥施同情心,甚至说同情心并不重要,那不是一步步走到自己的反面去了吗?前面搭台,后面又自己拆台,这样的文章看上去讲了很多,孤立地看似乎也有道理,但放在一起,互相矛盾,互相抵消,最后等于什么也没有讲。所以我们特别声明:一篇文章解决一个问题,把这个问题讲深讲透就行了。不要面面俱到,什么问题都想讲,最后是蜻蜓点水,什么问题也没有说充分说透彻。

生:我还是不明白。我一方面写要有同情心,另一方面又说不要滥施同情心,这怎么互相矛盾呢?这不正是辩证地看问题吗?

师:什么是同情心?我们很难给它下一个确切的定义,大致说来,它是一种心理状态,就是当我们看到或想象到他人的不幸遭遇时所产生的痛苦不安的感情。这是人际交往中一种很重要也很宝贵的人道主义感情,它能多少克服人的自私和冷漠,使人和人的关系趋向于和谐和亲密。这种认为人和人是同胞,应该互相关心和体恤的感情在有些人身上表现得强烈和丰富,在另一些人身上显得很微弱甚至丧失殆尽。面对同情心日渐丧失的现实——这当然有很多复杂的原因,比如学校和家庭教育的欠缺,文化传统和现实体制的弊端等等,我们不是呼吁和鼓励,而是大讲不要滥施同情甚至扬言要拒绝同情,这至少是无的放矢。就“滥施同情”这个说法本身来看,也是禁不住推敲的。什么叫“滥施同情”?是不是说,同情要有尺度,要分清对象?我在同情之前,还要先了解“对象”的有关背景资料,然后决定要不要同情、同情到什么程度,这样“精打细算”的同情不是太麻烦了吗?当我看到一个人从楼上摔下来,满身是血,伏在地上痛苦地呻吟,我自然会产生一种怜悯之情，无论他是学雷锋做好事的少先队员在帮邻居奶奶擦窗户时不小心摔下来的，还是一个小偷在行窃时被主人发现慌不择路夺窗而逃而摔下来的。就算我知道了这些情况，我还是会同情后者，因为这个小偷可能是一个下岗工人在遭遇了巨大的物质贫困和心灵折磨之后的第一次笨拙的铤而走险。再进一步讲，就算是一个恶棍吧，一个危害社会的渣滓，一个恶贯满盈的罪犯，当他被押赴刑场之际，我尽管深知他罪有应得，但还是不由得产生怜悯之情：他为什么会选择这样一条人生道路呢？这种同情当然不会促使我去劫法场，也不会赞成那个被生活所迫的人去偷窃，这跟同情是两回事，这是起码的是非观念。人的堕落是可憎的，这是是非观，也是可怜的，这是基于对人的处境的理解而产生的情感认同。这两者是可以并存的。

生：我听得似懂非懂。刚才说到"同情心"与"实际行动"谁更重要的问题，能不能给我们分析一下？

师："同情心"和"实际行动"谁更重要？这实际上也是一个似是而非的问题。其实很难在这两者之间比较出谁更重要，因为他们属于不同的范畴。前者是一种心理状态或者说思想意识，后者是一种客观行为，它们有时是一致的，有时是不一致的。有些行为是由同情心激发的，这种行为就是真诚的；有些行为却是出于其他动机和目的，比如说看望、慰问、捐助等行为可能是出于显示一种关心的姿态、沽名钓誉、炫耀、广告宣传等等，而同情倒是次要的甚至根本就没有同情。我为什么不太赞成"实际行动比同情心更重要"这个说法？我们知道不是所有的人都有做出"实际行为"的能力和资本，这就给一些人用"行为"把自己打扮成富有同情心和亲和力的样子的机会，而让另一些人羞于表现自己的同情心，从而逐渐丧失同情心。具体例子我就不再举了。

我不知道我有没有把问题讲清楚。一个看似简单的问题，如果深入分析下去，会有很多话说。这是一种功夫，我们要努力锻炼这种分析说理的功夫。我再强调一次，写议论文，要围绕一个中心论题深入挖掘分析，不要动不动就转移话题。有些同学对辩证法的理解恐怕过于简单和庸俗了,以为,这也说说那也说说,正过来说说再倒过去说说,就辩证了,就全面了,就无懈可击了,这其实是一种两头讨好的滑头主义,是各打五十大板的不负责任的做法。你一定要有自己的态度、自己的观点,并把它坚持下去。

生:我在写"要有同情心"时,写了什么是同情心、为什么要有同情心之后,感觉到没什么话说了。于是就想啊,想啊,很自然地就想到对什么人要讲同情,什么人不能讲同情,想到同情不能取代法律,想到光有同情不行,还要有实际行动才能真正帮助那些处于困境中的人,口头上的同情往往是廉价的,还想到同情不等于施舍,要尊重对方的人格等等。于是就赶紧写,写着写着,终于有了800字了。

师:你的描述很生动,这是有真实感受的,而且,的确代表了大多数中学生写议论文时的真实状况,也揭示出了中学生写议论文的普遍困境。

生:是的,议论文说来说去就是这么点道理,这个道理谁都知道,什么"有志者事竟成"啊,什么"自信是成功的阶梯"啊,什么"勿以善小而不为"啊,什么"做人要讲诚信"啊,什么"助人是快乐之本"啊,什么"坚韧——我追求的品质"啊,等等,这些道理都是不言自明的。所以,拿来叫我们写议论文,实在不知道怎样展开论述,只能东拉西扯,把与中心论点有关无关的问题都拿来说说,凑足字数就算了事。

生:是啊,议论文说难写,还真难写,说好写也好写。主要是没有能力把问题深入下去,写着写着就没话说了,只好转入与此有关的另一个问题上去说几句,我有时也觉得论题不统一,这也说说,那也说说,然后罗列一些事例,如果想到什么名言警句也赶紧用上。有时自己觉得这样写真没意思。

师:大家的"苦经"我很能理解,但议论文还是要写。我觉得写议论文是锻炼人的思维能力和提高人的思想认识的途径之一。

作文：心灵的自由？

我让高三学生做过这样一篇作文：

题目：北大山鹰社5名登山队员因雪崩遇难，此事引发了一场激烈的争辩。更多的人对北大学生暑期冒险登山的行为本身持否定态度。对此一位北大学生说："每个人都有不同的价值观，我们喜欢登山是因为它使我们感到生活有意义，我们登山不是为了钱，而是为了心灵的自由，这是我们个人的选择，与其他人无关。"你同意这位同学的观点吗？

要求：请以"心灵的自由"为话题写一篇作文，题目自拟，文体自选，不少于800字。

除了常规作文训练外，布置这篇作文同时也是想了解一下学生对"自由"的体验和认识，看看现代中学生对被主流社会奉为至宝的中心价值观念之一的自由是怎么看的。

简单地讲，自由就是自己做主，自己决定做什么，怎么做，并承担相应的结果。这是人的天赋的权力，当然，在行使这个权力时必须以不妨害别人的自由为前提。我们所讲的自由应该同时是指行动的自由和思想的自由，因为如果纯粹指思想自由，那是没有意义的。如果没有言论自由，那思想自由有什么意义呢？内在的思想自由本来就是无法剥夺的，对于一种无法剥夺的东西，实际上也不存在什么自由不自由的问题。自由是相对于不自由而言的，只有一种东西是可以被外力阻止的，我们才去谈论如何冲破阻力争取自由的问题。当然，“自由”是一个非常复杂的概念，撇开其学理意义不谈，它在日常生活中的使用意义也很庞杂，言人人殊。我原先认为学生是一个身心都没有完全成熟的特殊的群体，作为正在成长中的青少年，从总体上说，他们是受压抑的弱势群体，面对父母、教师等成人强势群体，他们肯定有不同程度的不满和对抗情绪。这本来就是一个充满叛逆精神的年龄，这也是一个有着很多梦想和憧憬的年龄，总之在这个年龄应该有着向往和追求自由的强烈愿望。我觉得他们应该比较容易认同北大学生的想法和做法。然而我没想到，学生作文中却很少看到他们对自由的礼赞和心仪，听不到青春激荡的心灵呐喊，相反倒是充斥着对自由的冷漠和误解、讥笑甚至谩骂。请看他们说的话（错别字和病句原样保留）——

● 北大某学生觉得登山使他们的生活有意义，难道不登山的北大学生都在无聊度日吗？登上山顶，有了一览众山小的愉悦，有了一种征服自然的强满足感，这就获得了心灵的自由？我觉得鄙视，他就是把“心灵的自由”几个字用自己的浅薄粘（似应是“玷”）污了。还有最后一句话，这是我们个人的选择，与其他人无关，更是狗嘴吐不出象牙，你好好的，谁管啊，不就是因为出事了，引起了全社会的关注，想想国家培养一个大学生容易么，既然抱这种想法为什么不一出生主动投身于荒山野林（似应是“岭”），你是死是活与他人何干？这样的人还能上北大唉！

● 再看这一句：“这是我们个人的选择，与其他人无关。”好一个“无关”，一句话把责任，后果与及一切的东西都抛开了，亏你们还是北大人，还是经高考选拔的理智的典范，在这个问题上的思考怎么就这么偏激还有些幼稚，我选择盗窃，杀人来满足自己对物质的追求，这是我的自由，行吗？也许有人会说这个比喻不太恰当，然而事实正是这样，自己追求绝对的自由，往往会伤害到他人。在这件事上，登山队员追求心灵上的绝对自由，而后果则是使家人，同学，朋友在心灵上受到了极大的伤害，这不是心灵的自由，这是心灵的自私！

心灵的自由不是心灵上的自私与放纵，而是一种理性的放松，是在不伤害别人情况下的一种心灵上的宽松。如再听到“这是我的自由，与他人无关”“我们是追求心灵上的自由”之类云云，恐为众人所笑耳。

● 好一个“义正严辞”的“与其他人无关”——我死归我死，就是死也不容他人置喙！

这就是我们受过最高等教育的学生，他们有着多么自由的心灵啊！

我说，一群高智商的弱智者！

我们的教育怎么了，我不知道，但我知道，在这种制度下走出来的人他们的确连什么是自由都不懂。一个普通的人不会去冒险攀爬一座大雪山，可为什么受过高等教育的大学生却偏偏这么做呢？还美其名曰“追求心灵的自由”！也许你会说，他们正是受过高等教育，所以境界比常人要高，如果害怕困难就放弃追求的话，那是没有意义的人生。可是，他们登山追求的是什么呢——对别人、对社会毫无意义，无非是满足自己那自由得有些过分的心灵需要。平安的(应为“地”)活着和没有现实意义的(应为“地”)死去，哪一个境界更低——显然是后者。受到高等教育的人境界低，这是一件恐怖的事情。

再看那位北大发言的学生，“大无畏”的精神中傲气十足：我们是北大的学生，我们不是你们一般人可以比的，你们没有资格对我们做的事妄加评论！乖乖不得了。真想厉质他：“你有父母朋友吗？你既然不是石头里蹦出来的，你的行为就要受到制约——来自你父母、朋友、师长的制约。”啊。我要自由！你们不要管我；你们妨碍公民人身自由；我知道你们犯了某某法某某条；你们没有追求；我要追求心灵上自由，创造一个有意义的人生；炸碉堡、堵枪眼，学习先烈，勇往直前，赴汤蹈火，粉身碎骨，在所不惜；走自己的路，让别人去说吧！

● 我们每个人不是活在理想的世外桃源，我们是活在真实的社会中，每个人的肩上都自然地担起了责任，这些责任是我们不得不去面对的，不能说承担了这些责任是一种崇高，但是，没有承担这些责任，就是一种不折不扣的自私！

在真实的我们中，这种为自由而舍弃一切的思想太过浪漫，只能是一种闲暇时消遣的精神食粮吧。

当然，我不否认我们得追求自由，心灵的自由，是一种对被束缚心灵的一种释放，而这种心灵的放飞，我们自己随时可以做到，只要看你是否会去做，是否能做到。同时，有一点可以肯定的，心灵的放飞，一定不是非得去登山才行，更不是等死了才能做得到。

● 不少中学生都在自己的作文里呼吁社会家庭多给他们一些自由，还有类似于“让我们去追求心灵的自由吧”之类的句子。在这些稚气未脱的字句中，以及北大学生的言论中，我看到他们所谓“自由”的片面性，看到他们看似理直气壮的言语下所隐藏的自私。追求心灵的自由不仅需要勇气，更重要的是理智地把握自由。

材料中北大学生声称：为了“心灵的自由”，与他人无关。这样的观点暴露了他们思想的局限性、片面性，缺乏理性思考。他们认为追求心灵的自由，就可以完全凭自己的意愿，“自由”地选择，“自由”地去做任何事。这种自私的观念正好反映他们以自我为中心，只顾个人利益的思想缺陷，更反映出当代大学生思想观念普遍存在的通病。在做出行动前往往过于冲动，缺乏理性思考，往往容易酿成悲剧，正如材料中5名学生遇难的结果。这是一味追求“心灵自由”，不能理智看待事物，盲目行动付出的代价。

自由是相对的，世界上没有绝对的自由，心灵的自由也许也是这样。所以在追求心灵自由的同时就要理性分析自己周围环境中的各种因素，冷静地看待自由与现实之间的矛盾冲突，做出恰当的决定。

如果像材料中的大学生一样为了追求自由而置登山的危险而不顾，不能理智地做出决定，完全以自己的意愿做指导，就太理想主义了。而现实中的我们受到了这样或那样的束缚，肩负着许多责任。我们不可能自私地抛开社会、家庭予于我们的责任、牵制，完全追求所谓心灵的自由。即使做到了，也不具有什么太大意义。因为这所谓的心灵的自由充斥了太多的自私、逃避以及个人主义，将会对国家社会造成损失。这以损害别人利益为代价的自由是极不负责任的。

● 心灵的自由到底是什么？难道它真得(应为“地”)可以使我们放弃生命和爱情？我一直不太赞同这样的观点。爱情不敢讲，关于生命，我们都是学过自然科学的，我们知道生命对于每个人来说仅有一次，生命都失去了，还谈什么爱情和自由呢？我们当然不会像练法轮功的人那样想着死了以后能干嘛干嘛，也很少有什么别的宗教信仰，活着，是我们作为一个人最基本的要求，只有活着，我们才可能让生活变得有意义，才可能拥有一切，当然包括自由。像北大那几个学生，二十几岁的青年，正值青春涣(应为“焕”)发之际，却已经要离开了人世，有的人说他们干了一件有意义的事，死而无憾，那其实全是一些慰籍的话，有谁希望自己在二十多岁时就结束了生命？若继续活着，他们一定还能得到更多的自由，更广阔的天地。

● 其实，人在世界上，总是和其他事物和人保持着一定联系的。这种联系就是约束的范围。举个例子，你自焚了，好像是你自己的事，但是，大的说，你给环境带来了污染，你给人民当家做主的中国社会的稳定繁容(应为“荣”)带来了伤害，小的说，你挂了，你的家人，亲戚，朋友，老师，同学……会为你的死而伤心欲绝，他们因为你而伤心，而你能说：“这是我自己的事，不关其他人的事……”吗？显然不能。

他们不能理解北大学生登山的行为：放着好好的书不读，去爬什么山？更不能理解“心灵的自由”为何物，他们对“自由”竭尽嘲讽之能事，嘲笑登山者不冷静、不理智、不现实，讥讽登山队员们盲目、幼稚甚至弱智，斥之为自私、逃避和个人主义,然后大谈活命哲学:“活着,是我们作为一个人最基本的要求,只有活着,我们才可能让生活变得有意义,才可能拥有一切。”在他们看来,北大几名登山队员的死是毫无意义的,甚至给国家、社会和家庭都造成了损失,真是死不容诛。怎么能说“这是我们个人的选择,与其他人无关”?难道你是从石头缝里蹦出来的吗?也就是说,一个人不只是他自己的,国家培养一个大学生容易吗?家庭抚养一个孩子容易吗?你何以回报社会呢?总之,作为学生就应该好好读书,增长才干,以便报答父母,报效国家,其他事情不要去想,更不要去做。

这一套话语我们很熟悉,它不正是我们教师和家长经常挂在嘴边教育孩子的话吗?它们已经被学生熟练地掌握并娴熟地运用起来了,甚至还有过之而无不及。看看学生作文中一副义正词严的样子,真让我感慨万端:我们该明白什么叫报应了吧。等到他们做了父母,做了教师,会怎样呢?又能怎样呢?

然而,我们又怎能责怪学生呢?他们确实不懂自由为何物,他们在成长过程中没有享受过真正的自由,没有体验过真实的自由,我们从未在他们的心灵中播下过自由的种子。相反,在他们成长的过程中,人类与生俱来的自由天性被一点一点地剥夺,自由的想象被挖苦讥讽,自由的言说被打断,自由的阅读被阻止,自由的活动被取消,自由的空间被挤压,自由的创造被冷落,自由的翅膀被折断,自由的心灵被堵塞,自由的精神被阉割……

“自由”,在我们的日常用语中从来就是一个贬义词,他们从来不知道人原来也可以而且应该自由地享受生命,生命的本质就是自由,没有自由,就没有生命,没有自由,就没有一切。是的,中国的孩子其实是没有生命的,或者说他们的生命是没有尊严的,他们作为个人是没有独立价值的,他们是一群生物,他们是父母的私有财产,他们是学习的机器,是考试的工具,是学校的一个统计数据,是教师实施教学的道具,是被争夺的生源,是被丢弃的废物,是集体的一员,是家庭的一员,是社会的一分子,是国家机器上的一个螺丝钉等等。

在我们的语汇中，“个人”同样是一个不好的词语，谁被冠以“个人主义”的恶谥，无疑被打入另册。在成长过程中，我们被反复告诫“个人”是丑陋的，不体面的，没有意义的，不能独立自足的；孤僻是不好的，要融入集体中去，不要总是想着自己；特立独行是要不得的，想想你的朋友同学，想想你的父母亲人吧，一滴水是很容易干涸的，要融入大海中去，才能实现自己的价值，不要一意孤行，不要独来独往，要和群众打成一片。总之，我们被灌输的思想就是：永远不要喜欢自己；不要沉浸在自己的小天地里，要投进集体的温暖的怀抱中去。然而，吊诡的是，中国文化一方面铲除了“自我”的疆界，让“个人”几无立足之地，另一方面又造就了一大批极端自私的蝇营狗苟之徒。这看上去是矛盾的，其实，后者是前者的必然结果。“个人”被铲除之后，他就失去了存在的根，也就没有了灵魂，中国人的生存是没有精神这个维度的，没有精神维度的存在是很可怕的，他不知道生命的意义，他不知道自己为什么要活，我作为单个的人活在这个世界上干什么？而且就活这么几十年，然后又死掉了，消失了，没有了，这是怎么回事？它的意义和价值在哪里？世界上任何其他文化，都严肃地思考过这个问题，并给出了答案。中国文化从来不思考这个问题，当然也就不会给出什么答案。这真是要命的事情！然而中国人还得活啊，找不到形而上的意义，那就只能抓住形而下的东西，那就是物质、身体，那就是现实利益，它是看得见摸得着用得上的，马上就可以满足自己的身体需求的，在身体的充分喂养中得以颐养天年，倒也不错，这就是中国人的“活命哲学”。

现在冒出几个“愣头青”，说是要寻找“生活的意义”，而这个意义却要从登山中寻找，还说什么登山是为了“心灵的自由”，这叫一般的中国人怎么也想不通。最后他们把命丢了，这终于让那些想不通的人放心了：“我说嘛，什么‘生活的意义’，什么‘心灵的自由’，现在好了吧，玩完了吧！唉，不听老人言，吃亏在眼前。好了，死的反正也死了，活着的，你们，不要再整天胡思乱想了，回教室，看书，准备期末考试！”这也解释了为什么中国文化不去思考“生活意义”的问题,不去探索“心灵自由”的问题,因为这些问题都太个人了,中国的大一统文化是仇视个人的,是要消灭个人的。设想一下,如果大家都个人了,都找到属于自己的生活意义,都发现了个人的生命价值,都在追求自己的心灵自由,那怎么管得住他们呢?那谁还会听话呢?怎么才能让他们乖乖地“回教室看书”呢?

经常在电视上听到一些党政官员声情并茂地感慨道:“我们的老百姓真好啊!”我似乎也要感慨:我们的学生真好啊!他们这么有“思想”,懂“道理”,能够替国家、替父母着想,甚至想得比我们还要多,还要远。但这是他们写在作文里的话,是不是他们的真实想法呢?好像是,又好像不是。学生作文里的话,你可不能全信,他们早就掌握了两套甚至更多的话语方式,知道什么时候说什么话(这也是跟我们大人学的!),中国人的生存智慧可发达了。我要说的是,不管是哪种情况,我都深感绝望!

道义的力量

——为自杀者一辩

从一篇作文说起。

作文的题目是这样的：

阅读下面文字，根据要求作文——

在“文革”中，一位老音乐家被下放到农村为牲口铡了整整七年的草，等他平反回来，人们惊奇地发现他没有憔悴衰老。他笑道：“怎么会变老呢？每天铡草我都是按 4/4 拍铡的。”而另一位音乐家——杰出的女钢琴家顾圣婴，在“文革”初期便自杀了。隐身在音乐的象牙之塔中，当风暴袭来，她心目中神圣美好的东西被践踏时，她选择了死亡来抗争。

面对厄运，两位音乐家作出了不同的选择，把这样一组前后对照的材料交给学生，命题者的意图不说险恶，也是暧昧的。由于学生并不了解“文革”对于当时的知识分子来说究竟是一场什么样的灾难，而是把它当作生活中一般的困难和挫折，所以，很多学生在作文中很自然地褒前者贬后者，并且理直气壮，完全是一副不容分辩的口气——

生活哪能一帆风顺呢？前途是光明的，道路是曲折的，困难和挫折是无法避免的，怎么能遇到一点困难就退缩、害怕、逃避甚至放弃呢？困难像弹簧,你强它就弱,天将降大任于斯人也……生于忧患,逆境出人才嘛,遇到困难要坚强一点,要乐观一点,要笑对人生嘛,退一步海阔天高嘛,小不忍则乱大谋,留得青山在不怕没柴烧嘛,好死不如赖活着嘛,你这样死有什么意义呢?对得起党对得起人民吗?对得起父母老师吗?对得起你自己吗?不要做懦夫胆小鬼,学学海明威贝多芬……想想司马迁,忍辱负重发愤著书,想想爱迪生失败了一千次,他放弃了吗?还有海伦·凯勒,还有诺贝尔研制炸药,炸死了自己的弟弟和几个工人,自己也被炸得皮开肉绽,他放弃了吗?再想想牛顿坐在树下被苹果砸了,他放弃了吗,还有岳飞文天祥,他们容易吗?……

谁都知道,生命是宝贵的,应该格外珍惜,不能随意糟蹋,更不可轻易放弃。但是,活着是需要理由的!理想、信仰、精神、人格、尊严、自由等等,当这一切都不复存在的时候,有的人会选择不再继续活下去。对于这样的选择,我们该说些什么?我们感到痛心、惋惜和悲悯,我们不同意,但我觉得我们还是应该尊重他们的个人选择。站着说话不腰疼,对一个已死的人指指戳戳,我觉得至少是不够厚道。有个同学甚至说:连动物都有求生的本能……你顾圣婴难道连动物都不如吗?是的,连动物都有求生的本能,但是动物不会自杀,所以它永远成不了人。只有人才会思考生与死的问题。"生存还是毁灭,这是一个问题",这是人的问题,而不是动物的问题。

由此看来,学生作文中存在的问题,不只是大话空话满天飞,更是暴露出思想的贫乏和情感的冷漠,事实上,只要稍微有点人之常情常理,也不会说出这样的话来。

本来没打算写这篇文章,说实话,我从来不主张学生写作文,现在的作文教学和考试实在是弊多利少,每批改一次学生作文,都无例外地增加一次内心痛苦和精神折磨。我认为,取消作文教学和考试,中学语文就有救了。

写这篇文章的原因是由一句话引起的,学生作文中说,顾圣婴的自杀只是顺从和迎合了迫害者的心意,让敌人高兴云云,也就是亲痛仇快的意思吧。我在评讲时,说顾的自杀不是让敌人顺心,而是闹心,不是让敌人满意,更可能是感到恐惧和不安。很多学生不大理解和不能接受我的话,后来我思考了一下,觉得这里值得好好理论理论。

邪恶势力最怕的是什么?是正义。它是不会怕邪恶的。对于邪恶来说,正义是异己的力量,它感到陌生;邪恶则是同质的东西,它熟悉。大流氓会怕小流氓吗?不会!相反,它会喜欢小流氓,它需要小流氓来转移民众的视线,并通过不时地收拾几个小流氓来博取民众的欢心和拥戴,比如惩治腐败官僚和各种专项严打,过一段时间来一个比较大的动作,造一个声势,以平民愤,以快民心。

当然,正义的力量是非常弱小的,正义从来斗不过邪恶,但它靠一种道义力量对邪恶产生一定的威慑作用。对于迫害者来说,放弃反抗固然是最好的。然而,人是会反抗的,为自由!为真理!为尊严!而反抗有不同的方式,自杀是一种极端的形式,但它代表的是一种绝对正义——它甚至宁愿伤害自己,也不伤害敌人!这是让迫害者最害怕的,所以"文革"中的自杀者总是罪加一等,叫畏罪自杀,叫自绝于人民,当然死有余辜,也就是说,在"文革"中,他们自杀的权力是被剥夺的。

我这样说,并不是完全赞同顾圣婴的行为,更不是鼓励大家像她那样去做,我们只是表示应有的同情和理解,那是特定时代整整一代知识分子的悲剧,也是我们这个民族的不幸。我知道,如果我还活得好好的,我就没有资格赞赏自杀行为,但我看到这样的事,我一定不会去谴责,相反,我会尊敬和伤感。他们害怕活着甚于害怕死亡,那么是什么让他们如此害怕活着?这才是我们要直面和正视的问题。

议论文是要讲道理的

——以作文《让步》为例

请以“让步”为题，写一篇文章。立意自定，除诗歌外文体不限，不少于800字。

议论文又叫说理文，它的最大特点是讲道理。就以“让步”为题的作文来说，你可以讲要让步，也可以讲不要让步，但让步有让步的道理，不让步有不让步的理由，你要把这个道理和理由讲出来，写议论文不能不讲道理。从批阅的200份左右的学生作文来看，我发现有相当多的学生不会讲道理，下面结合一些例子来谈。

“让步是‘安能摧眉折腰事权贵，使我不得开心颜’的豁达胸襟，让步是‘问君能有几多愁，恰似一江春水向东流’的情愁的沉淀，让步，更是‘人生自古谁无死，留取丹心照汗青’的响彻天空的呐喊。”

“我们需要让步，就像高飞的雄鹰不能没有苍穹，就像欲开的花儿不能没有阳光。”

“让步”的内涵是什么，这是首先要解决的问题。作为一个日常生活用语，我们都知道它的日常用法，我们通常也是在这个意义上理解和运用它的。如果你在文中赋予它某种特别的意义，不是不可以，但应该是在通用意义的基础上引申出来，并通过你的界定和解说让读者容易接受、能够接受乃至欣然接受。作为本文最重要的概念，其内涵必须是清晰的。否则，建立在这个概念基础上的判断、推理和论证都将失去明晰性。逻辑混乱，论证怎么可能有力量？上引两段话，文字很漂亮，但我不知道作者所说的“让步”究竟是什么意思。另外，引用也好，打比方也好，它们可以帮助说理，但不是道理本身，属于不讲道理的文字，只是言语眩目而已，并不能说服人，明眼人是不信这一套的。下面再看一个类似的例子。

“堂堂中华几千年，唯有不肯让步于苦难的人才能流芳百世，千古留名。几千年的风风雨雨，早已荡涤了风波亭的点点残血，几千年的潮起潮平早已淹没了零丁洋里的声声叹息，几千年的猎猎西风早已拂去牧羊的老者，几千年的漫漫黄沙早已淹没了西域路上的声声驼铃……然而，岳武穆的一腔豪情，文天祥的一颗丹心，苏武的一根竹杖，张骞的十几年牢狱生涯却载入中华的史册，成为民族精神的瑰宝，试问，他们之中有谁在命运的调嬉下让步了？”

这一段话，我至少在三篇作文中看到，文字稍有出入，显然是从哪本“作文宝典”中移植来的，现在这类书很多，分门别类为考生准备了大量的素材和各种煽情文字。我可以这样说，像现在这样的作文命题，完全可以不用一句自己的话，而全部用“宝典”“秘籍”“绝招”里为我们提供的文字和材料来拼凑出任何一篇应试作文来。有一位专家在作文讲座时就当场试验过，他叫学生任意举一个材料，然后他很轻松地巧妙地把这个材料用到话题作文以来的所有高考作文题中。接着，他叫学生举任意一年的高考话题作文题和任意一大堆材料，他同样可以把它们糅合到一起。学生觉得很神奇也大受启发，简直是醍醐灌顶：原来如彼！这里有妙手转圜，更有强词夺理，这样就助长了学生投机取巧的心理，也阻碍了学生理性思维的发育和成长。这哪是作文？这是机械工和电焊工的活儿。

举例代替论证，这是学生写议论文的通病。对观点和材料不作具体阐释和分析，没有严密周详的论证过程，用漂亮的排比句罗列一堆事例了事。这是一种非常恶劣的文风，其根源在我们这个社会，大话、套话、空话、漂亮话,我们从各种报告、讲话、演说中领受的还少吗?

五千年的文明史,事例实在太多了。从屈原到司马迁,从秦皇汉武到一代天骄,从岳飞到文天祥,从鸦片战争到抗日战争,再加上外国的,爱迪生爱因斯坦居里夫人等等,要多少有多少。不管什么文章,都是这些例子,招之即来,来即能战,所向披靡,无往而不胜。事实上,这些人物和历史事件对于多数学生来说,只是一些符号而已,根本没有什么深度认识和情感体验,除了教科书上的说法之外,不可能有自己的独立思考和感悟。

就拿项羽来说,在让步和不让步的问题上要具体分析,言之成理。可以说他不懂得让步,失去了卷土重来的机会,说他应该向越王勾践学习,能屈能伸,卧薪尝胆,所谓"包羞忍耻是男儿"。也可以说他不肯让步,不屑于卷土重来,用惨烈的自刎来表明自己决不向命运妥协的男儿气概,所谓"生当作人杰,死亦为鬼雄"。还可以说,兵败垓下、退守乌江的项羽终于向命运作出了让步,所谓"天亡我也"。他或许有机会,但他不想再争了。征战一生,刀光剑影,他累了,他觉得没意思了,他想退出,于是就彻底退出了人生的舞台,这是让步,这是妥协,这是放弃,他说:"就让那个流氓去耀武扬威吧,至于我……就让我漂亮地退出吧。"

史铁生、海伦·凯勒、司马迁、贝多芬都是不向命运低头、不向困难让路,所谓"我要扼住命运的咽喉"的典例,用起来比较轻松。但下面一段文字引起了我的兴趣:

> "史铁生面对残缺的人生,面对孤独的轮椅,面对黑暗的生活,他选择了让步,这使他不惧怕死亡,从而发出'轻轻地来轻轻地走'的一声叹息,也暗含了一种人生态度,给死亡让步,这样的人对生活的理解到了极致,令人感叹不已。"

这段话里有作者自己的思考和感悟,可惜语焉不详。什么叫"给死亡让步"?是不是说,死亡来了,就让它来吧,无须去抗争,平静地坦然地接受?这是一种什么样的人生态度?消除对抗和敌意,与命运讲和?也许与命运和解的确是人类最好也是最后的出路。

这样的思考是有意义的。结合自己的生活体验和阅读背景作一些切实切己的独立思考比堆砌事例或宏大叙事要有意义得多。下面两段文字多少能够体现一个高三学生应有的文化视野和阅读积累，并有自己的思考，尽管不够深入充分，表达上也欠缜密。

（一）

我们的文化太崇尚进攻，崇尚前进，却很少教给我们如何去让步。正是在这样的环境下我们变得冷漠，变得无情，甚至连我们自己都认为我们已失去了让步的本能。

……

俄国的一代巨人赫尔岑，对沙皇统治的抨击使沙皇对他产生恐惧，然而沙皇思量再三后，并没有将他处死。他作出了让步，不管他如何令人不满，这一“让”着实令人刮目相看，俄罗斯的一代巨星才没有因此陨落。

……

让步是一种生命状态，人们往往在物质的世界中徘徊不前，最终只能是迷失方向，这时让一步，我们的生命也许不是这样。早上，在前进的路上，给别人一个微笑，看到别人阳光般灿烂的笑脸，心里是否也暖洋洋的？走在郊外的小路上，为金黄的油菜花，碧绿的麦苗让步，自己是否感到由衷的欣喜？在路上遇到老人，问声好，或是搀扶着他一起走，你会发现生命原来可以是另一种模样。

人们往往认为对别人让步，别人的路越走越宽，自己的路越来越窄。殊不知，为别人让路，也是在为自己让路，自己的生命已得到升华。

（二）

我有过轻狂、散漫甚至疯癫，回过头来，看着流云细水，云起云落，以往的一切值得吗？

……

“宽容比自由更重要。”这是五四时期胡适所说的话，我不知道宽容是否可以解释为让步,但我认为它更多了一份人的性灵。想想吧,在崇尚自由的一九一九,胡适说出了这样的话语,它是否应值得我们的深思。

……

一个简单的"词"——轻率。这是我在读陀氏的《卡拉马佐夫兄弟》时读到的。主人公阿辽沙对一群孩童讲解生命的真谛,他说,对于你们的生命不要过于轻率。一句简单的话语立刻点醒了迷惘中的我。我也曾有过与别人针锋相对,以至大打出手,后来又很内疚,后悔不已。在成熟的路上我们还要走很久,而宽容,也是我们需要随身携带的。

看看你周围的生命吧!一簇青葱,点缀着星星生机,你是否会升起一份感动;几分醉意,笑释恩仇快意,是否又是一份解脱;凝视着你所爱的人,看着她的笑靥,是否又有几分不忍。或许你会说,这不是宽容,但我告诉你,它是。宽容需要一颗悲悯博大的心,需要在爱的滋润才能焕发出光辉。它是人真心的体现,并且从中能得到获得的愉悦。

这时候,我又想起了小时候读过的一首诗:

闻说相争只为墙,
相让一尺又何妨。
万里长城今犹在,
不见当年秦始皇。

读懂了这首诗,或许我们真的才能懂得什么叫做海阔天空。

这样的文字在学生作文中非常少。作文要回归生活,从社会、历史、中华民族、五千年文明等宏大叙事中走出来,关注现实,多写点自己的体验和思考。但又要避免"低幼化叙事",像两人发生无谓的口角,互不相让,大打出手,公交车上你争我夺,不肯让座之类极其琐屑的小事,没有必要当回事似的不厌其烦,津津乐道。公交车让座的事情从小学二年级就写,一直到高中三年级还在写,提到做好事,就想到公交车上让座位,提到谦让、同情、修养、助人等等总是忘不了公交车上的座位。

有个学生写到，两辆汽车迎面开来，由于路窄，无法会车，但谁也不肯相让，于是大吵起来，僵持了很久，后来，他们居然都发动车子，对开过来，然后就撞上了。于是，这个学生大发感慨，生活中应该互相谦让，和和睦睦多好呢，谁也不肯让步，造成这个局面有什么意思呢？等等。这样的事情也太奇怪了，是这两个人大脑有问题，还是这个学生总认为别人是弱智？虚构出这样的情节来未免过于低幼。再看一段话——

“当你上街买菜时，经常要和菜贩子讨价还价。不是每次你都能如愿地以自己理想的价格买到菜的；但家里没菜烧总不行，这家菜又挺好，算了吧，自己让步，买下吧。过马路的时候，到绿灯了，我该可以过了吧，可恰在这时，一辆大卡车闯红灯开过来了。让不让？当然让。”

“家里没菜烧”也就饿一顿吧，但“一辆大卡车闯红灯开过来了”，你还在想要不要让，真让人为你捏一把汗，好在他紧接着回答说：“当然让。”否则，我还真不知道他究竟想干什么。这段文字让人看得心惊肉跳，他自己写得倒是轻松自在。

……

“我不给傻瓜（笨蛋）让路。”

“而我恰恰相反。”

这是一个很有名的幽默故事，在很多同学的作文里出现了，但主人公一会儿是马克·吐温，一会儿是萧伯纳，这儿又换成了歌德，这倒无关紧要，但这个故事，更多的是表现机智和幽默，而不是谦让，这个同学讲完这个故事后说：

“一个有修养的文化人，才能做出如此让步。这也是日后歌德成功的原因之一，设想如果当时歌德坚决不让甚至与那人大打出手，那么被报道后，他还会成功吗？答案是显而易见的，所以，在人生的道路上，学会让步才会成功。”

为什么被报道后，歌德就不会成功呢？如果不被报道，是不是就不会影响歌德日后的成功?但是歌德与那人大打出手甚至闹出人命来,也就没有歌德了,哪来什么成功不成功?再说,这个故事和成功有什么关系?这样的引申也太不着边际了。这样稚嫩的文字出现在高三学生作文中实在匪夷所思。下面一段话同样是逻辑混乱,不知所云:

“坚持并不意味着一无是处。只有坚持,才能获得真正的成功。坚持以至于顽固,固不可取。但是作出让步之后,你不能就此放弃成功。而更应坚持,坚持一切去寻找自己的路。同时,让步更需要一种坚持,一种无畏的坚持。因为让步意味着要牺牲利益,所以只有坚持,才能更好地让步。”

短短三行字出现了八个“坚持”,不知道作者究竟想说什么。

上引两段文字中都提到“成功”,成功是学生心心念念的一个词,什么事情都往成功上靠,成功是最重要的。而学生笔下的“成功”基本上停留在世俗意义上的、物质和实用意义上的功成名就。所以,很多学生写要让步是这样说的——

让步是智慧,是为了更好地前进,是能屈能伸,是留得青山在,不怕没柴烧,是君子报仇,十年不晚,是小不忍则乱大谋,是三千越甲可吞吴,是“放长线钓大鱼”,是“将欲取之,必先予之”,是缓兵之计,是以退为进,是以守为攻等等。因而,他们很赞赏韩信的胯下之辱、刘邦的还军灞上、勾践的卧薪尝胆之类。也就是说,暂时的让步是为了攫取更大的利益。但是这样来写让步,未免有点庸俗化,而且也走到了让步的反面——不让步。他们对“大谋”“吞吴”始终不肯让出半步,试想,十年时间心心念念报仇雪耻,怎么是让步呢?再看下面的句子——

“这个让步对孔融的损失可谓微乎其微,只不过是少吃两口梨罢了,但是却使他名重古今,并且还会一直不断地作为楷模流传下去,这让步对孔融本人的影响是巨大的。”

在学生看来,孔融只是让掉了“两口梨”,得到的却是“名重古今”,这样的买卖真合算。

但孔融让梨的时候，恐怕并没有想着要让自己“作为楷模流传下去”。

如果让步并不是出于一种现实利益的算计，也根本不是迂回前进的策略和权变，更多的是妥协和放弃，只是“退”，不是“以退为进”，只是“守”，不是“以守为攻”，它与日后的成功没有关系，甚至会妨碍日后的成功，这样的“让步”多数学生是不能理解的，也把握不住，因为这是一种胸襟和风度，是一种豁达和从容，是一种淡泊和宁静，它更多的是指向精神和心灵，指向生命的体验和感悟，指向人类的命运……这些问题我们的教育是从来不肯或不敢引导学生去思考的，我们总是把一些实实在在的可以看得见摸得着或者跳一跳可以碰到的东西堆在学生周围，挡住他们的视线，窒息他们的自由呼吸。

再以不让步为例。所谓“不让步”，就是不妥协、不退缩、不屈服、不放弃、不动摇。为什么不让步？那一定是为了自己认定的某个目标、理想和追求，也就是说是在维护什么，捍卫什么。

学生作文中较多的是这样两种情况：一是维护国家利益，捍卫民族尊严，二是为了个人事业的成功，绝不向困难、挫折、失败让步。两者又是统一的：个人事业也是为国家作贡献，也是为民族增光添彩；而为国献身，为民族、为集体奋斗，也是成就个人功名的途径。这些例子也是俯拾即是。正面反面都有一大堆，举不胜举。上面已经讲到，不再赘述，我想说的是学生作文中一种不讲理的情况，他们在列举了一些古人的例子后，常常有这样的话：连古人都能做到怎么样怎么样，我们今天的人却不能做到，难道我们不应该感到羞耻吗？难道我们连古人都不如吗？等等。这是什么话？好像古人就低人一等。这种混账逻辑我们也是耳熟能详。我们听到批评犯错误的官员时常常有这样的话：连普通群众都能怎么怎么，你作为一个党的领导干部难道连一个普通群众都不如吗？我就不明白他们什么时候“如”过普通群众的？如此公开的污辱普通群众，真是厚颜无耻！

学生在举到爱迪生、爱因斯坦、居里夫人等等人物事迹时，为什么不加上一句“连爱迪生都能怎么怎么”之类的话呢？他们不敢，由此可见他们的势利。而这一切都是文化教给他们的。

面对困难和失败,不让步,不妥协,固然可贵,但是,面对国家犯罪,面对强权和专制暴政,面对如嘲的谩骂和围攻,面对“世人皆欲杀”的险恶环境,面对亲人的决绝和朋友的背叛,你还能坚持真理,捍卫正义,维护良知,保持人格的尊严,守护精神的独立和自由吗?从苏格拉底到左拉到阿利卢耶娃,从马寅初到张志新、顾准、林昭、遇罗克……他们捍卫的是什么?你当然也可以说是国家利益,譬如左拉就说他是在捍卫法兰西的荣誉,卡斯特里奥是在挽救时代的良知,但是,他们更是在维护自己作为一个人的基本权利,譬如思考的权利,言说的权利,在捍卫个人的起码尊严,这是人之为人的底线。没有个人的自由和尊严,只能是国家的耻辱和时代的蒙羞。不少学生的作文里提到巴金,因为巴金是他们的校友,了解得相对较多一点。巴金在文革中说了一些有违良知的话,做了一些有违良知的事,也就是说,在“一年三百六十日,风刀霜剑严相逼”的残酷环境里,他妥协了,让步了。文革后,很多人在极力掩盖那一段历史,并为自己寻找种种理由开脱,巴金却颤巍巍地拿起笔,写下了自己的愧悚和忏悔。然而,就是这样,还是有人不高兴,施加种种压力迫使他闭上嘴巴。当年,巴金连沉默的权力都没有,今天又要被剥夺言说的权力。这一次,巴金要不要让步呢?好在由于病痛和死亡,他再也开不了口了……

这就是我们的现实处境:什么是可以说的,什么是必须说的,什么是不该说的,什么是不能说的,什么事可以尽管说,什么事只能说到什么分上。所有这些都事关政治正确,绝对不存在丝毫的让步。

看来,我的话也只能说到这个分上。本来,我是要以这一次作文为例谈谈议论文要讲道理和如何讲道理的问题,但我已经偏题了。事实上,跟学生讲这个问题是没有什么意义的,是的,没有意义……

居高声自远，非是藉秋风

——考场作文立意品位例谈

考场作文是在规定时间内按规定要求完成的，是几十万人写同样的题目，最后由阅卷老师差不多在匆匆一瞥中判定一个分数。影响判分的因素很多，就考生能够控制的因素而言，似乎只有一个，那就是尽量把文章写好。衡量一篇文章好坏的指标也很多，我认为最重要的是文章的立意。

立意要高、开掘要深、角度要新，眼光独到，生面别开：这就是我讲的“立意品位”。

比如，以“畏惧”为话题。别人讲无所畏惧，你讲要有所畏惧；别人讲畏惧法律，你讲畏惧天理良知；别人只是停留在“畏惧”的一般意义上，你能挖掘、扩充和丰富“畏惧”的内涵，从敬畏自然到敬重生命，从对神的谦卑到大地上的悲悯……立意高低明显不一样。

以“准备”为话题，大多数人写“凡事预则立不预则废”、居安思危、未雨绸缪、胸有成竹、厚积薄发云云，难免落入俗套。别人说物质准备，你说精神准备；别人说准备知识、才能等技术手段，你说准备思想方法、情感态度等心理、思维和精神品质；别人说准备成功、收获，而你说准备失败、挫折和磨难；别人都是从高考取胜、比赛夺冠、事业成功等等大大小小的具体的事情上来谈，说得再好，也就是一个世俗意义上的功成名就，而你说，为父母准备孝心,为社会准备爱心,为朋友准备诚心,为自己准备信心……自然就非同一般。别人都说要准备,你说不要准备,人算不如天算,智者千虑还必有一失。蜀之鄙有二僧,贫者凭一瓶一钵自南海还,而富者还在准备买船呢——他已经准备了好几年了,不知道他还要准备到什么时候。“时间开始了”,生命没有准备,背起行囊上路吧。

以“聪明”为话题。你说聪明来自勤奋,“勤能补拙是良训,一分辛劳一分才”,“天才是百分之九十九的汗水……”之类是老生常谈;你说“聪明反被聪明误”也无多新意。有个同学写到,我是一个笨小孩,有很多笨想法和笨举动,常常受到老师、同学、父母的嘲笑。我来到大街上,看到的是“聪明人的选择”;我打开电视,听到的是“聪明一百分”,这个世界好像就是为聪明人准备的。在这个到处都是聪明人的世界上,我感到很孤独,我坐在一棵大树下,把我的想法告诉它,树没有取笑我,我终于找到了倾诉的对象。晚上,我坐在窗台前,看着天上明亮的圆圆的月亮,我在想,那儿也许没有像我们这儿这么多的聪明人,在那儿,像我这样的笨小孩也许可以快快乐乐地生活……全文以一个“笨”小孩的口吻,用生活化的朴素语言诉说自己的苦恼和孤独,表达自己对这个“聪明”世界的怀疑和不满。本文的立意极高而表达含蓄蕴藉,娓娓道来,情真意切,令人动容。这样的文章不可能是老师教出来的,没有对生活的深切体验和思考是写不出来的。把话题放到人生背景下,写出自己对社会和人生的真实感受、体验和思考,这样的文章才是有意义和有价值的,这也是写作的本义所在。但我们的学生没有生活,这是最要命的事情!只有一个办法可以稍稍弥补一下,那就是阅读和思考。下面再举一例,谈谈如何将话题放在阅读背景下,通过广泛联系和深入思考来提升作文的立意品位。

以“闲”为话题,可写的东西很多,古代现代,闲与不闲,真闲与假闲,身闲与心闲,爱闲与怕闲等等,要广泛联系实际(历史和现实),深入挖掘“闲”的内涵,然后确立文章的主旨,为更好地阐述或表现这个主旨选择恰当的材料,并逐层展开。

从立意来看，一般意义上地否定“闲”（游手好闲、饱食无忧，不思进取，），或肯定“闲”（忙里偷闲、张弛有度、劳逸结合），似乎很难出新，从闲情逸致、闲云野鹤意义上谈生活情趣、人生态度，好像要略高一点，这方面的素材很多，古诗佳句俯拾即是，什么“人闲桂花落”“孤云独去闲”“云自无心水自闲”“闲敲棋子落灯花”“野凫眠岸有闲意”等等，但不能简单罗列，要分析提炼，升华主旨。就古人的“闲”而言，有庄子、陶渊明那样的闲在胸襟、闲在风骨，是一种生命境界，一种内心涵养。也有因无路请缨而被迫赋闲的，如“老合投闲，天教多事，检校长身十万松”的辛弃疾，“身在沧州，心老天山”的陆游，“闲来垂钓碧溪上”的李白。至于“行到水穷处，坐看云起时”的王维和“小舟从此逝，江海寄余生”的苏轼恐怕是介于两者之间。能这样分析，文章就显得厚重。进一步说，以上三种人都是封建文人，是有产者而不是劳动者，他们的“闲游野寺骑驴去，倦拥残书听雨眠”的慵懒也好，“因过竹院逢僧话，又得浮生半日闲”的适意也罢，或者“试问闲愁都几许，一川烟草，满城风絮，梅子黄时雨”的哀怨也行，都不是那些“采得百花成蜜后，为谁辛苦为谁甜”的老百姓所能理解的，“闲”对于黎民苍生来说可是奢侈品啊，有道是“四海无闲田，农夫犹饿死”。这样一说，境界又不一样了。

现代社会的情况如何呢？我们看到到处是奔波劳碌、心力交瘁的人群。这里面也有不同的情况：“伺候于公卿之门，奔走于形势之途，足将进而趑趄，口将言而嗫嚅”是一种忙。农民工干最脏最累的活，拿最少的钱，还要随时承受无端的屈辱，“总得叫大车装个够，它横竖不说一句话。背上的压力往肉里扣，这刻不知道下刻的命。”这是一种忙。中小学生们背着世界上最沉重的书包，起早摸黑奔走在学校和家之间，这又是一种忙。诸如此类。另一方面，我们看到“休闲”已经越来越成为一种时尚，成为中产阶级追求的所谓“格调”“趣味”，他们忙着“休闲”，实际上还是在饲养自己的身体和物质欲望，而不是安顿自己的灵魂，在这个物欲横流、尔虞我诈、欺世盗名、喧嚣浮躁的世界上，还能找到真正的“闲”吗？古人云：“从静中观物动，向闲处看人忙，才是超尘脱俗的趣味；遇忙处会偷闲，处闹中能取静，便是安身立命的工夫。”闲，是一种趣味，一种功夫。往小处看，是一种心情；往大处看，是一种境界。闲是一种超脱、一种解放，闲是自由。

冲破名缰利锁，从丝竹乱耳、案牍劳形中解放出来，闲是自由！

“忙”是安顿自己的身体，“闲”是呵护自己的心灵。“忙”把自己与外界（人和事）捆绑在一起，而“闲”则是暂时割断这种联系，直接面对自己。这就解释了中国人为什么不喜欢“闲”，不习惯“闲”，害怕“闲”，忌讳“闲”，谩骂、诅咒，一有机会就向“闲”泼脏水。在中国人的语汇里，“闲”是“没有用处、没有意义、没有价值”的代名词，诸如“闲书”“闲聊”“闲逛”“闲言碎语”“游手好闲”“闲工夫”“闲散”“闲置”“闲职”等等，“闲人”差不多就是“败家子”的别名，至于那些自称为“闲人”的古代文人，只是政治失意后的自嘲而已，他们并不真正甘于“投闲置散”，他们做梦都希望有用处，为君主所用。“货于帝王家”才能实现自己的价值，“卖身为奴”才是有意义的人生。“闲”则意味着被抛弃、没有用。一旦“闲”下来，是很可怕的，尤其是对没有灵魂的人来说，而中国人恰恰是没有灵魂的。但是，一个人只有“闲”下来，才能反观自身、沉思自身、唤醒自身和超越自身，才有可能走向自身，回归自身，从而走上灵魂自觉、心灵发育和精神成长的道路，才能真正实现人的自由和尊严，而这正是专制统治者最害怕的事情。这是他们不喜欢“闲”的真正原因，但他们从来不这样说，而是用一套道德话语来掩饰，说“闲”就是堕落、不求上进，说劳动是光荣的，中国人民是最勤劳的，“莫等闲，白了少年头，空悲切”，“一万年太久，只争朝夕”云云。……

一个普通的词语，一个看似简单的话题，经过这样反复剖析，逐层推进，可以挖掘出极其丰富的内涵，如果具备这样的功夫，何愁文章没有力度和深度？而这个功夫只能来自阅读和思考。

作文立意高低取决于——生活、读书和思考，这是正道。

要么不要读书,要么不要作文

怪事年年有,今年特别多。高三语文教了多年,自以为早已炼就了一副金刚不坏之身,但事态一年年恶化,还是让我招架不住,深感心力交瘁,无可如何。

每次考试结束,总有不少学生对主观题部分判分不满意,尤其是作文。很多同学对作文得分大感委屈,觉得自己已经用尽心血,而且自认为写得很好,甚至有人直言不讳地说自己的作文应该是满分作文,为什么总是落得个明珠暗投?他们不断追问文章究竟应该怎么写,怎样才能得高分。他们急切的神态令人动容。

让我从一个具体的例子说起吧。

我说,一篇文章的立意是最重要的,一般来说,立意要高,挖掘要深。课后,有个同学拿来一本《瓦尔登湖》,要我替他画出这本书里含义深刻的句子。我哭笑不得,勉强解释说,可以说这里的每句话都很深刻,也可以说每句话都平淡无奇。如果离开了文章的整体,如果离开了作者的生活经历和思想感情,孤立地看一个一个的句子,那么,它们都是无法理解也没有什么意义的。这位同学不理解我的话,也没有耐心听我解释,甚至怀疑我的诚意,并坚持要我为他找出这本书里的重要的关键的含义深刻的语句,并叫我不要着急,可以慢慢找,他不急着要。无奈之下,我翻开书,刚好看到这句话:“人类在过着静静的绝望的生活。”我说这就是一个极其耐人寻味的句子,事实上,它正说出了我当时的心情。有意思的是,在接下来的一次模拟考试中,班上有好多同学的作文里出现了这个句子,这次作文的话题是“人生态度和生存状况”,有几篇还写得不错,不过上面提到的那位同学的作文中并没有用这个句子。需要说明一下的是,我所在的学校是全省最好的中学之一,而我教的这个班则是全校最好的班级之一,学生很聪明,也非常好学,他们的数理化成绩大多十分优秀,但语文的优势不明显,所以很想在语文学科上有所突破,而语文试卷中的主观题尤其是作文想要在短时间内集中力量“最终解决”是非常困难的,他们几经周折却收效甚微,难免烦躁、愤怒乃至失望:怎么在其他学科中屡试不爽的方法到了这里变得不灵了呢?

有个学生几次考试下来作文得分都是43分,他觉得很奇怪,他已经在努力吸取自己的和别人的“先进经验”,为什么分数不见长进呢?他甚至怀疑是老师有成见。其实,阅卷老师压根儿就不知道他是谁,而且,我们每次作文阅卷的老师都不一样。

那么,他是怎样努力改进自己的作文的呢?他们通常是这样做的——

你不是说要仔细审题吗?那我就仔细审题。你不是说立意要深吗?那我就尽量往深处想,往高处说。你不是说材料要新颖吗?那我就用上一些新鲜的材料。你不是说要有思想吗?那我就拿出点思想来给你看看。你不是说内容要充实吗?我就多举些例子。你不是说结构要好吗?我就给你一个好的结构,比如三个小标题,或三个分论点之类。你不是说语言表达要好吗?那我就把语言搞得漂亮一点,比如造几个排比句,或引用一些名言警句什么的。你不是说要有文化吗?那我就文化一下。总之,你要什么,我给你什么。好像他那儿什么都有,就等着你开口要。但是,你要他把字写端正了,他却做不到,而且也不屑去做;你叫他不要写错别字,他也做不到并且还有很多理由;你叫他把话说清楚了,说连贯了,他更是不高兴:怎么啦?不就是这样说吗?我的意思不是很清楚吗?

作文究竟是怎么回事?在学生眼里,它纯粹是一个技术活,只要掌握了一定的方法和技巧,通过反复训练,就能操舟若神,数理化不就是这样学的吗?这个方法和技巧是什么呢?不断地有学生来问,有学生不断地来问:如何提高作文分数?怎样才能拿到50分?这里究竟有哪些方法?哪些要领?哪些诀窍?哪些捷径?然而,没有哪个语文教师能够清楚明白地告诉我,他们总是含含糊糊,言不及义,不知道他们是真的不懂呢,还是装糊涂,实在可恶!为什么他们就不愿意像数理化老师那样,给我一个明确的说法呢?有一个学生怯生生地跑来找我,害羞而又坚决地说:老师,我也不要50分了,我就增加2分,我只要增加2分,45分,我就满意了,怎样才能增加2分?就2分,行不?她的意思是,说多了,怕吓着我,就2分,你总不好意思拒绝吧?

我要再次申明,他们都是好学生,确实是真真切切好学上进,他们急切诚恳的态度让我感动,他们的心情我能理解,但他们对作文、对语文这门学科有深深的误解。其实,他们对整个中学教育都存在着极其片面的认识,而这个认识则是整个中学教育强加给他们的,他们是受害者,为此,我感到非常难过。我记得契诃夫的一篇小说里写到一个女孩被另一个人呵斥为庸俗:你怎么会变成这样的呢?这个女孩痛苦地沉吟道:是啊,我怎么会这样的呢?我怎么会这样的呢?还不是你们把我教育成这样的!我想不起来是契诃夫的哪一篇小说,但这句话给我留下很深的印象,现在我又想到这句话。我们有理由呵斥孩子吗?他们不正是我们教育出来的吗?想想我们生活在一个什么样的文化和精神环境中,想想我们处在一个什么样的教育生态中,那么,我们的孩子还没有变得更糟糕就已经很不错了!

再回到作文上来,究竟什么是作文?为什么要写作文?作文到底是个什么东西?长期以来,我始终放不下这个问题。十多年前,我就有一个想法:中小学生不该写作文!这个想法一度非常坚定,现在的作文教学、作文训练和作文考试绝对是弊多利少。每当看到学生的考场作文,每当批改学生的应试作文,特别是看到各种各样的作文指导类的文章和资料,我就想,也许我们错了,也许作文教学根本上就是一个错误,纠正这个错误的最好办法就是立即停止作文辅导、作文训练和作文应试。我并不是说写作能力不重要,恰恰相反,语文能力归根到底就是阅读和写作,能读会写就是语文,但我们现在所搞的这种写作活动显然是背离了写作的本意,越来越走向写作的反面,它不仅使作为一种精神活动的写作活动日趋庸俗化和功利化,它还通过败坏文风和文品来严重戕害学生的心灵,从小学到中学的长达十几年的作文教学祸害无穷。

我们认为阅读对于正在成长中的青少年是极端重要的,我们推荐了很多文章和书籍给学生,现在我倒有点后悔了:丑陋的语文高考(命题和评卷方式)存在一日,阅读就不可能是清白的!古人说,“正其谊不谋其利,明其道不计其功”,“功利阅读”不是真正的阅读,对一个人的精神成长有害无益。

要么不要读书,要么不要作文。我的意思是,要读书,不要作文!

补记:我在茨威格的《昨日的世界——一个欧洲人的回忆》一书中第二章“上个世纪的学校”里看到这样一句话:“当时不允许中学生用自己的名字公开发表作品。”(《昨日的世界》第38页,广西师大出版社,2004年5月)我感到很奇怪,为什么不允许中学生公开发表作品?经过反复思量,我越来越觉得这个做法太英明了,这是对尚未成熟的青年学生的爱护,他们还没有到能对自己的文字负责任的年龄,而我们鼓励他们“大做文章”确实有“罔民”和“绑架”之嫌。

也说“没意思”

作文题：阅读下面的材料，按要求完成作文。

《汕头特区晚报》报道，今年9岁的涛涛（化名），父母都是公司高级管理人员，家庭条件相当优越。可是涛涛却似乎有点“生在福中不知福”，上小学3年级的他经常一个人发呆，不愿和小朋友一起玩。在和医生聊天时，涛涛甚至说出了“觉得活着没意思，还不如去死”的话，让他的父母感到非常的震惊。

《海南日报》：“上学，没意思；运动会，没意思；班队活动，没意思……采访孩子时，听得最多的就是一句‘没意思’。一位有30多年教龄的老班主任说，她从来没像现在这样困惑。”

如今，“没意思”几乎成了一句口头禅。大人说上班没意思，小孩说上学没意思，有钱人说钱多了没意思，穷人说没钱活得真没意思……我们究竟怎么了？为什么大家都觉得活得没意思？你怎么看待这个问题？请以“也说‘没意思’”为题，写一篇文章，不少于800字。

大家都觉得“活着没意思”，这种叹息中其实有一个预设，或者说隐含的前提，那就是，活着本来应该是有意思的。如果说，活着本来就没意思，从来就不曾有意思过，那人们就不会整天念叨着“没意思”。

这么说来,活着似乎本来应该有意思的,那么,这个"意思"是什么呢?它是怎么来的呢?或者说,究竟是谁赋予生活以意义的?

我们先来看几句话——

尼采:"人生本没有意义,但我们却要以酒神的精神赋予它意义,这是人类最伟大之处。"

胡适:"人生本没有意义,你要能给它什么意义,它就有什么意义。"

毕淑敏:"人生本没有意义,每个人必须为自己的人生确定意义。"

从这些话中可以概括出两点——

(1) 人生本没有意义(意思);

(2) 是人(我们、你、每个人)赋予它意义。

我们先来看第一点:人生本来(原本)是没有意思的。记住这一点非常重要!

大家想想,我们莫名其妙就来到了世上,也没有谁征求过我们的意见,更奇怪的是,过个几十年又突然消失了,消失得无影无踪。这到底算哪门子事?你说这个事它能有意义吗?长期以来,我们总是错误地认为,人生本来就是有意义的,我们从小就被要求树立远大志向,长大要当科学家、当解放军、当宇航员什么的,要求背诵"人的一生应当这样度过……"还要宣誓"时刻准备着……",写作文要"记一件有意义的事",好不容易盼到节假日,还必须"过一个有意义的假期"。现在,我要告诉大家,这是一个弥天大谎!人生原本是没有意义的,我们从小被灌输的所谓"人生意义"是有人趁我们年幼无知强加到我们头上的。

我们再来看第二点:意义是人自己赋予的。因为人生本没有意义,所以人就要赋予它意义。人是追求意义的动物,人无法忍受没有意义的人生。诗人说,人活着是需要理由的。如果找不到这个理由,就可能成为死的理由。所以材料里9岁的涛涛说:"活着没意思,还不如去死。"这个小孩真了不起,随口说说都能说出这么富有哲理的话。如果把他的话翻译成苏格拉底的语言就是"未经审视(省察)的人生是不值得过的",翻译成海德格尔的语言就是“人，诗意地栖居在大地上”。

现在我们知道，人生本没有意义，是人赋予它意义。下面我们来谈一个更重要的问题：“赋予生活以意义”的主语（主体）是谁？也就是说，谁来赋予生活以意义？赋予谁的生活以意义？答案是：自己赋予自己的生活以自己的意义。前面引用的三句名言都在强调是我们每个人，是你自己为人生确定意义。这儿有几点必须明确：

(1) 你只能给自己的人生确定意义，你不能给别人的人生确定意义；

(2) 你应该由自己来主宰自己的人生，而不应该让别人来干预和控制你的生活；

(3) 各人给自己的人生确定的意义是不一样的。

如果我的人生意义是我自己确定的，那么我就不会觉得没意思。我希望自己成为一个什么样的人，我追求一个什么样的人生，是我自己愿意的，我选择，我喜欢，我高兴，我愿意，我怎么会觉得没意思呢？十二月党人的妻子放弃了贵族的身份，踏着沙皇特许的改嫁令，追随她们的丈夫来到西伯利亚，这是她们自己的选择，她们会觉得没意思吗？斯宾诺莎为了不妨碍自己的自由，拒绝大学教授的职位，而靠磨镜来维持生活，没有谁逼他这样做，他愿意，他高兴，他怎么会觉得没意思呢？还有大家熟悉的特蕾莎修女、史怀泽医生，以及学生作文中经常提到的归园田居的陶渊明、放浪形骸的阮步兵等。前者把自己的一生与贫困、疾病和死亡紧紧联系在一起，后者不求“上进”，自甘“堕落”，这些都是他们自己确定的人生道路。

一个大学快毕业的学生突然放弃学业，去做自己喜欢做的事，毕业证书也不要了，还是世界最知名的大学；一个中学生在毕业那一年的暑假里到非洲旅游，看到某地极端的贫困和饥饿，还有爱滋病肆虐，他决定留下来，为当地的人做一点力所能及的事情，而不顾国内最好的大学的入学通知，这样的事情如果发生在中国，有十个母亲要气疯九个，还有一个当场气死（我这样说很不厚道，向中国的母亲们深致歉意），而那个中学生的美国母亲说到自己的儿子则是充满了自豪感。

在一个贫困的山区,记者问一个辍学放羊的孩子,你为什么放羊?回答是挣钱。记者问挣钱干什么,回答是砌房。砌房干什么,娶媳妇。娶媳妇干什么,生孩子。“那么,生孩子干什么呢?”回答是“放羊”。(我得承认,举这个例子是很残酷的。)这个小孩是不会觉得活着没意思的,相反,他觉得活着有奔头,从近期目标到长远打算,他已经把自己的人生规划好了,他只要沿着这个圆圈走下去就行。同样,我们可以问一个大城市的名牌中学的学生,你为什么刻苦学习?考好大学,找好工作,挣大钱,娶美女……美女也是要生孩子的,生孩子干什么?回答是,刻苦学习,考好大学!(我们比山区放羊的孩子高明多少,高贵多少?)

既然我们的目标这么明确,前景如此美妙,怎么还觉得活着没意思呢?为什么今天会有这么多人觉得活着没意思?

我刚才讲到,如果我的人生意义是我自己确定的,那我怎么会觉得没意思呢?反过来说,如果我觉得活着没意思,那一定是我不能由自己来确定人生目标和追求,无法赋予自己的人生以意义。一个人不能自主地安排自己的生活,不能根据自己的兴趣爱好来选择自己的人生道路,不能做自己最感兴趣的事、最愿意做的事,不能按照自己的理解和需求赋予自己的人生以意义,那一定是非常悲哀的事情,还有什么意思可言呢?

今天这么多人觉得没意思,原因当然很多很复杂,但最根本的原因,或者说,最大的秘密正是,不能真正按照自己的意愿去做。

学习应该是很有意思的事情,人有天生的求知的欲望。从上面的材料来看,孩子说上学没意思,运动会、班队活动没意思,那肯定是组织者没有考虑到学生的兴趣和需要,违背了他们的意愿,无视学生的潜力、创造性和个性的发挥发展。如果工作不能发挥自己的潜能,不能实现自我价值,而是被动的机械的枯燥的日复一日的重复劳动,这种劳动不能带给自己身心的满足和创造的愉悦,而仅仅是挣钱谋生的手段,上班怎么可能有意思?如果钱只是用来饲养自己的身体,满足自己的各种物质欲望,最后必然导致厌倦,钱本身并不能产生意义。

前面讲过，人是寻求意义的动物，人是寻求诗意的动物。只有在诗意的状态下，人才出场，才被照亮。当我们说生活毫无诗意时，我们事实上是对生活提出了诗意的要求。当我们感到活着没意思时，恰恰是诗意的渴求在压迫着我们——因为我们的本性是诗意的。

有人说，你讲得不对。大人拼命工作挣钱，小孩刻苦学习考好大学，这些都是他们自己的选择，是他们自己愿意干的事情，为什么他们还会觉得没意思呢？我想提醒大家思考：这些真的都是他们自己的选择？真的都是他们愿意干的事情吗？进一步讲，我们真的知道自己想要什么吗？我们知道自己真正想要的是什么吗？大多时候我们其实并不知道，我们只是好像知道，我们只是装着知道。今天，有多少人来得及反思自己的行为，反思自己的欲望和真正的内心需求？

我们还有三年时间，我们还有两年时间，我们还有一年时间，我们只有100天时间了，我们只剩下60天了，现在只有20多天了，据说这20天可以用来拼自己的一生。无处不在的压力逼着我们向前、向前、奔跑，据说还要领跑——这可是先进文化哦。

如今我们在先进文化的围剿下，想要活得有意思恐怕是一个遥不可及的梦。

同样是作文题，差距咋就这么大呢？

——看看国外大学入学的作文题，想想我们的作文教学

先看一个很久之前的报道——

令人汗颜的法国高考作文题——中国学生会做吗？

（《南方周末》2001年7月20日　蔡　慧）

法国的高考作文题，题目之难，思辨性之强，足以令国人汗颜。

在法国留学的朋友寄来了法国的高考作文题，读后不禁唏嘘感叹。

所谓法国的高考是指法国的“高中”毕业会考，通常在6月中旬。法国没有统一的“高考”，大学录取是依据高中毕业考试成绩。有的大学有自己的专门考试，称为concours。法国的高三分文理经济科，今年的作文考试各科均有三题，可选做一题。

文科

1. “我是谁？”这个问题能否以一个确切的答案来回答？

2. 能否说：“所有的权力都伴随以暴力？”

3. 试分析休谟论《结伴欲望和孤独》一文的哲学价值。“‘结伴’是人类最强烈的愿望，而‘孤独’可能是使人痛苦的惩罚。”

经济科

1. 什么是公众所能承受的真理？

2. “给予的目的在于获得”，这是否是一切交流的原则？

3. 试分析尼采《论罪行与犯罪》一文的哲学意义。作者在文中提出问题：舆论在了解了犯罪动机和作案具体情况后，即能遗忘错误。这种现象是否有悖伦理原则？

理科

1. 能否将自由视为一种拒绝的权力？

2. 我们对现实的认识是否受科学知识的局限？

3. 试分析卢梭《论人类的幸福、不幸和社交性》一文的哲学含义。卢梭说：“我们对同类的感情，更多产生于他们的不幸而不是他们的快乐。为共同利益联系在一起的基础是利益，因共处逆境团结在一起的基础是感情。”

十多年来，我一直在反思我们的作文教学和考试，尤其是高考作文的命题和阅卷工作，在很多时候和很多场合，我表达过无法控制的愤怒和失望，也思考过我们的出路究竟在哪里。我写了很多文章提出了自己的看法和建议。近年来我终于知道，并且越来越清楚，这是完全没有用的，我也知道原因究竟是什么。那么，究竟还有没有出路呢？我可以负责任地说是有的，并且知道该怎么做。我等等再说。我们继续看一些国外的高考作文题，这些题目是我从网上找到的，但不容易找，而且很不全。

自从读到上面那则报道后，我就很关注法国的高考作文题。下面是2007年和2008年的题目，依然是那么平实而深刻，是我们的学生和老师无法望其项脊的。而从2001年到现在，我们的高考作文命题却是机关算尽，心劳日拙，丑态百出，日暮途穷。

2007年法国高考作文题

文学类

1. 若有所悟是否就是对于思想桎梏的解脱？

2. 艺术品是否与其他物品一样属于现实？

3. 解释亚里士多德在《尼格马科论伦理》中有关“责任”的论述。

科学类

1. 欲望是否可以在现实中得到满足?

2. 脑力劳动与体力劳动的比较有什么意义?

3. 解释休谟在《道德原则研究》中有关"正义"的论述。

经济社会类

1. 人们是否可以摆脱成见?

2. 我们可以从劳动中获取什么?

3. 解释尼采在《人性,太人性》中有关"德行"的论述。

2008年法国高考作文题

文科

1. 感知能力是否可以来自教育?

2. 对于活体的科学认知是否可能?

3. 评述萨特《伦理学笔记》中的一段文字。

理科

1. 艺术是否改变我们的现实意识?

2. 演示是否是确认现实的唯一手段?

3. 评论叔本华《意志与表象的世界》中的一段文字。

经济社会科

1. 人们是否可以不受磨难而满足欲望?

2. 认识他人是否比认识自己更容易?

3. 评述托克维尔《论美国的民主》中的一段文字。

据说,法国高考的第一个科目是作文:文学、经济社会、科学类毕业生可以分别在三个题目中任选一个,4个小时后交卷。这就是说,作文是一个独立的科目,跟语文是分开的,考试就是写一篇文章,考试时间是4个小时。我不太清楚,如果真是这样,我觉得这种设计简直太英明了。我曾经有一个想法,遭到很多人的嘲笑。我们的作文要求写800字,我说,增加考试时间,作文要求3 000字以上。我当时的想法是,光是空话套话漂亮话凑足800字是很容易的，但要堆砌3 000字以上假大空的东西恐怕就困难了，这样就可以逼着他们说一些自己的话。现在想来，确实可笑，说不说真话跟字数无关。

我们继续看一些国外大学作文题——

美国西北大学作文题

1. 谁是你们这代的代言人？他或她传达了什么信息？你同意吗？为什么？

2. 有种理论认为：伟大的领袖人物都是由他们所处的具体的时代创造产生的。照你的看法，伟大人物的产生，是由于所处的环境，还是由于个人的特质？试举出一位人物来支持你的观点。

3. 在愚蠢的错误和聪明的失误之间总是存在着重大的不同。请说一说你的一个聪明的失误，并且解释一下它怎么给你或他人带来益处。

4. 罗马教皇八世Boniface要求艺术家Giotto放手去画一个完美的圆来证实自己的艺术技巧。什么看似简单的行为能表现你的才能和技巧？怎么去表现？

美国芝加哥大学作文题

1. 想象你是某两个著名人物的后代，谁是你的父母呢？他们将什么样的素质传给了你？

2. 假如一个平常的日子被加上了4小时35分钟，你将会做什么不同的事？

3. 开车进芝加哥市区，从肯尼迪高速公路上能看到一个表现著名的芝加哥特征的建筑壁饰。如果你可以在这座建筑物的墙上画任何东西，你将画什么，为什么？

美国普林斯顿大学作文题

1. 你认为什么思想、发明、发现或创造到目前为止对你的人生产生了最大的影响？请简要说明。

2. 什么是你曾经不得不作出的最困难的决定?你是怎么作的?

3. 直至你目前的生活,你的哪些具体的成功给了你最大的满足?

2007 年新加坡高考作文题

1. 科学提倡怀疑精神,宗教信仰镇压怀疑精神,你对此认可多少?

2. 中国的崛起是近年来对世界最大的威胁。请评论。

3. 哲学只是提问而并不回答,为什么学习它?

4. 海外留学是一项被高估的经历。你认为呢?

5. 阅读幻想小说只是对现实的一种逃避,除此没任何其他意义。你同意吗?

6. 全球暖化会如何影响今后的政治?

7. 外国人对你的国家带来的问题比他们带来的利益多吗?

8. 现在保持生活和工作的平衡到底是不是一个实际的追求?

9. 讨论一下生活中自我约束的价值。

10. 电脑游戏是不是一个健康的追求?

11. 在全球化的世界中只会一种语言绝对是一项劣势,你同意吗?

12. 我们崇拜年轻人而嘲笑老龄人,你对此有什么看法?

美国其他大学的作文题也各有特色——

宾夕法尼亚大学的考题是"你刚完成了 300 页的自我介绍,请交出第 217 页";

霍普金斯大学的考题是要写一篇利用铁丝、汽车贴纸、蛋糕盒、木工工具来解决问题的文章;

芝加哥大学给学生的考题是:为一个电视节目撰写计划书,其中要提及一点德国的歌剧、费米的私人教师、凡·高那只被割下的耳朵。

这些题目的特点很明显,其开放性、自由度、灵活性、想象力、思维力、个性化、选择性、实用性等等与我们的作文题相比,具有无可比拟的优越性和巨大的自由发挥和创造的空间，目的就是引导学生关注身边的现实，关注社会，思考人生，培养想象力和创造力，能解决实际问题，敢于批评、怀疑，做一个有思想、有主见、有个性的人。他们的命题意图很清楚，导向很明确，他们知道应该培养下一代的什么品质，怎么来培养。而我们的命题人则不知道，我们根本不知道自己在做什么，更不知道应该怎么做。我们十几年的作文教学除了鼓励、煽动和诱惑孩子说假话，说空话，说大话，说套话，没有起到任何作用。

有人说，我们也出这样的题目，我们的孩子能写吗？是的，我们的孩子恐怕是写不出来。但为什么写不出来，不还是因为我们十几年如一日辛辛苦苦一把屎一把尿一把鼻涕一把眼泪地把孩子教呆了教傻了？另一方面，我们在把孩子教成白痴的同时，我们自己也早就成了白痴。所以，实际上，我们根本就不敢出这样的题目——孩子写出来的文章我们能批阅吗？

现在的教师根本指望不上，现在的学生同样指望不上，他们以后做了教师只会变本加厉。那么出路在哪里？

我的答案是，在现在还未出生的一代和他们的下一代以及再下一代身上。

语文教育：把学生培养成读书人

语文教育:建构学生的精神世界

一、语文教育的本质

《义务教育语文课程标准(实验稿)》在"课程的基本理念"中对语文教育的特点有这样一段表述:"语文课程丰富的人文内涵对人们精神领域的影响是深广的,学生对语文材料的反应又往往是多元的。因此,应该重视语文的熏陶渐染作用,注重教学内容的价值取向,同时也应尊重学生在学习过程中的独特体验。"我认为这个表述是非常准确的。

语文课程的特点是丰富的人文性而不是科学性,它作用的对象是学生的精神和心灵而不是智力和技能,作用方式则是熏陶渐染而不是规模锻铸;学生对语文材料的反应则是个性化的和多元的而不是普遍性的和单一化的。这就把语文学科同数理化等自然科学严格区分开来,这个区分具有重大的理论意义和实践意义。尽管这个区别是那么的明显,但长期以来不被人们充分认识和严肃对待,总是有意无意地掩盖语文教育的本质,扭曲了语文教育的灵魂,使语文教育堕落成庸俗政治学和各种意识形态的工具,沦落为"听说读写"的纯粹技能训练,其应有的价值丧失殆尽,贻误了一代又一代人的精神建构和灵魂觉醒。

如果我们承认，精神建构是教育的绝对使命，而语文教学的主要任务则是通过阅读、思考、实践和体验来建构学生的精神世界。那么，我们立即发现，半个世纪以来，中学语文教学由于深受科学主义思潮的影响，已经越来越偏离了这个方向，而滑向了技术主义、工具理性的深渊。语文与人的精神和心灵、与人的生命和生活越来越疏远。

在高考诸学科当中，数学、英语、物理、化学等本身就具有工具的性质，它们具有普遍性和可操作性，便于教，便于学，而且可以用统一的标准去衡量、检测和评价。语文学科则恰恰相反，因为语文直接指涉人的精神，而精神是不应该统一的，精神的统一只能是思想的专制和灵魂的枷锁。精神建构也不可能像砌房造屋那样，设计、规划、施工、技术指导、质量监督、验收、交付……按部就班地完成，它肯定是一个充满着自主性、创造性、特殊性、变异性、偶然性、丰富性和复杂性的过程。简单地说，用教数理化的那套观念和方法去教语文，不但是困难的，而且是有害的。

二、“休克疗法”

考虑到中学语文教学积弊之重，任何温和改革均无疾而终的现实，我主张采取一种过渡期的“休克疗法”——立即终止教师在课堂上头头是道、天花乱坠的课文分析以及各种各样的层出不穷的应试训练。这种课文分析大多是各种参考书上的现成结论而不是教师自己的独特体验和感受，这个结论无论是教师讲出来，还是巧妙地通过学生的嘴说出来，对于教师和学生都是没有多大意义的；至于各种应试训练，更是压制了个性，束缚了灵性，堵塞了悟性，摧毁了想象力、情感力和创造力，有百害而无一利。

那么，语文课干什么呢？很简单，读书！教师和学生一起读！读诸子散文，读韩柳欧苏，读唐诗宋词，读红楼西厢，读鲁迅，读莎士比亚，读卡夫卡，读昆德拉……读完以后谈自己的感想和体会，教师和学生一起谈，体会有深浅，感想无对错，谈完以后继续读！有些教师连《西厢记》原著都没看过，却煞有介事地在课堂上给学生分析《长亭送别》；如果学生自己看过两遍《红楼梦》和《历史文化的全息图像——论〈红楼梦〉》并且能背诵出《红楼梦》中的诗词30首，那么，语文教师捧着教参津津乐道地分析《林黛玉进贾府》中王熙凤的出场和贾宝玉的叛逆性格不是显得很滑稽吗？

这里提到背诵，我想多说几句。记忆能力本身就是一种很重要的能力，它是其他所有能力的基础。少年儿童的记忆力很强，让他们背诵一些优秀篇章是完全能够做到的，并且是非常有益的。记忆力长期搁置，就会衰退，这不仅是资源的浪费，也会影响其他能力的发展，甚至会促使一个人早衰。就语文教学来说，诵读是培养语感的最有效的方法，“涵泳工夫兴味长”，古人在这方面的论述很多，确是经验之谈。我们的语文教学到了高中阶段严重忽视了背诵功夫，小学到初中背诵的一些诗文遗忘殆尽，实在可惜。我想，如果一个人能轻轻松松地背诵300首以上的唐诗宋词、100篇以上的古代散文名篇名段，那么，他的语文素养就不会差到哪里去。新教材规定了很多背诵篇目，非常英明。但我听说师生的反对意见很大，以致编者考虑要降低要求，如果真是这样，我感到很遗憾。我看，我们吐沫横飞地分析5篇文章再加上心急火燎地训练10份练习，就其真正价值和意义而言，也抵不上让学生背诵两篇文章，如《赤壁赋》和《兰亭集序》。

语文的确需要训练，但不是现在这种完全脱离生命体验和现实人生的应试技能训练。语文应该训练学生读书和思考、体验和感悟，而这种“训练”，其实就是让他们进行自由地读写实践，教师的任务就是参加进来，与他们一起阅读、讨论和交流。我的办公桌上堆满了各种练习册、考试卷以及“大全”“精编”“宝典”“秘笈”“百日冲刺”“进军清华”等等，这是语文教育的悲哀！我盼望着什么时候把它们统统扔进垃圾堆，而代之以《古文观止》《桃花扇》《茨威格小说集》《百年孤独》和一本笔记本。

三、可行性分析

如何才能把教师和学生从繁琐的讲析和铺天盖地的应试训练中解脱出来？我相信这是很容易做到的，因为中国人是世界上最听话的民族。对学校、家长、教师和学生来说，他们最听高考的话。难道学生天生喜欢为那些艰深繁难枯燥乏味的数理化习题而绞尽脑汁吗？《西厢记》中动人的情节、婉曲的情事、美好的情愫，钟情的张生、深情的莺莺、热情的红娘，还有那“若玉环之出浴华清，绿珠之采莲洛浦”的“花间美人”般的优美词句，怎么就吸引不了有着同样美好憧憬的花季少年呢？这都是高考惹的祸！高考实在太“伟大”了，她的无穷“魅力”让莘莘学子轰然拜倒，眼不能他顾，心不敢旁骛，服服帖帖，俯首称臣。

现在，如果教师讲得越多，学生练得越苦，在高考中最终无一例外地被证明越是“丝毫无补费精神”，那么，失去了进身之阶的教师和学生，谁还愿意自讨苦吃？所以，什么话都不要说，让语文高考登高一呼，中学语文教育的状况立马改观！

四、一份样卷

语文高考试卷哪怕就这样出，就现阶段而言，也是功德无量的善举——

内容：古诗文名句、名段默写 20 分，《红楼梦》20 分，《西厢记》《牡丹亭》《长生殿》《桃花扇》中的某一篇 20 分，诸子散文、八大家散文、明清散文中的某一篇 20 分，鲁迅 20 分，外国传统和现代小说 20 分，其他 30 分。

题型：填空、简答。

举个例子，《红楼梦》第 23 回的回目是什么？请用 100 字左右概述《红楼梦》第 48 回的情节。

说到这里，肯定马上就有人嘲笑，至少有人担心：学生从此以后就背背 120 个回目，这有什么意义呢？那么，我告诉你，第二年不这样考了，一部

《红楼梦》出几个题目还不是很容易吗？但有一点必须明确，只要也只有自己认认真真地看了原著，就能够也才能够拿到这个20分中的大部分，如果多多少少有点悟性和灵气，就能差不多拿满20分。反过来说，这样的命题正是要求大家去读，也只是要求大家去读，去直接接触原著；只要大家认认真真去读了，目的就达到了，至于读懂多少，又悟到了多少，并不重要——谁敢说自己已经读懂了《红楼梦》？进一步讲，我们的语文高考试卷应该设法让那些爱读书、读好书、会读书的人拿到高分，让那些怕读书也几乎没有读什么书的人最多只拿到20分，让那些怕读书但逼着自己读了一些书的人拿到50分，让那些怕读书但逼着自己读慢慢地喜欢上了读书从而也读了较多书的人拿到100分，让那些本来就喜欢读书现在有机会可以读更多的书因而更用心地去读越读越爱读也不再想什么高考不高考了读书本身就是最大享受的同学得150分(满分)。

这样的试卷怎么出？我们不是有那么多专家吗？如果他们把编写高考宝典、解题技巧的时间省下来，把兜售高考信息、招摇撞骗的时间省下来，好好动动脑筋想想，应该是没有什么问题的。

我曾经讲过我还要继续讲，现在的全国统考语文试卷必将贻笑后人！

五、总　结

我们对语文教学的全部操作，包括课堂教学、应试训练、考试和评价都是建立在一个错误的理念基础上的，所以全部活动对学生的精神世界不发生影响，这是语文对学生失去吸引力的根本原因。当然，说完全不发生影响也不对，它发生的是一种泯灭个性、培植奴性的影响。

中学语文教学需要观念层次上的爆破，而不是技术层面上的改进，需要重新认识语文学科的性质、价值和目的，需要从本体论和方法论的高度进行一次深刻的革命。

读书是一种习惯

古今中外有关读书——为什么要读书、读什么书、怎么读书等等的论述,从名言警句到趣闻逸事到论文专著,简直多如牛毛,而且它们几乎都是真理,光是这些就够你消受一辈子的了。由此可见,在现代社会,真理是供大于求的过剩产品。

我之所以还要厚颜无耻地凑热闹,只是因为我也未能免俗而已。

我认为读书是一种习惯。鲁迅说读书如赌博,周作人则鼓吹烟鬼式的读书。赌博和吸烟是不好的习惯,不仅危害自己的身心健康,有时还会影响到他人乃至社会。如在公共场所吸烟,如嗜赌而引发种种矛盾甚至恶性事件。读书则属于好习惯,但它也仅仅是好习惯罢了,不要指望它会给你带来多少好处。每一个人都有不少这样那样的习惯,一般来说,习惯都没有什么功利性质;就读书这个习惯而言,不给你带来麻烦就已经很不错了。

什么是习惯?习焉不察,习惯成自然,也就是说,一种行为方式自然而然到自己不能察觉的时候,就成了习惯。一个烟鬼用得着别人提醒他什么时候抽烟吗?一个赌徒不是到时候就手痒痒了吗?老是想着抽烟会得癌症、赌博一定要赢钱的人,没有资格成为烟鬼和赌徒。同样,念念不忘"书中自有黄金屋"、耿耿于怀"富于笔墨穷于命"的人,不能算是真正的读书人。

习惯从来不会伪装,但可以改变。然而,正如养成某种习惯绝非一日之功一样,改变某种习惯也殊非易事。有道是习于性成,习惯植根于一个人的性情之中,习惯的改变意味着性情的改变。所以,读书是性情中人的性情中事,牵强不得的。

英国作家毛姆说他喜欢坐在公园的长凳上读诗,这是他读书的习惯之一。但是,如果已经成了习惯,读书是不会在乎环境的。古人讲:"闭门即是深山,读书随处净土。"一个烟鬼,不论是躺在床上,还是走在路上,抑或是蹲在厕所里,都能吞吐自如,他怎么会去追求"明月松间照,清泉石上流"的情调呢?又不是谈恋爱。

是抽烟而不是抽情调,是读书而不是读环境。清人袁枚说:"读书如吃饭。"它们都是稀松平常的事儿,无高雅绝俗可言,但现在有人视读书为附庸风雅之事,正如吃饭已越来越蜕变为一种符号,一种象征。当然,有人玩高雅,就让他去玩吧,总比玩恶俗要好。

我们现在有很多奇怪的现象,比如写书的人比读书的人多,比如读书在一部分人那儿成了不堪承受的负担,以至于要国家来三番五次地下令减负,而在另一些人那儿或从不问津,或点缀风雅……

一个人的习惯反映了一个人的性情,而众人的习惯则反映了一个时代、一个民族的精神。

读书是一种习惯,习惯是一种生存方式,生存方式就是人的命运,也是民族的命运。

谁是装在套子里的人?
——谈谈小说教学和现实生活的关系

通常我们是按照这样一个流程来进行小说教学的:作家介绍、写作背景、情节、人物、环境、主题、艺术特点的分析等等。比如讲小说《装在套子里的人》,首先介绍一下俄国批判现实主义文学的最后一个作家、短篇小说大师契诃夫,他的生平、思想和创作情况;然后是19世纪末沙皇俄国的黑暗现实;然后是小说的情节和人物形象的分析,特别是别里科夫形象的意义,他是沙皇专制制度的维护者和走狗,现在我们还看到了他不只是有可憎可鄙的一面,还有可怜可悲的一面,总之,他是一个竭力维护旧制度,仇视新事物,害怕变革的典型,小说通过这一形象的塑造深刻揭露了沙皇专制制度的反动本质以及它必然灭亡的命运等等;最后还要分析这篇小说的艺术特色,主要是夸张和讽刺手法的运用和个性化的人物语言、行为、心理描写等等。

当然,这一切不都是教师直接讲出来。现在不是时兴启发式教学、研究性学习什么的吗?教师要激发学生主动发现和探究的积极性,那么在教师的点拨和引导下,学生们"主动"地发现了什么呢?差不多还是前面那些我们教师想要讲给学生的东西,这正是我们所希望的。于是,欢呼吧,我们告别了填鸭式教学,我们重视学生的主体地位,学生终于学会了主动学习,他们的创新能力被激发和培养出来了。但是,我们也许高兴得太早了!我们只是换了一种较为隐蔽的方式来灌输和填鸭,这种做法可能对学生的创新意识和能力的培养危害更大。如果上面说的那些东西一定要让学生知道的话,我看就直接告诉学生算了,甚至直接印发给学生也未尝不可,干嘛煞费苦心拐弯抹角把它们放进学生嘴里然后诱骗他们用自己的话说出来呢? 这不是自欺欺人吗?

那么,小说究竟应该怎么讲呢? 如果我们把教参上的那些本来可以藏藏掩掩然后再一一道来的"家珍"弃之不顾或干脆一古脑儿倒给学生,那语文教师还有什么正经事儿可做呢?

什么是小说? 我不知道文学理论书上是怎么说的,但我更愿意接受这样一个简单的说法——文学是人学。小说是写人的,写人的命运遭际,写人的心理和情感,写人的生存状态和心灵世界;这个人当然生活在一定的时代和社会条件下,他们有着各自的经历、情感、性格和命运,但他们并不是跟今天的我们和今天的生活毫无关系。否则,为什么有人喜欢读小说呢?

我们在讲小说时,好像是在讲着一个与自己与今天毫不相干的人和事。讲19世纪末的俄国,讲20世纪初的中国,讲资产阶级暴发户的丑恶灵魂,讲辛亥革命的局限性,讲阿Q的命运,讲祥林嫂的命运,讲翠翠的命运,讲别里科夫的命运……于是,我们认识到了封建主义的罪恶、资本主义的罪恶,从而无比珍惜今天的幸福生活。我们或鄙视或同情或叹息或愤怒……但是,这些感情难道不是同时应该指向自己和自己所处的这个社会吗? 我们阅读小说就像是鲁镇上的那些老女人"特意寻来,要听她(祥林嫂)这一段悲惨的故事",听完以后,"就一齐流下那停在眼角上的眼泪,叹息一番,满足的去了,一面还纷纷的评论着"。但是,小说不是历史或政治读物,也不只是愉悦感官的消费品,而是人的精神和心灵的揭橥。通过小说可以更清楚地认识到人性的光明与黑暗、刚强与孱弱,从而能够追究一个民族乃至整个人类一切症结的所在,弄明白人类只配或应该得到什么样的命运,由此产生一种悲悯的情怀。

我们在小说教学中有一个认识上的误区,那就是小说里所写的人是在特定的时间和地方，做着特定的事情，有着特定的性格和命运的特定的人，加上了这么多“特定”以后，这个人跟我们也就没有什么关系了。这是长期以来我们对“时代背景”和“人物个性”的简单化、庸俗化的理解。我认为任何人的性格和命运都是所有人的性格和命运，只不过特定的时代和社会让这种性格和命运凸现出来而已。所以我们在阿 Q 身上、在别里科夫身上、在路瓦栽夫人身上、在祥林嫂身上应该看到自己！

我们知道，社会进步主要体现在物质技术层面上，而人的灵魂和精神却复杂得多，其发展不但是缓慢的，而且是迂回的。就算我们业已摆脱了封建枷锁和专制暴政，但还有各种各样的精神枷锁和灵魂专制。现代人在社会管理更为严密的官僚制度中，在以利润驱动的金钱世界中，在消费时潮挟裹的欲望放纵中，在高速发展的科技反驳人身的威胁中，个人或自我是屈从还是反抗几乎已成为哈姆莱特式“生存还是毁灭”这样无法回避的问题。不要以为我们比祥林嫂幸运多少，比别里科夫高明多少，人性中的虚浮、懦弱、迷信和懒惰还没有也不可能彻底根除，我们要保持必要的警惕，经常反思我们的生存状态，不断与堕落作斗争，努力提升我们的灵魂。大江健三郎说：“文学应该从人类的暗部去发现光明的一面……小说写到最后应该给人一种光明，让人更信赖人。”是的，我们应当互相信托，互相亲爱，互相同情和扶助，忍耐和宽容。否则，人类就真的不配有更好的命运。好的小说以对人性的深刻揭示提醒我们应该怎样生活，这就是小说的价值，也是小说教学的真正目的所在。

语文就是生活，这是我们常常挂在嘴边讲的一句话，但奇怪的是，当前语文教学中一个最严重的问题正是：语文是语文，生活是生活，二者井水不犯河水。语言是交流的工具，而生活就是交流；文学则是生活真实的反映：这就是语文和生活的关系。我们为什么要把语文搞得离生活越来越远？原因恐怕正是我们内心的虚浮和懦弱，还有恐惧，对真实生活的恐惧，对真实的生命和人性的恐惧；更深刻的原因则是渗透在人骨子里的奴性和漠然。契诃夫的小说《恐惧》中的主人公整天生活在恐惧中，他说：“我体会到生活状况和教育把我限制在狭小、虚伪的圈子里,我的全部生活无非是天天费尽心机欺骗自己和别人,而且自己并不觉得。……我想到我一直到死都摆脱不了这种虚伪,就心里害怕。……我们往往不公道,对人造谣中伤,破坏彼此的生活,把我们的全部力量都浪费在我们不需要的而且妨碍我们生活的无聊事情上。……我怕人们,是因为我不了解他们。……我不明白人为了什么缘故要生活下去。”小说教学正是要让大家认识到这种生活的实质,抛弃各种无聊和偏见,自由地真实地和有尊严地生活在这个世界上。语文教学应该教人为何生活和如何生活,这也是教育的最终目的。但是,我们的教育却把我们“限制在狭小、虚伪的圈子里”——其实,我们比别里科夫好不了多少。

但是,生活是可以教的吗?难道不是应该自己去经历、体验、感悟和思索的吗?所以我始终认为学习语文主要应该让学生自己去阅读、体验、感悟和思索,教师只能起一个激发和引导的作用。

我在教学《装在套子里的人》一课时,让学生联系实际谈谈现实生活中类似的现象。学生讲了很多,其中一个同学讲到,我们的班主任就是一个别里科夫式的人物,他对我们总是不放心,这也不许,那也不行,生怕会闹出什么乱子,看到男女同学在一起说说话,就疑心他们早恋,看见我们进网吧就以为我们肯定去浏览不良信息,他就希望我们整天呆在教室里埋头做题,嗯,这就好,这就好……这个学生的话说得十分尖锐,我在心里非常赞同和理解,但嘴里还要替老师辩护几句,看来我又何尝不是一个装在套子里的人?

做一个小流氓是痛苦的

——《杜十娘怒沉百宝箱》中李甲形象剖析兼谈十娘形象

李甲“迷恋十娘颜色”，但又“惧怕老爷，不敢应承”；既想做风流情种，又要做孝子贤孙。李甲的“愁容可掬”“茫然自失”“怀抱郁郁”“且悔且泣”都是源于这个内心矛盾。他的“忠厚志诚”让“久有从良之志”的杜十娘“甚有心向他”。然而，杜十娘不知道，正是这个“忠厚志诚”使得李甲成为一个“没主意的人”，“老父位居方面，拘于礼法”的巨大阴影始终挥之不去。

当“历经艰难，得有今日”的杜十娘问及李甲以后的打算时，李公子面露难色，实则是心有余悸：有违父命，何以立于天地之间？也就是说，在封建礼法和个性自由之间犹疑不定，难以取舍。李甲没有追求个人幸福的勇气，杜十娘的一片痴情和良苦用心没能把他从封建伦常纲纪中拯救出来，所以孙富的一番花言巧语很快说服了李甲，于是他背叛了十娘重新回到父亲的身边。发乎情，止乎礼，始乱终弃，改邪归正，“欣欣似有喜色”。在这里，即使没有“千金之资”，恐怕也只能是这个结局。明代社会，金钱在实际生活中的地位日益提高，冲击着传统的价值观念，但它的力量还不足以压倒根深蒂固的门第思想，旧有的等级尊卑秩序还十分强大。

李甲并不是一个见钱眼开的人，他还是比较重情意的，但在封建文化的浸泡下，他得了软骨症，不敢与他赖以生存的宗法伦理制度决裂，最终毁了自己的幸福,也葬送了杜十娘的一生。李甲的父亲始终没有露面,但他恰似一个无处不在的阴魂左右着李甲的生活。父亲代表着"天理",而十娘代表的是"人欲",尽管"存天理,灭人欲"的理学信条在明代社会已有所松动,但出生于官宦之家的"忠厚志诚"的李甲,由于先天和后天的不足,只能尴尬地挣扎在两者之间,最终抛弃了情人而投向了父亲的怀抱。

"我是流氓,我怕谁!"但李甲不是流氓,充其量只能算是一个小流氓,所以他怕:怕"为妾而触父,因妓而弃家",怕"妻不以为夫",怕"弟不以为兄",怕"同袍不以为友",怕绝了"父子天伦"。李甲不是流氓,否则,他不会"终日愧悔,郁成狂疾,终身不痊"。

离经叛道是要付出代价的,做一个小流氓是痛苦的。要么,干脆就把流氓进行到底,彻底挣脱天伦束缚,赤身裸体,走向上帝。这又谈何容易?中国历史上能够把流氓进行到底的恐怕只有两个人:一个是西门庆,一个是贾宝玉。前者是一个性欲顽主,后者是一个旷世情种。而我们大多数人,其实连李甲也不如。如果说李甲充其量算一个小流氓,那我们至多只是偶尔耍耍流氓,大多时候是以一个正人君子的面目道貌安然着,真可憎,可鄙,可怜!然道我们没有感觉到吗?

杜十娘与李甲不同,她是一个在风月场上阅人无数、城府极深的女子。她受正统教育少,而受新风气熏染多,在她身上体现了较多的人性光辉。身为下贱,却不失尊严;沦落风尘,仍向往自由.她要求平等、追求幸福,并为此作出了不懈的努力。饱受凌辱让她更懂得真情的可贵,屈辱的生活也磨练了她的意志和心计。热烈而钟情,大胆又细心。她先引诱妈妈同意赎身,然后不动声色,叫李甲去筹钱,直到期限过半,才自己拿出赎金的一半。她苦心积攒的箱中珍宝却假借姐妹们临别所赠,不让李甲知道。赎身从良后,她说出让李甲家人接纳她的整个计划……这一切惨淡经营都是为了自己的自由和幸福,这是一种正当的追求,她对此寄以极大的希望,事实上,整个事件的进展也非常顺利。眼看盼望已久的幸福就要到来,然而,李甲出卖了她!

她最钟情的人背叛了她!她的一生幸福,她的终身之计,转眼间化为泡影，而且是以这样一个结局收场：腰缠万贯的她被自己的情人以区区千金卖给了别人。她的全部心血，她的全部努力，顿时显得滑稽可笑。原来自己的所有追求和向往是那么的不堪一击。这个打击是巨大的和毁灭性的，性情刚烈的杜十娘悲愤交加，欲哭无泪。她绝望了。

其实，即使到这个时候，杜十娘还是有办法挽救的，她有百宝箱。但是，她当初没有告诉李甲自己有一笔可观的财产，正是要让他们的爱情不受到金钱的污染，她早就厌恶了这种金钱交易；现在，她怎么会用它来维系这种业已变得可笑的感情呢？尽管李甲此刻痛悔不已，但杜十娘已经万念俱灰了。杜十娘的绝望不只是因为幸福之不可得，更是指向生命本身。

有人替杜十娘惋惜，认为她几乎具备所有做幸福快乐女人的资本——年轻、美貌、富有，没有李甲，照样可以过得很好，何至于偏执到为一个负心汉自杀呢？但是，如果杜十娘也像我们中的大多数人认为的那样，有了年轻、貌美、富有，就有快乐和幸福，那么她在遇到李甲之前不是已经具备了这些条件了吗？为什么还要费那么多周折呢？就是在认识李甲之后，如果早一点把百宝箱的秘密告诉他，也就不会有后来的变故了。看来，杜十娘追求的不是用年轻、貌美、富有换来的所谓幸福，她要追求的是真正的幸福。

这种"真正的幸福"当然也需要一些外部条件——这是杜十娘"私有所积"的原因，但"真情"才是必要条件。"两下情好愈密，终日相守，如夫妇一般，海誓山盟，各无他志。""那杜十娘与李公子真情相好，见他手头愈短，心头愈热。""妾与郎君情好，已及二载，历尽艰难，得有今日。"有了这份真情，"得终委托，生死无憾"。正如柳遇春所言："此妇真有心人也。既系真情，不可相负。"杜十娘相信"真情"的存在和力量，并且相信自己已经获得了这种真情，然而，她错了。她太天真了。她的错正在于她的天真。

杜十娘的自杀不是为那个负心汉，而是为自己、为真情、为生命。

焦母为什么不能接受刘兰芝?

——重读名作《孔雀东南飞》

《孔雀东南飞》是我国古代最早也是最优秀的长篇民间叙事诗,是高中语文教材的经典篇目,对《孔》诗的人物形象和主题的分析已经很充分,也没有什么异议,但是对"焦母为什么要赶走刘兰芝"这个问题似有不同意见,各种教学参考书中大多没有正面回答这个问题。然而,这个问题在阅读过程中很容易产生,而且关系到对这首诗歌的人物、矛盾冲突和主题的全面深入的理解,笔者试就这个问题谈谈自己的认识。

从文中看,刘兰芝美丽善良,忠贞不渝,有情有义,又聪明又能干又有教养,几乎无可挑剔,焦母有什么理由不喜欢这个媳妇呢?

有人说,在焦母看来,"生小出野里"的刘兰芝配不上自己"仕宦于台阁"的儿子;有人说,刘兰芝不会生孩子,这在封建家长眼里当然罪不容赦;还有人说,焦母刁钻古怪,不可理喻,她的行为本身是没有多少道理可言的。这些说法也许都有一定的道理,但是好像均没有触及到问题的实质。至于说到封建家长与青年男女之间的斗争,家长要行使自己的权威,青年人则向往爱情自由、婚姻幸福,双方的矛盾是不可调和的。这个说法当然没问题,但总觉得太抽象太笼统。我们知道任何人总是处在一定历史条件下的某种具体的社会关系之中,就刘兰芝而言,则是生活在她与焦母、焦仲卿和小姑等特定的具体的每天都要面对的人际环境中，我们应该从分析这样一个具体的人际互动出发，弄清矛盾的发生发展和激化的过程，从而准确把握人物的性格和命运，进而理解矛盾的性质和作品的主题。

那么，焦母与刘兰芝的矛盾究竟发生在哪里呢？其实，焦母自己明明白白地讲了她对刘兰芝的不满，那就是“此妇无礼节，举动自专由。吾意久怀忿，汝岂得自由?”我们一直认为这是焦母“欲加之罪，何患无辞”的诬陷之词，其实，这是焦母的心里话，焦母“久怀忿”的正是刘兰芝的“举动自专由”。然而，刘兰芝自己辩解说“奉事循公姥，进止敢自专?”我们从文中也看到刘兰芝是一个很温顺而懂礼节的女子。问题在于他们各自从自己的角度出发都没有说错，矛盾也正是在这里。

所谓“举动自专由”，其实是追求独立、自由、平等的思想的表现，是生命意识的初步觉醒，是对人格尊严的维护，是对个性精神的坚持。刘兰芝不只是才貌双全，更是一个秀外慧中、外柔内刚、具有叛逆性格的女子。表现在：

一、洞察人情世态的聪慧，深感悲剧结局的难以挽回。“非为织作迟，君家妇难为。”“仍更被驱遣，何言复来还！”“我有亲父兄，性行暴如雷，恐不任我意，逆以煎我怀。”“同是被逼迫，君尔妾亦然。”刘兰芝的行止见识明显超过焦仲卿，这固然有刘兰芝自身聪颖敏锐的因素，还有刘“生小出野里，本自无教训(封建的一套道德观念在农村的统治相对薄弱)”和刘的母亲相对比较开明的因素，更主要的还是刘兰芝作为一个媳妇承受着更多的和更直接的来自封建宗法思想、男权思想和家长制度的迫害和摧残。

二、坚持个性有主见，维护尊严不屈服，这是对家长专制权威的最大挑战。比如，“便可白公姥，及时相遣归”。争取主动，维护尊严。又如，离开焦家前“鸡鸣外欲曙，新妇起严妆”的一段描写和“上堂拜阿母”的一席不卑不亢的言辞，更表现了刘兰芝的沉着镇静，遇事有主见，有礼有节，处处维护自己的人格尊严，同时又表示了对焦母——自己的对手——应有的尊敬，甚至同情，这一点实在太了不起了！紧接着是“却与小姑别，泪落连珠子”的一段语重心长的话,对此,我们通常理解成这段话表现了刘兰芝的善良,但在善良之外,应该还有许多复杂的感情:眼看着小姑长大了,等待着她的将是一个什么样的命运呢?自己的母亲还比较开明,而焦母却是这样一个专横的家长,可怜的小姑啊,可怜的女人啊,我们女子在爱情和婚姻生活中为什么就不能掌握自己的命运呢?

再如,阿兄逼婚时,她知道决定自己命运的时刻终于到了,这时,她反倒显得十分冷静,她知道任何直接的反抗只会招来更大的被动和屈辱,不如痛快地答应,让他们暂时得意一下吧,然而,她将以自己的生命为代价给予他们以最后也是最严厉的一击。“揽裙脱丝履,举身赴清池。”一个美好的生命毁灭了,犹如一颗耀眼的流星划破了阴暗窒闷的历史长空,照见出封建家长的丑恶灵魂,也照见出封建宗法思想扼杀人性的罪恶本质。

三、刘兰芝是一个外表柔顺、内心刚烈的女子,在与婆婆的相处中,尽管“奉事循公姥”,但她的聪颖敏锐、她的才华识见、她对爱情和幸福的渴望、她对自由平等的向往、对美和真的追求、对人性尊严的捍卫等思想意识和个性特征一定会在平时的言谈举止、音容笑貌中自觉不自觉地表现出来。这种行止见识是让长期生活在传统宗法社会中的已经完全自觉地接受了诸如“三从四德”“温良恭俭让”“女子无才便是德”之类男权思想的焦母感到陌生和害怕的,特别是当焦母发现自己那个向来温驯听话的儿子也因为刘兰芝而变得似乎不那么听话了,这更使她感到震惊和惶恐。焦母再也不能忍受了,“槌床便大怒:‘小子无所畏,何敢助妇语?’”这个家长要维护自己的权威了,而有着强大的制度和意识形态背景的封建家长一旦被触怒,等待着这一对渴望爱情和幸福的青年男女的命运将是可怕的,正像我们已经看到的一样。在美与丑的斗争中,尽管美被毁灭了,但是,她在毁灭之前和毁灭之时发出的耀眼光芒将长留人们心底;丑恶胜利了,但只不过证明了自己更加丑恶!这就是悲剧的价值所在。

当然,我们还不能认为刘兰芝就是一个自觉地追求个性自由和思想解放的先驱,她对爱情和幸福的渴望是自然的本真的又是强烈的(任何真正的爱情都具有某种叛逆性)，对捍卫人格尊严的意志更多的是源自她的感性和倔强的性格，她当然也不可能认识到造成自己和焦仲卿的人生悲剧的真正根源。我们既要充分认识到刘兰芝这一光辉的女性形象的价值和意义，又要注意不能离开课文的实际和特定的历史条件，拔高这个人物。

另外，焦母也是一个女人，她也曾经是一个被压迫者，但她多年的媳妇熬成婆以后，摇身一变，成了压迫者，便用自己做媳妇时的一套标准要求刘兰芝，她认为这是天经地义的：女人嘛，就应该这样过，难道还能怎么样？当她发现刘兰芝身上有一种异样的东西，她惊恐了，她要动用家长的权威予以铲除。然而，她错了，刚烈的刘兰芝宁为玉碎，不为瓦全，最后她失去了这样一个好媳妇，也把自己的儿子陪进去了，真不知她凄凉的后半生将如何度过，也不知道她能否从中悟到什么。从她身上，我们看到了封建统治者的凶残和高明——凶残和高明的结合意味着什么？

为什么要读《西厢记》?

《西厢记》说的是“天下有情的都成了眷属”这样一个又俗又滥的故事：张生与崔莺莺一见钟情，而崔母出于家族利益和封建礼法的考虑百般阻挠，最后，在红娘的帮助下，经过一系列斗争，崔张终成眷属。作品表达了男女青年要求恋爱自由、婚姻自主的愿望，显示出一种所谓反封建的主题。

今天，崔张们自由结合的障碍早就不复存在，造成他们当初离合悲欢的社会条件已经发生了很大的变化，生活在现代社会里的青年人为什么还要读《西厢记》呢？《西厢记》又凭什么去打动生活在今天这样一个物质极大丰富、两性结合空前自由的时代里的年轻人呢？

当然，《西厢记》的故事曲折生动，文辞优美华艳，写景写情写人写事无不妙笔生花，令人心旷神怡。我们读《西厢记》，的确应该细细潜玩元曲文采派最杰出的代表王实甫的如“花间美人”般的绚丽词章，但更应该充分调动自己的阅读经验和生活体验来揣摩体味曲词中人物的思想感情，这种揣摩体味又会反过来丰富自己的阅读经验和强化自己的生活体验。这样，阅读就同生活联系起来了，就同人生和生命联结起来了，阅读活动就在精神上、心灵上影响人、改变人。林黛玉读西厢时的所谓“词句警人，满口余香”不是仅就《西厢记》的作者融化百家、文采斑斓的语言艺术来说的，我的理解，“警人”者，乃是指它的思想意蕴，“余香”者则是情到浓时，氤氲飘香，熏陶渐染，怡情养性。

文学作品是写人的，写人之情、人之性，写人情之美、人性之真。《西厢记》写出了张生的钟情之美、莺莺的深情之美、红娘的热情之美，情之美基于性之真。人活着不只是一种物质的存在，更是一种精神的存在，精神的美在于率性纵情，而任何破坏这种美的势力必然是丑恶的。《西厢记》写出了这种美与丑的较量，写出了人性的被束缚和被压抑，更写出了人性终于冲破束缚如惊雷如春笋自由伸张的勃勃生机。爱情是什么？爱情是两性相悦，是世间最美好的感情，是最值得追求和珍视的感情，在她面前，什么功名利禄，什么仕途经济，什么门第财产，什么父母之命，什么伦理道德，均不足挂齿不值一文，因为它们是作为一种外在力量强加于人的自然本性之上的东西。封建社会最大的罪恶就是摧残人性。为什么要不遗余力地最大限度地摧毁人的自然本性？因为人性的本质是自由，自由的人性对封建秩序构成严重的威胁，动摇着封建大厦的根基。

我们来看看《西厢记》中“长亭送别”一场（见新教材高中语文课本第四册）。

“却告了相思回避，破题儿又早别离”的崔莺莺内心十分痛苦，历经苦辛刚刚获得的爱情又将面临着严峻的考验，“听得道一声‘去也’，松了金钏；遥望见十里长亭，减了玉肌：此恨谁知？”这是一种什么“恨”呢？“年少呵轻远别，情薄呵易弃掷。全不想腿儿相挨，脸儿相偎，手儿相携。你与俺崔相国做女婿，妻荣夫贵，但得一个并头莲，煞强如状元及第。”在莺莺看来，有情人儿朝夕相处，耳鬓厮磨，举案齐眉，卿卿我我，缠绵悱恻，执子之手，与子偕老……总之，“但得一个并头莲”，比什么都重要，所以她反复叮嘱张生，“此一行得官不得官，疾便回来”，休要说什么“金榜无名誓不归”！这是对爱情和幸福的热烈渴望和执著追求，这种追求突破了封建陈腐观念和传统道德的束缚，是对“存天理，灭人欲”的理学信条的颠覆，表现出一种叛逆精神。

崔莺莺还有一层忧虑：张生一旦高中，会不会另攀高枝？“你休忧文齐福不齐,我只怕你停妻再娶妻。"所以郑重嘱咐张生:"此一节君须记,若见了那异乡花草,再休似此处栖迟。"莺莺的担心不是没有道理。在那个时代,富易交,贵易妻不但是常事,甚至"始乱终弃"的流氓行为还被认为是"善补过"。在一夫多妻制度下,妇女的命运十分悲惨,他们随时有被弃掷的危险,考虑到这样一个背景,莺莺对张生的告诫实在是一种很了不起的声音。在莺莺看来,自己对张生的深情不应该被辜负和背弃,而要得到对等的回报,这实际上是一种捍卫人格尊严和要求平等的思想。

《西厢记》的结尾未免落入俗套,但王实甫笔下的张生和崔莺莺冲破封建礼法的束缚,不顾父母之命媒妁之言,鄙弃名教纲常和利禄功名,听从自己内心的召唤,纵任性情的自由奔放,勇敢地爱起来了。他们从佛殿相遇、一见钟情,到月下吟诗、互通款曲,发展到传书递简、跳墙赴约,直至西厢幽会、两情缱绻,最后长亭送别、海誓山盟,这一系列情真意切、大胆热烈的行为,不知使多少卫道士咬牙切齿、胆战心惊,也不知使多少在封建婚姻制度压迫下的青年男女为之击节,为之陶醉,为之神魂飞越。即使在今天,《西厢记》仍然让人心领神会、激动不已,让人认识到人性的美好和自由的可贵,认识到束缚心灵、摧残人性的势力是多么的可鄙和可憎,认识到人活在这个世界上纵有千辛万苦千难万阻还是值得活的,认识到幸福可以、应该和必须去争取——丢弃各种陈腐的观念,摆脱各种心灵的枷锁,为人性的解放和生命的尊严而斗争!

是的,时代发展了,社会进步了,但我们看到束缚人性的东西依然存在,人们在实现灵魂自由的路上更是举步维艰。今天,奴役我们的不只是崔母们,不只是更为严密的各种制度,还有科技神话和不断丰富的物质。我们似乎享有比古人更多的自由,其实这只不过是假象和错觉,我们在疯狂地追求身体享受的同时已经抛弃了自己的灵魂。谁能告诉我,现代人的精神家园已经荒芜到怎样的地步了?

“之二虫又何知？”

——读《逍遥游》瞎想之一、二、三

“此小大之辩也”——读《逍遥游》瞎想之一

“小知不及大知，小年不及大年……众人匹之，不亦悲乎？”

“奚以之九万里而南为？”

“而彼且奚适也？”

我们总是也只能从自身的角度去理解周围的人和事，而各人自身的情况是不一样的，所以理解是非常困难的。

有一对父子上山砍柴。儿子忽生感慨：“假如皇帝老儿上山砍柴，一定是用金斧头。”父亲嘲笑道：“你也太没见识了。皇帝老儿怎么会上山砍柴呢？这会儿他肯定坐在家门口嗑嗑瓜子儿，晒晒太阳。”这对父子只是把自己的生活推到极致，把自己能想象出来的最美最惬意的生活——用金斧头砍柴，有足够的闲暇坐在门口晒太阳嗑瓜子——赋予皇帝，而它们离事实相差何可以道里计？有人经常感叹某些巨星、巨贾或巨贪为什么要那么多钱，那么多钱怎么花得掉呢？其实一般普通人根本无法想象他们过的是什么样的生活，它已经完全超出了我们的日常生活经验。这就是庄子说的“朝菌不知晦朔，蟪蛄不知春秋”。

一个人的生活环境决定了他的认识和视野，所以那个可爱的晋惠帝不禁诧异那些饿死的老百姓“何不食肉糜”？有一个流传甚广的笑话也是讲的这个道理。说老师出了一道题目：“就非洲难民的粮食问题谈谈自己的看法”，没想到课堂上一片哗然：美国学生不知道什么叫“非洲”，欧洲学生不知道什么叫“难民”，非洲人不知道什么叫“粮食”，中国人不知道什么叫“自己的看法”。

人的认识是有限的，想象力是有限的，他只能理解他能理解的东西。苏格拉底说：我能知道的就是我什么也不知道。而孔子要自信得多：“知之为知之，不知为不知，是知也。”好像他完全知道自己知道什么和不知道什么。当然，他硬要这样说也无妨，但是，“己所不欲，勿施于人”就不对了，你“不欲”，何以知道别人也“不欲”呢？何况这句话还有一个隐含的意思，那就是，己所欲，则施于人，也就是孔子说的“己欲立则立人，己欲达则达人”，这同样是没有道理的，你“欲”，何以知道别人也“欲”呢？我认为孔子最大的错误就在这儿，中国文化最大的问题也出在这儿。仁、义、忠、孝云云，都是好东西，好东西你自己留着，干嘛要强加到别人头上呢？“翱翔蓬蒿之间”的斥鴳完全可以自认为是“飞之至也”，但你嘲笑并一遍又一遍地质问“绝云气，负青天，然后图南”的鲲鹏：“彼且奚适也？”“而彼且奚适也？”（你想干什么？你究竟想干什么？）这就是你的不是了，人家想干什么，干卿底事？我们可以设想，他年斥鴳若为青帝，一定会强逼鲲鹏与蜩和学鸠一起飞——多少人间悲剧就是这样造成的。

一个人只能管好自己的事情，努力拓宽自己的视野，丰富自己的知识，提高想象力，“博学之，审问之，慎思之，明辨之，笃行之”之类，都是好的，至于周围的事物，我们只能尽量给予同情的理解。事物是复杂的，人的内心世界更是无比丰富的，我们只能谨慎地沟通，谦卑地相处，任何强制地“施于人”都是狂妄和有害的。

我认为真正的理解是不可能的，强行改变只能是悲剧，正确的态度是尊重和敬畏，这恐怕就是庄子讲的任物自然，适性逍遥吧。

“乘天地之正，而御六气之辩”——读《逍遥游》瞎想之二

“乘天地之正，而御六气之辩，以游无穷者，彼且恶乎待哉?”是《逍遥游》通篇主意，也是《庄子》全书之纲。如果把“乘”理解成“趁着”(“因利乘便”之“乘”)，把“御”理解成“驾御”，那还是“犹有所待者也”，显然不符合庄子的本意。

“乘”应是“置身其中”的意思，就像我们乘车就是置身于车中。“天地之正”就是“天地之真”，实际上就是庄子所谓的“道”，庄子要我们置身于天地宇宙之中，任随这辆“大车”把我们带向何方，融于“道”中，“与造物者游”，而不要试图去控制它。——老老实实待在“车”里，否则只能自找麻烦，还可能殃及他人。

“六气之辩”是指天地万物的变化，“御”有“主宰、控制”的意思，但是，这不是我们所理解的“主宰”。

何谓主宰？人总是试图主宰、驾御、控制周围的事物，使得它们按照自己的意愿发生改变，从而实现自己的预定目标。但这个事情不但劳心烦神，还常常适得其反。所以，庄子认为最高境界的主宰正是彻底放弃主宰，最好的控制是不控制，任其自然，最终的改变是无须改变，因为任何改变最后都是一场空。这不是无聊的文字游戏，而是一种很高的智慧。人发明了各种各样的工具，最后反而沦为这些工具的奴隶，人类战胜自然、改造自然的过程恰恰是被自然宰制的过程，越来越先进的杀人武器不都是人绞尽脑汁研发出来的吗？如今人类对技术的依赖程度无以复加，我们不禁要问：究竟是谁在主宰谁？当我们拿着遥控器得意洋洋地对着电视屏幕不断地变换着频道时，究竟是谁被遥控？你想改变某物时，某物也就同时在改变你，你想控制周围的人和事，事实上就是把自己和它们捆绑在一起，你就“有待”了，有所依赖，有所凭借，有所对待，就不可能有真正的自由。庄子认为彻底斩断这种联系，就能做到无待逍遥，以游无穷了。

庄子接着说：“至人无己，神人无功，圣人无名。”

对于“无己”的理解没有什么异议，但把“无功”“无名”理解成“不追求

功名利禄”恐怕是不够的。前文说宋荣子“举世誉之而不加劝，举世非之而不加沮”，显然已超越了世俗的功名，但庄子认为他“犹有未树也”，还达不到“神人”“圣人”的境界。所以，这儿的“功”不只是特定的功劳、功业、功绩之类，更是指一般的功能、功用、作为，那么“无功”就是“无用”“无为”的意思，神人当然不会去追求建功立业，他们甚至连一般的“作为”都不要。我们知道，一个事物之所以是该事物，是因为它有自身的功能和作用，这种功能和作用正是对该事物的规定，庄子把这种规定看作是对物性（包括人性）的束缚和伤害，所以要去掉。去掉了功用的事物（包括人），如何去命名它呢？庄子说“圣人无名”。所以这儿的“名”，不只是指名誉、名声，更是指名号、名称、名分。给事物命名，暗含着给事物按功用进行分类和区分，比如大和小、荣和辱、好和坏、寿和夭，还有君臣、贤不肖、道德标兵、劳动模范、三八红旗手等等，庄子认为这是人类痛苦的根源，必须统统去掉。孔子说“必也正乎名”，还说“名不正则言不顺”，庄子的看法刚好相反。

剥去了功用和名分的事物还剩下什么呢？剩下的就是事物本身，就是“天地之正”“道德之正”，“天下之至正”，这样万物在本原和本质上就“混同为一”了，也就是“道一而不变”。庄子的“一生死，齐彭殇”，正是在这个意义上讲的。

现在我们回过头来看“至人无己”，就好懂了。庄子并不是说不要自己，去掉自身，而是说去掉加在自己身上的各种人为的功用和名分，从德智体美忠孝节义的污泥浊水中挣脱出来，还原出一个“肌肤若冰雪，绰约若处子”藐姑射山之“神人”来。

这个神人才是真人。

“彼且恶乎待哉？”——读《逍遥游》之三兼答小路、晓宇等朋友

《庄子》的文章我没读过几篇，只是教材中选了他的《逍遥游》（节选了前半部分），我才仔细读了这部分。《逍遥游》作为《庄子》33 篇的首篇，据说是理解《庄子》全书的关键，我从这篇文章里读出了两个东西，就是“小大之辩”和“有待无待”，于是就有了这两篇“读后瞎想”，贴在这儿聊以充数。不时地有人问我的博客怎么老是不更新，这让我很为难。我很懒，做事情就怕别人催，再说，我也实在没什么话可说，当然我可以引鲁迅的话来安慰自己：“当我沉默的时候，我觉得充实；我开口说话，同时感到空虚。”但我知道其实我是智穷力竭理屈词枯，所以开口就只能瞎说了。不过还是要感谢各位朋友，不时地刺激我一下，让我感觉到我还活在这个世界上。这样说起来，好像有点悲壮，但这不是我的本意。我其实还是很乐观的，庄子教我的，哈哈哈哈……好了，以后如果我的博客有一个月不更新，希望有朋友提醒我，这个要求有点过分了，敬礼！

钱锺书说“南不梦驼，北不梦象”，是对的，但鲁迅说“贾府里的焦大是不会爱上林妹妹的”恐怕就有问题了，阿Q不是也想着秀才娘子的宁式床吗？那一对父子无法想象皇帝过的是什么样的生活，但并不表示他们没有做皇帝的野心，所以“安于自己的生活”恐怕是很难做到的。我觉得一个人不安于自己的生活是可以的，但干预别人的生活是不行的，前者是你自己的事，后者就“越界”了。

关于“越界”，有一则笑话很经典，跟小路兄在《随笔》上看到的文章有异曲同工之妙。说的是前苏联领导人勃烈日列夫(?)有一次在看芭蕾舞演出，他忍不住一会儿就要评论一番，坐在他身边的秘书实在不愿看着他丢脸，就小声跟他说：“您不懂，就少说两句吧。”这位伟大领袖听了秘书的话，半天没有回过神了：“我不懂？你是说我不懂？以前我是东方红拖拉机厂厂长，我不懂；后来我当上了莫斯科市委书记，我不懂；现在我是党的总书记，我怎么还不懂呢？”这位领袖很可爱，他认为一个人懂得多少是和权力成正比例的。正如小路兄所言，思想的越界是可以的，但“由着自己的想象支配他人，指使他人，逼近他人，屠杀他人”就很可怕了，我们在这方面的惨烈教训还少吗？你觉得自己什么都懂，这是你自己的事，丢脸的也是你自己，但你无权干预别人、支配别人、控制别人。我认为这是一条底线。

至于教师在课堂上传授知识或者为了巩固所学知识而布置作业，这是不是“施于人”呢?如果从“把知识施加到学生身上”这个意义上讲,当然也可以说是“施于人”,但我这儿的“施于人”不是这个意思。正如高晓宇所说“关键在于‘施于人’的判定是怎么样的”。“施于人”的判定很简单,就是把自己的观点和意志强加到别人身上。教师传授知识当然不属于这种情况,首先知识不是教师自己的观点,而是教科书的观点;其次学生是自愿接受知识的,否则他交那么多钱到学校来干什么?

那么学校教育中有没有“施于人”的情况呢?有,而且是大量地存在。我们打一个比方——

比如说有一个领导,他去登山,一时兴起,写了一首诗,他自认为写得很好,于是很得意,这都是允许的。他可以把这首诗寄给某个杂志,如果发表了,还可以得点稿费,这也是可喜可贺的事情,但是如果硬要把这首诗编进中小学语文教材里去,这就没有道理了。如果你发表在杂志上,我可以不看那本杂志,而中小学生是没有选择教材也没有选择教材里的哪篇文章要学或不要学的权力的,他只能被迫接受这首诗,而且只能说它好在什么地方、如何高屋建瓴、如何内涵丰富、如何指示了我们前进的方向等等,还要去反复背诵,深刻领会,因为这是考试的标准答案。我们知道这是对中小学生乃至全国人民智力的肆意嘲弄和侮辱。

我说远了,还是回到庄子这儿来吧。我们读庄子,第一印象就是庄子在胡扯,他说的东西都是没有根据的,都是空想、幻想,都是不现实的,都是不切实际的,都是不可能的,因而也都是没有意义的。批评他的荒诞和谬误是很容易的,而要消化他的荒诞和谬误却是一件十分困难的事情。如果庄子纯粹是胡说,那我们完全可以置之不理。现在的问题是他的荒诞无稽的话语中闪烁着极高的智慧和惊人的洞见,我们无法回避他。每当我们走投无路的时候,就会与庄子不期而遇,而每一次相遇都让人们暂得休息,稍事调整,然后,又信心满怀地上路了。原来,庄子在一路护送我们吗?庄子用他的无稽之谈抵挡并消解了我们人生的无稽之痛,这是庄子对中国文化的贡献,还是祸害?

我们设想，如果没有庄子的思想，陶渊明怎么办？李白怎么办？苏轼怎么办？是庄子让这些最聪明的头脑在几近绝望时找到了回家的路，然而，这算什么家呢？连他们自己都说“天地一逆旅”而已。中国人从此永远失去了灵魂的家园。但这能怪庄子吗？

苏轼的"堕落"与现代文人的"成熟"
——读苏轼《超然台记》

"凡物皆有可观。苟有可观,皆有可乐,非必怪奇伟丽者也。铺糟啜醨,皆可以醉;果蔬草木,皆可以饱。推此类也,吾安往而不乐?"

苏轼的散文皆有可观,皆有可乐,实乃篇篇必怪奇伟丽者也,读之可以醉,可以饱,真是何往而不快?上引这段文字正是苏轼《超然台记》一文的首段。该文开篇两段文字,议论横生,踔厉风发,如挟天风海雨扑面而来,正反对照,精警有力,语言整饬中有变化,气势贯通如坂上走丸:祸福之去取,悲喜之辞就,大小之分,美丑之辨等等都是相对的暂时的,而且存乎一念之间,取决于人们内心的自由选择——游于物之内还是游于物之外。这个议论其实并无新意,庄子早就说过"物物而不物于物"。中国传统知识分子真幸福,儒道两家早为他们铺好了两条路,进退自如,游刃有余。

两段议论之后,文章转入叙述自己的遭遇经历。外在境遇的改变并没有影响到苏轼的内心,相反,景况日窘,而神貌益佳。为什么?因为他能做到超然物外,随遇而安。

"既乐其风俗之淳,而其吏民亦安予之拙也。于是治其园圃,洁其庭宇,伐安丘、高密之木以修补破败,为苟完之计。而园之北,因城以为台者旧矣,稍葺而新之。时相与登览,放意肆志焉。"

苏轼很快为自己营造了一个可以“放意肆志”的小小私人空间，这个小世界与外面“美恶横生而忧乐出焉”的大世界居然相安无事。当他在那个世界中受挫的时候，就退回到这个世界中来，抚平伤口，麻醉神经，怡然自乐，而无须反思和质疑那个世界，更谈不上批判。养好伤还可以伺机出击，反正遇挫再回来，来去自由，进退有据，孟子不是也说穷则独善其身吗？与范仲淹不同，进亦可退亦可的东坡居士本质上是文人，他成不了政治家，更成不了思想家。当然范仲淹也只是一个失败的政治家，中国历史上只有成功的政客和失意的文人，从来没有出现过真正的政治家和思想家。

官场失意加上才气横溢成就了苏轼的绝世华章。苏轼的文章写得确实太好了，你真是没话说，绝对的出神入化。但是，你读出什么来了？你从苏轼的文章里是读不出什么东西来的，只是才华的展示而已，娱情悦志罢了。为什么？答案是：有文采，没思想。

思想从哪里来？思想只能从痛苦和绝望里产生。苏轼是个乐天派，他从来不愿在痛苦中停留太久，他太聪明了，他来往于两个世界，他能很轻易地化解各种矛盾。在《超然台记》里，他忽而怀想超然物外的隐君子，忽而追忆师尚父、齐桓公之遗烈，忽而又慨然太息起淮阴侯之不终来：他是看不出这里有什么矛盾，还是根本就不愿意正视矛盾？

生活的世界只有一个，那是一个充满痛苦和绝望的世界，聪明如苏轼者不会不知道。他自己屡遭挫败，几欲丧命。“乌台诗案”后被贬黄州，苏轼有《初到黄州》诗云：

> “自笑平生为口忙，老来事业转荒唐。长江绕郭知鱼美，好竹连山觉笋香。逐客不妨员外置，诗人例作水曹郎。只惭无补丝毫事，尚费官家压酒囊。”

他确实看到了“事业转荒唐”“无补丝毫事”，但他没有追问下去，他只是接受了这个事实（“不妨”“例作”），然后离开它，立即着手营造起属于他自己的“长江绕郭知鱼美，好竹连山觉笋香”的小世界来，正如他在不久后写的《赤壁赋》里所说：“且夫天地之间，物各有主，苟非吾之所有，虽一毫而莫取。惟江上之清风,与山间之明月,耳得之而为声,目遇之而成色,取之无禁,用之不竭,是造物者之无尽藏也,而吾与子之所共食。"一个人能够这样想问题,这是连上帝也拿他没办法的,难怪中国人不需要上帝。说到这儿,我想到余秋雨大师在《东坡突围》里好像很欣赏苏轼此时经过了这一场劫难之后的"成熟",余大师欣赏的"成熟"正是我深感痛惜的"堕落"。而苏轼的"堕落"(用他自己的话讲叫"苟完之计")只是让中国历史再一次失去产生一个思想家的可能,现代文人的"成熟"却滋生了一批又一批的逐名逐利之徒。

附录:

超然台记

〔宋〕苏　轼

凡物皆有可观。苟有可观,皆有可乐,非必怪奇伟丽者也。铺糟啜醨,皆可以醉;果蔬草木,皆可以饱。推此类也,吾安往而不乐?

夫所谓求福而辞祸者,以福可喜而祸可悲也。人之所欲无穷,而物之可以足吾欲者有尽。美恶之辨战乎中,而去取之择交乎前,则可乐者常少,而可悲者常多,是谓求祸而辞福。夫求祸而辞福,岂人之情也哉!物有以盖之矣。彼游于物之内,而不游于物之外;物非有大小也,自其内而观之,未有不高且大者也。彼挟其高大以临我,则我常眩乱反复,如隙中之观斗,又焉知胜负之所在?是以美恶横生,而忧乐出焉,可不大哀乎!

余自钱塘移守胶西,释舟楫之安,而服车马之劳;去雕墙之美,而蔽采椽之居;背湖山之观,而适桑麻之野。始至之日,岁比不登,盗贼满野,狱讼充斥;而斋厨索然,日食杞菊,人固疑余之不乐也。处之期年,而貌加丰,发之白者,日以反黑。余既乐其风俗之淳,而其吏民亦安予之拙也。于是治其园圃,洁其庭宇,伐安丘、高密之木,以修补破败,为苟全之计。而园之北,因城以为台者旧矣,稍葺而新之。时相与登览,放意肆志焉。南望马耳、常山,出没隐见,若近若远,庶几有隐君子乎?而其东则卢山,秦人卢敖之所从遁也。西望穆陵，隐然如城郭，师尚父、齐桓公之遗烈，犹有存者。北俯潍水，慨然太息，思淮阴之功，而吊其不终。台高而安，深而明，夏凉而冬温。雨雪之朝，风月之夕，余未尝不在，客未尝不从。撷园蔬，取池鱼，酿秫酒，瀹脱粟而食之，曰："乐哉游乎！"

方是时，余弟子由适在济南，闻而赋之，且名其台曰"超然"，以见余之无所往而不乐者，盖游于物之外也。

人生的路为什么越走越窄？

——读苏轼的《方山子传》

怎么会用上这么一个“很文学”的题目？当然不是我等凡夫俗子能随便想出来的，这儿是借用了20多年前《中国青年》杂志上一篇文章的题目。我记得是上个世纪80年代初，一封署名“潘晓”的读者来信发表在《中国青年》杂志上，用的就是这样一个题目。这封信发表以后，立即在全国范围内引发了一场关于人生观问题的大讨论，持续时间很长，参与面很广，当时我在一个很闭塞的乡村读中学，都知道这个事情。

改革开放之初，中国人在自我折腾了30年之后又一次睁开了眼睛，看世界，看社会，看人生，这一看可了不得——看到了很多问题：社会问题，思想问题，人生问题。那时候的年轻人有理想，有热情，爱读书，爱思考，痛苦，迷惘，追问，反思，而且思考的都是重大的严肃的主题：世界观和人生观问题。

一个时期里，全国人民都在思考“人生问题”，那只能说明“人生”的确出了“问题”了。当时的人们确实是在严肃认真地思考，辩论，探讨，场面是相当的壮观！今天看来有点可笑，因为人生问题根本没什么好讨论的，每人都有自己的活法，想怎么过就怎么过呗。你只要不犯法，谁还管得了你？谁又有这个闲心思来管你，自己的事情还忙不完呢！

今天的人们眼睛睁开已有30年了，什么奇怪的事情没有看到过？都在家门口看过奥运了，连神七上天都看过了，8.0级地震也看过了，连敌敌畏苏丹红福尔马林硫磺硫酸铜三聚氰胺都吃过了，还有什么能让今天的人激动呢？如今还有哪个再提人生观问题，是要被人笑掉大牙的。什么世界观人生观之类只是中学生在政治课上说说，在作文里写写的东西罢了，哪个会把它当真？好了，一个题目就说上这么多废话！不过，下面的还是废话。除了说说废话，还能干什么呢，在今天？

方山子何许人也？他姓陈字季常，是苏轼的早年好友。陈季常出身于官宦世家，拥有良田园宅，完全可以做一个锦衣玉食的纨绔子弟，但他少时仰慕朱家、郭解（汉代著名游侠）为人，"使酒好剑，用财如粪土"，"闾里之侠皆宗之"——"宗"是"敬重、尊奉"的意思。我们可以想象当年血气方刚的陈大公子横行乡里的"流氓"气概：仗剑游走，所到之处，一帮无所事事的小瘪三前呼后拥，大哥大哥叫个不停，路见不平一声吼，该出手时就出手。真是笑傲江湖，快意恩仇。年岁稍长，这个名噪一时的豪侠突然改邪归正，要学好了，立志为大宋之崛起而读书，希望凭自己的才华"驰骋当世"，谈起天下大势，用兵之道，古今成败，常常热血沸腾，问苍茫大地，谁主沉浮？自视甚高，真乃"自信人生二百年，会当水击三千里"。然而，宋王朝尽管积弱积贫，问题成堆，但在高压统治下却也表面繁荣稳定，暂时不具备"出英雄"的条件，陈季常颇感郁闷，"然终不遇，晚乃遁于光、黄间"。

"乌台诗案"后被"和谐"了的苏轼谪居于黄州，有一次偶然遇见这个十九年不见的老朋友，苏子瞻大为惊讶：当年那个"到中流击水，浪遏飞舟"的陈季常怎么变成了今天这个"庵居蔬食，不与世相闻"的方山子了？

"方山子亦矍然问余所以至此者。余告以故。俯而不答，仰而笑。"方山子为什么"俯而不答，仰而笑"？是因世道的黑暗而无言以对，是为苏轼的遭遇而愤愤不平，还是为苏轼的想不开、不觉悟而惋惜？那么，他的"仰而笑"既是苦笑、嘲笑，又是宽慰的笑、自得的笑。方山子"弃车马，毁冠服，徒步往来山中"，什么荣辱、毁誉，什么幸与不幸，什么得意失意，什么身份地位、荣华富贵、高官厚禄，还有什么大宋崛起啦，伟大复兴啦，都他妈的胡扯淡！“皆弃不取，独来穷山中，”苏轼感慨万端，“此岂无得而然哉！”

方山子的“得”是什么呢？我倾向于把它理解为“精神自由”，但后来我想，无论是方山子还是苏轼恐怕都不具备这样一个精神高度，在整个五千年的中国文化里，从来就没有产生过真正的自由精神，这个文化土壤里天生缺乏“自由”的基因，中国人到现在为止都不懂得自由为何物。所以，他们的所谓“得”恐怕也就是陶渊明的“久在樊笼里，复得返自然”而已，也就是具体化为韩愈在《送李愿归盘谷序》里借李愿之口说的“穷居而野处，升高而望远，坐茂树以终日，濯清泉以自洁。采于山，美可茹；钓于水，鲜可食。起居无时，惟适之安。与其有誉于前，孰若无毁于其后；与其有乐于身，孰若无忧于其心。车服不维，刀锯不加，理乱不知，黜陟不闻”之类。

《方山子传》的最后一段很有意思：“余闻光、黄间多异人，往往佯狂垢污，不可得而见。方山子倘见之欤？”苏轼对自己的人生道路不是没有反思，对方山子这类“异人”的行藏流露出很复杂的感情，有不解，有羡慕，有怀疑。从这个角度看，他的觉悟比韩愈要高一点。韩愈在《送董邵南序》里居然情真意切地对董生说：“为我吊望诸君之墓，而观于其市，复有昔时屠狗者乎？为我谢曰：明天子在上，可以出而仕矣！”韩愈以儒家思想的正宗传人自居，攘斥佛老，竭力维护思想的纯洁和专制，为建立政治思想的一统天下而鞠躬尽瘁，甚至闹得连皇帝都嫌过分，我真不知道怎样说他才好，怪来怪去只能怪这块土壤。正因为有像韩愈这样的人的不懈努力，中国知识分子的人生道路终于越走越窄了。

春秋战国时期，知识分子可供选择的路很多，诸子百家，三教九流，甚至算命的，练功的，诡辩的，都各有大量的追随者，赫然成一气候，公开“招摇撞骗”，走到哪儿都有饭吃，根本不需要国家养他们，他们也不把统治者放在眼里。儒家只是众多流派中的一家，而且经常受到攻击，被骂得灰头土脸。那是一个思想和言论自由的时代，可惜这种自由精神慢慢窒息了，汉以后确立了儒家独尊的地位，此后 2 000 多年，始终是一家独大，其他路基本堵死。

方山子由侠转儒，由儒入道；苏轼以儒为主，兼学别样；韩愈始终高举儒家思想的伟大旗帜。方山子先潇洒，后郁闷，最终活得个自在；苏轼有痛苦，有孤独，也有超脱和快乐；只有韩愈“席不暇暖，又挈挈而东”（柳宗元语），像他的老前辈孔子一样，惶惶如丧家之犬。不过这都是他们自己的选择，甘之如饴，安之若素。明清以降，选择的余地几乎没有了，只剩下儒家一途，除非你选择进监狱或饿死。“不听话，就不给饭吃。”谁还敢不听话？其实，知识分子是完全可以靠自己的知识混饭吃的，假如他有自由贩卖知识的权力的话。

思想的本质是自由，没有自由就没有思想，思想就是自由，没有思想也就没有自由。我们是先丧失了思想后丧失了自由的，还是先丧失了自由后丧失了思想的呢？我不知道，但我知道，我们的路就是这样越走越窄的。

附录：

方山子传

〔宋〕苏　轼

方山子，光、黄间隐人也。少时慕朱家、郭解为人，闾里之侠皆宗之。稍壮，折节读书，欲以此驰骋当世，然终不遇。晚乃遁于光、黄间，曰岐亭，庵居蔬食，不与世相闻。弃车马，毁冠服，徒步往来，山中人莫识也。见其所著帽方耸而高，曰：“此岂古方山冠之遗象乎？”因谓之方山子。

余谪居于黄，过岐亭，适见焉。曰：“呜呼！此吾故人陈慥季常也，何为而在此？”方山子亦矍然，问余所以至此者。余告之故。俯而不答，仰而笑。呼余宿其家。环堵萧然，而妻子奴婢皆有自得之意。余既耸然异之。

独念方山子少时，使酒好剑，用财如粪土。前十九年，余在岐山，见方山子从两骑，挟二矢，游西山。鹊起于前，使骑逐而射之，不获；方山子怒马独出，一发得之。因与余马上论用兵及古今成败，自谓一时豪士。今几日耳，精悍之色犹见于眉间，而岂山中之人哉？

然方山子世有勋阀,当得官,使从事于其间,今已显闻。而其家在洛阳,园宅壮丽与公侯等;河北有田,岁得帛千匹,亦足以富乐。皆弃不取,独来穷山中,此岂无得而然哉?

余闻光、黄间多异人,往往佯狂垢污,不可得而见。方山子傥见之欤?

“野花丛发好，谷鸟一声幽。”
——读几首王维的山水田园诗

唐代山水田园诗派的重要代表诗人是王维和孟浩然，但他们两人的境界是不一样的。

孟浩然想做官，但一辈子仕途不顺，只好从流连山水中获得解脱，看似怡然自得，其实心有不甘。“野旷天低树，江清月近人”，内心多少有点凄清；“待到重阳日，还来就菊花”，恐怕也是出于无奈；“不才明主弃，多病故人疏”，就近乎牢骚语了。李白说他“红颜弃轩冕，白首卧松云”，只是文人的故作清高，他自己说的“欲济无舟楫，端居耻圣明”才是真实心迹的流露。王维则不同，少年得志，仕途顺利，早年颇有抱负，官也做得很大，但要干一番事业并不是一件容易的事情。随着玄宗晚年朝政的日益腐败，尤其是奸相李林甫当政以后，王维对政治渐生厌恶，加上迷恋佛教，向往超脱，干脆过起了半官半隐的生活。

王维的阅历比孟浩然复杂得多，官场的黑暗和险恶，他是心知肚明，深感没有意思：他能干什么？事实上，在那样一个专制政权下，任何人都不可能真正有所作为。陶渊明早就看清了，不为五斗米折腰，毅然与官场决裂，但王维似乎更聪明，他可不愿意过那种“种豆南山下，草盛豆苗稀”的日子，如果官场能给他源源不断地提供“豆”，他为什么不可以笑纳呢？同时，这并不妨碍他过那种“独坐幽篁里,弹琴复长啸”的逍遥日子。物质生活有保障,精神生活不耽误:王维活得个自在。

在王维看来,当官只是混混日子应应卯而已,自然山水才是他真正的精神家园。

孟浩然的山水诗中有哀怨不平之气,这不能怪他,他想做官做不了,难免有“弃妇”情结。王维想做做他的思想工作:官场有多肮脏！你不知道,我告诉你,没意思！孟浩然生气了:你该经历的都经历了,不该经历的也经历了,真是站着说话不腰疼,你知道我心里有多难过么?王维沉吟良久,丢下一句意味深长的话,转身离去:“不管怎么说,做弃妇总比做娼妇强吧。”看来王维心里也有苦衷。

但是,王维毕竟是王维,他深谙禅理,五蕴本空,六尘非有,真空妙有,实为不二,什么弃妇娼妇贞妇贵妇,都是一回事。禅宗讲“心法双忘性即真”,我的理解是,不但要忘掉自己内心所思所想,而且要把“忘掉自己内心所思所想”也要忘掉,前者一般人恐怕偶尔也能做到,孟浩然不是也能在“开轩面场圃,把酒话桑麻”中暂时忘却自己“盛世”沉沦的痛楚吗,而后者恐怕在唐代诗人中只有王维能做到。

王维的山水诗真正做到了“与天地精神相往来”。其他人的山水诗多少有借山水抒发豪情或排遣寂寞之嫌,但王维有什么豪情可抒,有什么寂寞可遣呢?飘逸如李白者还有“迷花倚石忽已暝”的时候,更不用说沉郁如杜甫者就只能动辄“凭轩涕泗流”了,这些大诗人笔下的山水草木自然万物都只是作者主观情感的触发物、寄托物或象征物,它们自身并没有获得独立的价值。而王维笔下的山水常常就是主体,而人则是可有可无的,至多也只是一个陪衬。还是随便找几首来读读吧——

鹿　柴

空山不见人,但闻人语响。
返景入深林,复照青苔上。

鸟鸣涧

人闲桂花落，夜静春山空。
月出惊山鸟，时鸣春涧中。

辛夷坞

木末芙蓉花，山中发红萼。
涧户寂无人，纷纷开且落。

竹里馆

独坐幽篁里，弹琴复长啸。
深林人不知，明月来相照。

归嵩山作

清川带长薄，车马去闲闲。
流水如有意，暮禽相与还。
荒城临古渡，落日满秋山。
迢递嵩高下，归来且闭关。

终南山

太乙近天都，连山接海隅。
白云回望合，青霭入看无。
分野中峰变，阴晴众壑殊。
欲投人处宿，隔水问樵夫。

过香积寺

不知香积寺，数里入云峰。
古木无人径，深山何处钟？
泉声咽危石，日色冷青松。
薄暮空潭曲，安禅制毒龙。

我觉得最有意思的是王维的这一句诗："野花丛发好，谷鸟一声幽。"（《过感化寺》）

杜甫觉得"雨"是好的，因为它"随风潜入夜，润物细无声"；宝姐姐认为

“风”是好的,因为“好风凭借力,送我上青天”。那么,“野花丛发”为什么好?有什么好?怎么好?我们不知道,但王维看着觉得是好的。他说:“野花丛发——好。”这让我想到《圣经·创世记》开篇的一段话——

上帝说:“要有光。”就有了光。上帝看光是好的,就把光暗分开了。……上帝就造出空气,将空气以下的水,空气以上的水分开了。事就这样成了,上帝看着是好的。上帝说:“地要发生青草,和结种子的菜蔬,并结果子的树木,各从其类,果子都包着核。”事就这样成了,上帝看着是好的。……上帝就造出大鱼和水中所滋生各样有生命的动物,各从其类;又造出各样飞鸟,各从其类。上帝看着是好的。……于是上帝造出野兽,各从其类;牲畜,各从其类;地上一切昆虫,各从其类,上帝看着是好的。……上帝看着一切所造的都甚好。

上帝看着天地万物是好的,因为这些都是他自己创造的。而王维居然也看出它们是好的,于是不紧不慢地喃喃道:“雨中——山果——落——好,灯下——草虫——鸣——好,坐看——苍苔色——欲上——人衣来——好,好,这一切都很好。”王维凭什么说它们是好的?这可是秘密,王维说:“君问穷通理,渔歌入浦深。”这就看各人的造化了。

再来看一首诗——

终南别业

中岁颇好道,晚家南山陲。
兴来每独往,胜事空自知。
行到水穷处,坐看云起时。
偶然值林叟,谈笑无还期。

“兴来每独往,胜事空自知。”每个人都有高兴的事情或悲伤的时候,当然也都知道,通常情况下,我们总是想着跟别人分享和分担,据说,这样痛苦就减少了一半,快乐就会加倍。但王维只要“自知”就行了,有什么必要奔走相告或喋喋不休呢?最深刻的痛苦和最内在的欢乐是能分享的吗?甚至对它们的言说都是不可能的,所以只能是“自知”,也只要“自知”。王维甚至在“自知”前面还要加一个“空”。别说告诉别人是“空”的，即使“自知”也是“空”的。欢乐、痛苦都是暂时的，都是虚幻的，都是不真的，一切都会过去，不会留下任何痕迹。不但忘掉内心所想，而且“忘掉内心所想”也要忘掉，只剩下“明月松间照，清泉石上流”。

“偶然值林叟，谈笑无还期。”这一联也很有意思。“偶然”而不是特意：遇到了，不妨“谈笑”一番；如果没遇到也无所谓。这表明王维并不想刻意放弃人事，不愿彻底避世而遁入空门，这是王维的聪明之处？李林甫当政时，王维甚至还升了官。每人都有庸俗的一面，王维也不例外，但他没有完全屈从于这种俗世的生活，这就够了。中国知识分子能做到这个境界就已经到顶了。王维比李白、杜甫要站得高，看得清，他知道自己是谁，能干什么。

我能干什么呢？王维说：“行到水穷处，坐看云起时。”

谁是弄臣？

——读史笔记之一

《史记·张丞相列传》中讲到一个小故事——

邓通恃宠而骄，“戏殿上，大不敬”，丞相申屠嘉为严肃朝廷之礼，把邓通叫到丞相府，严词训斥，并扬言要处斩。邓通吓得屁滚尿流，叩头求饶，“首尽出血，不解”。这时，文帝派人赶来救走了邓通。

在这个故事里，有两处地方值得揣摩。一是，邓通去丞相府之前曾向文帝求助，文帝的答复是：你尽管去，我会派人去救你。二是，邓通去了丞相府之后，文帝没有马上派人去救邓，而是让邓在丞相那里担尽了惊吓，受足了苦头，才“使使者持节召通”。文中有句话透露了一个重要信息：“文帝度丞相已困通。”原来文帝在计算时间呢：去晚了固然不行，嫉恶如仇的申屠嘉说不准真会斩了邓通；去早了又不足以“困通”。原来文帝倒是想借丞相之手给邓通一个信号，让他明白不可太放肆，你只不过是我的一个弄臣而已，千万别忘记了自己的身份，这是非常重要的！而邓通似乎并不明白个中委曲，你看，他惊魂甫定还哭哭啼啼跑到皇帝面前撒娇呢：“丞相差点儿杀了我。”其实，恐怕丞相并不真的要杀邓通，只是要惩治他一下罢了。邓是文帝的宠臣，要是杀了他，那不是得罪了皇上吗？这可犯不着啊。这样看来，这个故事只是文帝和丞相心照不宣联袂导演的一出喜剧，丑角就是那个蒙在鼓里的邓通。皇上和丞相都明白着呢，邓通被玩弄而不自知。这也不奇怪，邓本来就是一个弄臣嘛。

像邓通这样靠谄媚阿谀博取宠幸的人压根儿就没有独立人格可言，只能是一个没有灵魂没有尊严的精神残疾儿。现在的问题是，邓通真的不明白吗？他知道自己在扭曲自己的人格，丑化自己的灵魂吗？我看他是知道的。为什么要这样做呢？原因很简单：现实利益。你看，“赏赐累巨万”是从哪儿来的？是皇上给的。皇上会随便给吗？这都是皇上自家的东西呀。在“家天下”的皇权专制社会里，出卖人格获取利益是最快捷最稳妥的路子，这一点，太中大夫邓通可能比丞相申屠嘉更清楚。

究竟谁糊涂，邓通还是申屠嘉？文帝需要邓通，邓通需要文帝，他们亲亲热热，撒娇使性，文帝已经说了，“君勿言，吾私之”，这是人家的私事，你丞相申屠嘉起什么劲、较什么真呢？一会儿规劝皇上，一会儿又训斥邓通，又是忧心忡忡，又是义愤填膺，忙得不亦乐乎。忙得不亦乐乎不要紧，但千万不要忘乎所以！申屠嘉自己也知道“夫朝廷者，高皇帝之朝廷也”，但他怎么就不明白，他是小臣，你又何尝不是小臣呢？申屠嘉信誓旦旦要杀邓通，在文帝看来同样是忘乎所以，不知轻重，当然不会任其发展下去。这一点好像连邓通都比申屠嘉清楚，他早知道皇上是不会让申屠嘉杀了自己的。这样看来，倒是申屠嘉自始至终蒙在鼓里了？是的，一点也不错。事实证明，他是瞎操心，白忙乎了一阵。好在文帝据说是一个明君，否则，忤逆圣上决不是什么胜任愉快的活儿，历史上为此而丢脑袋的事可谓车载斗量啊，可笑的是那些人还不知道是怎么丢脑袋的。

申屠嘉有独立的人格和自由的灵魂吗？没有！和邓通一样，他也是依附于皇权这张皮上的一根毛罢了。他们都是为主子效命的狗，只不过一个被称为正直的义犬，另一个是摇尾乞怜的叭儿狗罢了。当我们看到申屠嘉气势汹汹地要斩邓通时，也就是这只狗要咬那只狗时，那也只是因为，这只狗闻到了那只狗身上有对主子“不敬”的气味，他要替主子“伸张正义”了。伸张正义不要紧，事实上这也是常常受到鼓励的，但是，一定要注意分寸，这个分寸就是主子的意图,这可要揣摩准了,否则,主子可不买你这个账。如何才能"揣摩准了"呢?要之,记住自己的身份,千万别望了自己是一条狗。不要因为主子心血来潮假以辞色,你就神魂颠倒一不留神错把自己当作人了!作为一条狗,其他错误比如吃喝嫖赌贪都可以犯一点,都是可以容忍的,有时甚至能得到主子的默许和鼓励,但是千万别把自己当人!当邓通"居上傍,有怠慢之礼"时,文帝就需要借申屠嘉之手提醒他;当申屠嘉要为整肃朝廷之礼而斩邓通时,文帝当然会出面干预。道理就在这儿。究竟谁说了算?你邓通也好,申屠嘉也好,得放明白点。

那么,邓通也好,申屠嘉也好,他们究竟明白不明白呢?其实他们明白得很。他们很清楚自己的主子是谁,知道自己怎么做就可以得到主子的欢心和赏赉。在皇权专制制度下,正直也好,奸佞也罢,尽管客观效果有所不同,其实质是一样的,都是变着法子逗你(主子)玩(皇上又何尝不是臣子们的玩物呢),都是丧失自己的人格和尊严以换取名声和利益,名声也是一种利益。生存是最高原则,至于怎样生存是不重要的。

中国从来不缺少这样的生存策略,缺少的是真正的人!

附《史记》原文片段:嘉为人廉直,门不受私谒。是时太中大夫邓通方隆爱幸,赏赐累巨万。文帝尝宴饮通家,其宠如是。是时丞相入朝,而通居上傍,有怠慢之礼。丞相奏事毕,因言曰:"陛下爱幸臣,则富贵之;至于朝廷之礼,不可以不肃!"上曰:"君勿言,吾私之。"罢朝坐府中,嘉为檄召邓通诣丞相府。不来,且斩通。通恐,入言文帝。文帝曰:"汝第往,吾今使人召若。"通至丞相府,免冠,徒跣,顿首谢。嘉坐自如,故不为礼,责曰:"夫朝廷者,高皇帝之朝廷也。通小臣,戏殿上,大不敬,当斩。吏今行斩之!"通顿首,首尽出血,不解。文帝度丞相已困通,使使者持节召通,而谢丞相曰:"此吾弄臣,君释之。"邓通既至,为文帝泣曰:"丞相几杀臣。"(司马迁《史记·张丞相列传》)

游戏作文之读《战国策》之一

故事说的是战国时代齐国有个叫王斗的人,有一天他去见齐宣王。

王斗来到门前,宣王招呼他进去。

王斗说:“我到你那儿去,是我趋炎附势;你到我这儿来,是你礼贤下士:你想想你应该怎么做?”

宣王急忙嚷道:“先生慢着,我这就来迎接你。”边说边离开座位向门口跑来,满脸堆笑,亲切地握住王斗的手,把他引入内室。

一个简单的姿态就能表现自己礼贤下士的风度,这样的机会宣王当然不会放过,但不管怎么说,这一见面毕竟是让王斗将了一军,宣王心里有点不高兴。

未等王斗开口,齐宣王先发制人,想挽回一点面子:“寡人早闻先生大名啊。听说你是一个敢于直言正谏的人。”这个话听起来有点阴阳怪气的,言下之意,你大老远跑来,不就是想向寡人提意见吗?行,你提吧。一副死猪不怕开水烫的样子。

王斗听出宣王话里有话,情绪颇大。在这很不亲切友好的气氛中,宾主恐怕很难就一些重大问题交换意见。王斗想,瞧你个小样,还要起脾气来了,行,你不是不高兴吗?我要让你更不高兴!

王斗说:“大王您听错了吧。我哪里是一个敢于直言正谏的人?再说了,我王斗生于乱世,遇上的又是一个乱君,怎么敢直言正谏呢?”王斗的胆子也太大了,你看这句话讲的,齐宣王脸上是白一块红一块,但又不能发作,一分钟前自己还表现得那么礼贤下士,总不能才听了两句话就暴跳如雷吧。

等宣王生了一会儿闷气后,王斗想,不能老是让大王这么窝囊,也要让他扬眉吐气一回,否则,这个话还怎么谈下去呢?于是王斗说:“大王啊,其实你也是一个不错的君主呢。我们的先君桓公有五大爱好,所以他能够九合诸侯,一匡天下,成就了一番彪炳史册的霸业。你知道吗?你也有其中的四个爱好呢!”宣王一听这话,马上精神一振。什么什么什么?我有没有听错?我居然能抵上五分之四个齐桓公?齐桓公什么人?他是最伟大最杰出的老一辈有产阶级革命家,是具有崇高威望的国家领导人,是伟大统帅,伟大导师,伟大舵手,是我们的大救星,是我们心中的红太阳,是万岁万岁万万岁啊!我能抵上他的五分之四,那我不也能万寿无疆了,至少也能永远健康吧?齐宣王这个心里高兴啊,但他没有立刻表现在脸上,宣王这点修养还是有的,他装出很诚恳的样子,羞羞答答地说:“寡人不才,寡人无能,寡人愚陋,寡人兢兢业业,笨鸟先飞,小心地守着祖先的基业,惟恐有什么闪失……我……我哪里能跟我们伟大的先辈桓公比啊!我……我哪里能继承他老人家的四个优良传统……优秀品质呢?”

看着齐宣王激动得语无伦次还装谦虚,王斗忍住了没有笑出来,心想你不要太激动,我话还没说完呢。“大王,你别谦虚了。先君桓公的四大爱好你有样学样,样样在行,那就是,先君好马,王亦好马;先君好狗,王亦好狗;先君好酒,王亦好酒;先君好色,王亦好色。惟独第五个你没学到,那就:先君好士,你不好士。”

这段话可能是王斗说得有点快了,宣王没有完全领会,他只抓住最后一点,颇不服气:“我怎么不好士啦?如今天下哪里有士?你叫我去好谁?”

原来，齐宣王一直在琢磨，我究竟哪一点不如桓公？好不容易四个优点都有了，就少一个，总是有点缺憾。我还以为这最后一个是什么重要品质呢，原来是好士。至于好士嘛，其实我也是好的，只是天下无士，你叫我怎么办？这样看来，齐桓公的五大作风我都有了！嘿嘿，齐桓公啊齐桓公，我终于也能跟你平起平坐了。三大纪律、八项注意，五讲四美三热爱，八荣八耻，三大作风，三个什么，五大传统、五大优秀品质……这都是我们克服一切困难，从一个胜利走向又一个胜利的法宝啊。五个光荣称号，五大优秀品质，五个啊，一二三四五，整整五个啊，伟大光荣正确啊，人格魅力啊……是哪五个来着……第一，好马；第二，好狗……等等，第一，好狗；第二，好酒……等等，好酒、好色，第三……不对啊，这好像不是优点啊，等等，有点乱了，不着急，等等，让我再缕一缕……

就在齐宣王重新整理思路时，王斗乘胜追击，噼噼啪啪又是一串类似绕口令的话喷薄而出："好一个'当今之世无士，寡人何好'！我问你，世上没有好马，你的马厩里哪来那么多好马？世上没有好狗，你的狗棚里哪来那么多好狗？世上没有好烟好酒，你的衣柜书柜床头柜里怎么塞满了茅台五粮液九五之尊？世上没有毛嫱、西施，你的行宫里别墅里怎么挤满了情妇？说什么天下无士，你实不好士，如若好士，何患无士？"

齐宣王见思路又被打乱，十分恼火："什么士士士的，不要折腾了！我作为一国之君，我热爱我的国家，我热爱我的人民，我想把国家治理好，我想我的人民过上好日子，生活得更幸福，更有……虽然河南已经达到了总体小康的水平，但想到广西还有600万人口没有解决温饱问题，我这个做国君的饭都吃不香，觉都睡不着啊。"

话说到这个份上，就没有什么好说的了。一个人可以无耻，但不可以这么无耻！王斗也真是的，还试图用"一尺布"的类比来证明齐宣王从来没有也不可能真正地爱祖国爱人民。王斗恐怕没有想到，齐宣王作为君王，不但无耻，而且弱智。

无耻就是脸皮厚，弱智就是愚蠢而固执，好在齐宣王并不怎么凶残，他还能听听不同意见,哪怕只是做做样子,现在有些人连样子都不想做了。

附原文:王斗造门而欲见齐宣王(选自《战国策》)

先生王斗造门而欲见齐宣王,宣王使谒者延入。王斗曰:“斗趋见王为好势,王趋见斗为好士,于王何如?”使者复还报。王曰:“先生徐之,寡人请从。”宣王因趋而迎之于门,与入,曰:“寡人奉先君之宗庙,守社稷,闻先生直言正谏不讳。”王斗对曰:“王闻之过。斗生于乱世,事乱君,焉敢直言正谏。”宣王忿然作色,不说。

有间,王斗曰:“昔先君桓公所好者五,九合诸侯,一匡天下,天子受籍,立为大伯。今王有四焉。”宣王说,曰:“寡人愚陋,守齐国,惟恐失抎之,焉能有四焉?”王斗曰:“否。先君好马,王亦好马。先君好狗,王亦好狗。先君好酒,王亦好酒。先君好色,王亦好色。先君好士,王不好士。”宣王曰:“当今之世无士,寡人何好?”王斗曰:“世无骐麟騄耳,王驷已备矣。世无东郭俊、庐氏之狗,王之走狗已具矣。世无毛嫱、西施,王宫已充矣。王亦不好士也,何患无士?”王曰:“寡人忧国爱民,固愿得士以治之。”王斗曰:“王之忧国爱民,不若王爱尺縠也。”王曰:“何谓也?”王斗曰:“王使人为冠,不使左右便嬖而使工者何也?为能之也。今王治齐,非左右便嬖无使也,臣故曰不如爱尺縠也。”

肉体的沉醉和精神的沉醉

——读陈炎《中国与西方的文化资源》

陈炎教授在该文中提出了一个很有意思的观点:"西方文化在感性和理性的两极最为发达,与之相反,中国文化在感性和理性的两极都不发达。"他以体育和科学为例具体阐释为:

"作为感性生命的极度表现,西方人的体育事业不仅为了锻炼身体,也不仅为了弘扬国威,而且是对人类感性生命力的探究,是一种肉体的沉醉。因此,凡是能够考验人类感性生命极限的地方,西方人都会设立比赛项目。……作为理性生命的极度表现,西方人的科学事业不仅是为了发展生产,不仅是为了改善生活,而且是对人类理性生命力的探究,是一种精神的沉醉。"

"在感性生命方面,中国文化中有一种知足常乐、能忍自安、不为人先、不耻人后的观念。……在理性生命方面,中国文化中有一种知行合一、经世致用的精神。"

大致说来,可以归纳为这样四个方面,我们可以分别举出很多例子。

① 西方人对人的感性生命力的开掘——肉体的沉醉。比如各种狂欢、假面舞会等。

② 西方人对人的理性生命力的探究——精神的沉醉。献身科学的众

多科学家。

③ 中国人对人的感性生命力的畏惧——肉体的委顿。身体发肤,受之父母之类。

④ 中国人对人的理性生命力的压抑——精神的委顿。注重实用,执著现实。

这种差异是如何形成的?其实质是什么?

无论是感性冲动还是理性冲动,都是人的生命力(体力、精力、想象力、情感力、意志力、思维力等等)的表现,都是人们处置自己的身体、情感、思想的方式,作为一个活的生命体,其蓬勃的生命活力正是他价值的体现,也是他存在的理由和意义所在。总体上讲,中国人的生命活力不够旺盛,生命之花未能充分绽放,感性和理性均发育不全,精神和肉体互相束缚和制约,互相斫伤和损害。中国人从来没有确立起个人存在的正当性和合法性。个人或者如道家所主张的那样"天地与我并生,而万物与我为一",人只是自然界的一个组成部分,在自然的怀抱中去寻求精神安慰;或者像儒家所要求的那样"入则孝,出则悌,谨而信,泛爱众,而亲仁",把人看成是社会的一部分,在以亲子血缘为基础的人际关系中来确立自己的价值和地位。也就是说,单个的人无法从自身找到存在的理由,必须从自然或社会中寻找安身立命之所。这样,人的各种冲动和欲望(感性的和理性的,肉体的和精神的)只能被限制在一定的范围内,所以中国人不会走极端,缺乏冒险(包括挑战身体极限和理论探险)的热情,这固然带来了所谓和谐,但这种和谐是以牺牲生命力为代价的,是以整体的瘫痪(半死不活的状态)为代价的。

该文接着说到西方文化的弱点在感性和理性的中间地带,而这里恰恰是中国文化的"富矿",对此,我却不能完全同意。

(1) 西方的艺术由于受理性冲动的影响而被科学化,或者由于感性冲动而被体育化,从而多少失去了艺术自身的特点。这个说法有一定的道理,但是艺术本来就是内心思想和情感冲动的外化,没有冲动,何来艺术?

(2) 中西方的艺术传统和风格、艺术精神和追求是不一样的，恐怕很难比较出高下。比如说，西方人“往往借助艺术行为来发泄被压抑的情感和潜意识”和中国传统的“文以载道”，谁更切合艺术的本质呢？

(3) 没有两极，何来中间？没有感性和理性的充分发育，怎么会有“感性和理性之间的交融”？如此交融在一起的恐怕既不是感性也不是理性，而是一个不伦不类的东西。文章是文章，与“经国之大业”是两回事，把文章提到“经国之大业”的高度，只会造成文章不像文章，“经国之大业”也搞不好。艺术是艺术，生活是生活，“以艺术的态度来对待全部生活”，恐怕对艺术和生活都是伤害。琴棋书画是可以用来修养身心，但中国人“修养身心”本身不是目的，而是用来“齐家治国平天下”的，也就是说中国人的“身”(感性)也好，“心”(理性)也好，都没有自身存在的理由，它们是为政治伦理道德服务的，是用来“经世致用”的，因而是不可以随便“冲动”的，如果谁“冲动”了，是要感到羞愧和丑陋的，是要狠斗“私”字一闪念的，所谓“非礼勿听，非礼勿视，非礼勿言，非礼勿动”是也。

在比较了中西方文化资源的分布和优劣后，作者说：“任何一种民族的文化都是一个复杂的系统结构，其内在的诸元素之间有着一种自组织、自协调的关系，并通过这种组织和协调来满足其基本需求。”然后是一些取长补短之类的空话，看这一段文字，让我特别不舒服。

(1) 文化是一个整体，传统文化更是历经千百年传承积淀而成的，是不容易改变的，恐怕没有开天辟地、日新月异之事，凡是有益的东西都是人类在漫长的时间中积累选择的结果。所以我们动辄讲“取人所长，补己之短”“吸取精华，剔除糟粕”之类的话，其实也只是说说而已，它并不像外科手术那么容易。

(2) “不少人认为，船坚炮利的西方科学比我们先进，因而在其他方面也一定比我们发达。因此，我们不仅在科学上要向西方学习，在艺术上也要向西方靠拢。”这句话里面隐含着多重疑问。

第一，上一句里的“其他方面”，到了下一句里怎么突然偷换成“艺术上”?

第二,谁说我们“在艺术上也要向西方靠拢”的?有人愿意“在艺术上也要向西方靠拢”,那就让他去靠拢好了,比如张艺谋,干卿底事?

第三,好像“西方科学”和西方的“其他方面”是可以分开的,那它怎么“自组织、自协调”呢?所以,我倒认为,西方科学为什么先进,我们的科学为什么落后,根源不在科学本身,而恰恰在“其他方面”。

第四,好像我们只要学习西方先进的科学就行,其他方面就不需要学了。但是,科学有东西方之分吗?西方的数学或物理学跟我们的不一样吗?如果说有什么不一样,那恐怕是西方学校的数学或物理课本与我们同年级的相应教材相比,内容要浅得多,难度要小得多。

(3) 在这段文字中,作者假设了很多人的观点,然后说“上述貌似正确的观点是不能成立的”。这样说未免武断,我们先来看看有哪些观点——

①“惟有科学才是一个民族兴旺发达的关键要素,而工艺和艺术则是属于有之不多,无之不少的雕虫小技。”

②“如果我们的前人不是将自己的心智集中在诗、词、歌、赋、琴、棋、书、画的研习上面,而将主要的精力运用于数理化的探讨之中,也不至于在‘鸦片战争’中败在船坚炮利的西方人手里。”

③“在科学技术是第一生产力的今天,如果我们不把主要精力用于开发具有实际用途的科学知识,而仍然沉溺于审美文化的民族传统,其结果是有害无益的。”

以上作者杜撰出来作为靶子的三种观点,在我看来大致上是成立的。本文作者只是笼统地说它们都不成立,未作具体分析。它们本来就是作者杜撰出来的所谓错误观点,当然也就无须分析,只要能证明自己的结论就行,那就是中国文化的长处正在于“艺术和工艺”,在于“诗、词、歌、赋、琴、棋、书、画”,在于“审美文化”,也就是下文作者要强调的“重视并弘扬中华民族感性和理性相结合的文化传统”。

关于“艺术也是一种生产力”和“审美也是一种终极关怀”。

同样一件产品，除了它的实用功能之外，有没有艺术性和美感，当然卖出的价格就不一样，所以艺术也能创造财富。每一个人都有美感需要，爱美是人的天性，自古以来就是这样，在这一点上中西方也没什么不同。那么，中国文化在这个问题上可以为21世纪的人类文明提供什么“新的发展思路”呢？

如今，我们的商品生产越来越讲究设计和包装，也特别重视广告和宣传，甚至有点过了头，以至忘记了产品自身的价值和功能。美，在今天越来越成为一种资源，也可以带来“情感慰藉”，但我们在铺天盖地的美容美体丰胸提臀的产品和产业中能看到什么“终极关怀”呢？这是“中华民族感性和理性相结合的文化传统”在今天的发扬光大吗？说到底，无论是产品也好，人也好，他们自身的价值和意义得不到肯定和尊重，我们不把物当物，不把自然当自然，不把艺术当艺术，不把人当人，不把美当美，不把感性当感性，不把理性当理性……没有感性冲动因而没有美，没有理性冲动因而没有科学，没有感性和理性的冲动因而没有真正意义上的人。中国人活得不自信，活得没有尊严，活不出意义来，“普天之下，莫非王土；率土之滨，莫非王臣”，“身体发肤，受之父母”，我们没有权力按照自己的意愿处置自己的身体和各种自然冲动，包括感性的和理性的，这才是我们的文化传统。陈炎教授把它叫做“感性和理性相结合的文化传统”也无不可，但它并不值得重视和弘扬。

要之，中国人活不出一个人样来：既没有肉体的沉醉，又没有精神的沉醉；只有一堆在现实欲望中蠢蠢欲动和苦苦挣扎的肉体和精神的混合物。

“您难道要使我的生活失去意义吗?”

——读加缪《局外人》

默尔索因杀了一个人而被捕,经过几次审讯,案情已经很清楚。为了再明确一些情况,默尔索又被带到预审推事面前。

预审推事说人家把我描绘成一个生性缄默孤僻的人,我回答说,因为我没什么可说的,于是我就不说话。他问我是不是爱妈妈,我说爱,像大家一样。他又问我是不是连续开了五枪,我说是先开了一枪,停了几秒,又开了四枪。他问我为什么,为什么还往一个死人身上开枪呢,我说我不知道为什么,我只是觉得那天阳光爆晒着海滩,太阳炙烤着我的额头。过了一会儿,预审推事拿来一个银十字架问我是不是认识这件东西,我说认识。于是他热情洋溢地说他相信上帝,问我是否相信上帝,我回答说不。他愤怒地说这是不可能的,所有的人都信仰上帝,甚至那些背弃上帝的人都信仰上帝,说这是他的信念,如果他要怀疑这一点的话,他的生活就失去了意义。这时他激动地叫道:“您难道要使我的生活失去意义吗?”

这是《局外人》第二部第一章里的内容。

“您难道要使我的生活失去意义吗?”这句话值得注意。

预审推事何以这么紧张、激动和愤怒?因为默尔索的一系列表现尤其是对上帝的不相信让他非常惊讶和不理解:一个人怎么可以不相信上帝呢？一个人在犯下了如此深重的罪孽后怎么可以不乞求上帝的饶恕呢？预审推事疯狂地大叫起来："我，我是基督徒。我要请求他饶恕你的罪过。你怎么能不相信他是为你而受难的呢？"然而默尔索的冷漠、厌倦以及他"顽固的灵魂"让预审推事恐惧地一屁股跌坐在椅子上，半天说不出话来。在这样一个冷漠的灵魂面前，这个预审推事的信念以及建立在这个信念基础上的生活意义面临着严峻的挑战，于是，他惊恐地喊出："您难道要使我的生活失去意义吗？"

默尔索是普普通通的小职员，忠于雇主，努力工作，爱自己的母亲，喜欢游泳、看电影，有一个爱他的女朋友并打算结婚。他过着一种自由散漫的生活，与世无争，无可无不可，他似乎没有什么上心的事，生性孤僻，沉默寡言。他好像完全生活在自己的世界里，过着自己的生活，从来不知道怎样去迎合别人或所谓融入社会，周围的世界好像与他没有关系，他是游离于社会的局外人：你们过你们的生活，我过我的生活。至于生活意义问题，他可能从来也没有去想过，当然也不可能去关心别人怎么想：随你们怎么想，跟我有什么关系？这样的人应该不会妨碍其他人，不会对其他人的生活构成威胁，他也根本没想到要去影响其他人。然而，他的存在确确实实让这个社会感到害怕，预审推事的话"您难道要使我的生活失去意义吗"正代表了社会对默尔索这个局外人的恐惧和仇视，必欲除之而后安，否则，我们的生活将会失去意义。现在，机会终于来了，默尔索糊里糊涂卷入一场与自己没有关系的冲突中，由于一时冲动杀了一个跟自己毫无关系的人，于是，社会立即行动起来，精神抖擞地开始收拾这个异类。

在法庭上，他们"谈我比谈我的罪行还要多"，因为在这个社会看来，"我"比"我的罪行"更可怕！我们来听听检察官的控诉——

检察官首先指出我的冷漠：妈妈死了，没有流泪，不知道妈妈的岁数，不想打开棺材最后看一眼妈妈，在灵柩前抽烟、喝咖啡、睡觉，妈妈入葬后第二天就跟一个女人去游泳，看电影，还是一部滑稽片，后来同这个女人一起回住处等等。检察官说我在完全清醒的情况下预谋杀人，为保证事情干得彻底,我又沉着地、稳妥地、经过深思熟虑地开了四枪。他说我对这样严重的罪行从来不曾表示过悔恨。他说我根本没有灵魂,对于人性,对于人们心中的道德原则,我都是一窍不通。他说我的心已经空虚到正在变成连整个社会也可能陷进去的深渊。他认为,一个在精神上杀死母亲的人,和一个杀死父亲的人(法庭第二天将审理一桩杀父案),都是以同样的罪名自绝于人类社会。检察官甚至说,杀死亲生父亲这一滔天罪行"在他身上引起的憎恶比起我的冷漠使他感到的憎恶来,几乎是相形见绌的"。

"最后,他说他的职责是痛苦的,但是他要坚决地完成它。他说我与一个我连最基本的法则都不承认的社会毫无干系,我不能对人类的心有什么指望,因为我对其基本的反应根本不知道。他说:'我向你们要这个人的脑袋,而在我这样请求时,我的心情是轻松的。在我这操之已久的生涯中,如果我有时请求处人以极刑的话,我却从未像今天这样感到我这艰巨的职责得到了补偿、平衡和启发,因为我已意识到某种神圣的、不可抗拒的命令,因为我在这张除残忍之外一无所见的人的脸上感到了憎恶。'"(《鼠疫·局外人》第二部第四章,第249页,译林出版社,1999年2月版,顾方济、郭宏安等翻译)

很显然,检察官对我的憎恶远远超过对我的罪行甚至比我的罪行更为严重的其他罪行的憎恶。他说,作为检察官要求惩处罪犯时心情并不轻松,但今天"我向你们要这个人的脑袋"却感到特别神圣。

我们似乎很难理解,为什么检察官对我这样一个罪行并不特别严重的小人物如此痛恨?

其实,检察官不是痛恨,而是害怕,是恐惧,恐惧我的冷漠,因为他看到了我的心已经空虚到正在变成连整个社会也可能陷进去的深渊。社会并不害怕各种各样的犯罪,它的强大组织和专政机器完全能对付,它害怕的是"心的空虚"造成的巨大深渊,这种空虚以对其基本法则的"不承认"和对其基本反应的"不知道"的方式颠覆整个社会的根基,而维护这个根基正是检察官(实质是社会的代言人)所意识到的"某种神圣的、不可抗拒的命令”。

默尔索的“不承认”和“不知道”，对大家的“承认”和“知道”具有嘲弄和颠覆的意义，所以预审推事才会激动地大叫：“您难道要使我的生活失去意义吗?”

我们“承认”一个人应该流泪，当妈妈死了的时候。我们“知道”在为妈妈守灵时应该严肃而悲伤。如果你可以在妈妈下葬后第二天就去游泳、看电影、会女人，那么，我们在同样情况下的流泪、我们在亲人灵柩前不喝咖啡不抽烟而做出悲痛肃穆的样子来的行为还有什么意义呢？我们通常是在亲人下葬后的第六天而不是第二天去游泳或看电影（当然先看一部正经严肃的片子，滑稽的喜剧片还须再等几天），在第十天而不是像你那样的第二天，甚至也不是第五天第六天才去会女人等等，这都是我们“承认”的基本法则，这是我们“知道”的人类的心的基本反应，而你对这一切的“不承认”和“不知道”要将我们置于何地呢？如果你的行为是合理的，那我们的行为不是显得滑稽可笑了吗？如果允许你那样做，那我们的做法还有什么意义呢？所以说你这是在挑战社会的基本法则，你是在侮辱人类的心，当然，你也是在嘲弄我们的智力，我们坚决不答应！

结局可想而知，庭长宣布，以法兰西人民的名义在一个广场上将默尔索斩首示众。

默尔索并不是因为那件“不幸的事”（莫名其妙地杀了人）而被处以极刑，而是因为他在母亲去世时没有流泪！默尔索究竟爱不爱自己的母亲？实际上公众对这个问题并不关心，他们气愤的是默尔索没有按照公认的方式来表现对自己母亲的爱，因而认为他亵渎了人们的感情。爱母亲是属于个人情感和私生活领域内的事情。我们知道，默尔索是按照自己的方式默默地爱着妈妈，他没见过自己的父亲，从小与妈妈相依为命，他微薄的收入无力供养妈妈，考虑到老人的孤独和跟自己没有什么话说，他才把妈妈送进养老院。我真不明白，公众对默尔索的谴责是为他的母亲鸣不平，还是在为自己虚假的情感辩护？

默尔索生活在个人的真实的情感中，他说话做事从不违背自己的内心。他觉得无话可说，他就不说话。他不知道自己是不是爱玛丽（他的女朋友），就说我大概不爱你。老板打算派他到巴黎工作并且以为他一定会喜欢的，"我说对，但实际上怎么样都行。他于是问我是否对改变生活不感兴趣。我回答说生活是无法改变的，什么样的生活都一样，我在这儿的生活并不使我不高兴。他好像不满意，说我答非所问，没有雄心大志，这对做买卖是很糟糕的。他说完，我就回去工作了。我并不愿意使他不快，但我看不出有什么理由改变我的生活。仔细想想，我并非不幸。我上大学的时候，有过不少这一类的雄心大志。但是当我不得不辍学的时候，我很快就明白了，这一切实际上并不重要。"（同上，第 223 页）

他的辩护律师也被他惹恼了，因为他似乎并不懂得说什么和怎么说才对自己有利，而且教也教不会。"他（律师）很生气地走了。我真想叫住他，向他解释说我希望得到他的同情，不是为了得到更好的辩护，而是，如果我可以这样说的话，得到合乎人性的辩护。特别是我看到我使他很不痛快。他不理解我，他有点怨恨我。我想对他说，我和大家一样，绝对地和大家一样，可是，这一切实际上并没有多大用处，而且我也懒得去说。"（同上，第 233 页）

是的，默尔索并不愿意使任何人不快，然而，他还是使周围的人不快了。他希望得到"合乎人性的辩护"，但他对人性的理解和大家的理解是不一样的。他自认为他和大家一样，"绝对地和大家一样"，是基于他对人性的理解，但他错了，别人跟他不一样。他的生活态度激怒了众人。他的生活态度怎么会激怒众人的呢？

比如，他的沉默寡言（用他一个朋友的话讲叫"不说废话"）就让别人很难堪。怎么可以不说话呢？北京奥运了要欢呼雀跃啊，神六神七上天了要热血沸腾啊，汶川地震了要气断声吞啊，领导讲话了要认真学习深入领会啊，总之要激动地说，要沉痛地说，要"纷纷表示"，否则，我们在这儿雀跃了半天，回头一看，你坐在那儿一言不发，气定神闲，不是显得我们像小丑吗？

比如说他的不求上进(用他自己的话说叫“什么样的生活都一样”)也让别人很尴尬。我们都在努力拼搏,争取考上北大清华,我们都在积极地寻找和争取机会,为夺取“学生领袖奖”“公民责任奖”“突出贡献奖”“优质成长奖”“感动这个感动那个奖”“学科带头人”“三八红旗手”“五星级学校”等等无穷无尽的光荣称号而不懈努力,而你却无动于衷,了无兴味,这不反衬出我们倒成了追名逐利的小人了?

甚至在犯了罪以后他也不想去寻找有利于自己的证据设法为自己辩护,这让包括律师和预审推事在内的周围人大惑不解,同时也觉得受到了戏弄和侮辱。我们都在帮助你,挽救你,设法减轻你的罪责,因为你首先得活着,而活着是多么的美好。你看我们的社会制度这么优越,我们的法律制度这么健全,我们的人权状况正处在历史上最好的时期,我们的日子越过越好,越来越红火,咱们老百姓啊真呀么真高兴。而你却说:“不能,因为这是假话。”(同上,第233页)假如你是对的,那我们还高兴什么事呢?我们不是都成了二百五了?检察官说他是在精神上杀死了自己的母亲,其实,默尔索是用个人的自由的真实的肉体生命宣告了这个社会的虚伪和荒诞。

“谁都知道,活着是不值得的。事实上我不是不知道三十岁死或七十岁死关系不大,当然喽,因为不论是哪种情况,别的男人和女人就这么活着,而且几千年都如此。”(同上,第254页)活着究竟值不值得?或者说,生活的意义究竟是什么?默尔索并不想使别人的生活失去意义,他只是不愿意自己像别的男人和女人那样“几千年都如此”地活着,他想按照自己的方式生活,“我曾经在那里发现了我最可怜最深刻最难忘的快乐:夏天的气味,我热爱的街区,某一种夜空,玛丽的笑容和裙子”。(同上,第250页)默尔索并不是一个冷漠的人,他爱这个世界,爱自己的妈妈,爱生活,爱满天的星斗,爱田野上的声音,爱夜的气味、土地的气味、海盐的气味,爱这沉睡的夏夜的奇妙安静,他知道自己要什么,他的心里是明白的,他不糊涂,他要真实的生活和真实的快乐,然而,这个社会拒绝给他这点儿可怜但真实的快乐,只是因为他在母亲下葬时没有哭。这个社会如此冷漠而又傲慢,它以为自己什么都知道,就像那个神甫一样一副确信无疑的神气,“然而,他的任何确信无疑,都抵不上一根女人的头发。他甚至连活着不活着都没有把握,因为他活着就如同死了一样。而我,我好像是两手空空。但是我对我自己有把握,对一切都有把握,比他有把握,对我的生命和那即将到来的死亡有把握。是的,我只有这么一点儿把握。但是至少,我抓住了这个真理,正如这个真理抓住了我一样。我曾以某种方式生活过,我也可能以另一种方式生活。我做过这件事,没有做过那件事。我干了某一件事而没有干另一件事。而以后呢?仿佛我一直等着的就是这一分钟,就是这个我将被证明无罪的黎明。”(同上,第257页)

“我体验到这个世界如此像我,如此友爱,我觉得我过去曾经是幸福的,我现在仍然是幸福的。为了把一切都做得完善,为了使我感到不那么孤独,我还希望处决我的那一天有很多人来观看,希望他们对我报以仇恨的喊叫声。”(同上,258页)

这种仇恨是一个死了几千年的僵尸对一个只活了不到三十年的真实的快乐的生命的恐惧。

是谁杀死了奥莉娅?

——读蒲宁小说《轻轻的呼吸》

"仿佛我将永远活着,而且比任何人都幸福。"

——《轻轻的呼吸》

她有一双快乐的、异常活泼的眼睛。

到了十四岁,她不仅有了纤细的腰和小巧的脚,而且有了轮廓动人的胸脯和人类语言至今无法形容的种种迷人的体态。

她在大礼堂里一阵风似的飞跑,后面跟着一群快乐地尖声叫嚷的一年级小姑娘。

她浑身上下散发出诱人的芬芳和迷人的活力,她把快乐撒满了整个校园……

面对这样一个美好的生命,我们怎能不感到由衷的喜悦和赞叹,感谢上帝,感谢生活,感谢奥莉娅!

然而,班主任却常常训诫她,校长也一再把她叫到办公室进行严肃的谈话。我不明白,人们为什么对美好的东西这么冷漠甚至仇视!好在奥莉娅从来不把它们放在心上,就是在这样的时候,她仍然是神情活泼,随随便便,几乎是高高兴兴的。她单纯得像一泓清水,她完全沉浸在生命的欢乐中,根本无暇他顾。

她爱周围的一切。爱“多雪而晴朗的严冬”,爱“玫瑰色的黄昏”,爱“在花园和野地里散步”,爱“在大礼堂里一阵风似的飞跑”,爱“这间一尘不染的大办公室”,爱“写字台上铃兰花散发着幽香”,还有“其貌不扬,土里土气”的哥萨克军官,甚至“眼睛黑黑的,一把大胡子却是银色的”五十六岁的马柳京……

是的,她甚至有点轻浮,还会卖弄风骚,然而,爱一个人有什么错吗?爱生活、爱生命、爱自己也是罪过吗?一个十多岁的小姑娘在一天天长大,在一小时一小时地成熟起来,她惊奇地发现生命原来是如此的美好,她激动兴奋,她迫不及待地要展示这种生命的美好和享受这美好的生命——生命赋予人难道不是要我们享受而是让我们来禁锢和糟蹋的吗?

奥莉娅听任自己的性情,听从生命的召唤,完全无视巨大的危险正在向她逼近。这个危险是什么?是沉闷的生活,是僵死的教条,是道德的训诫,是与美和爱为敌的一股邪恶的力量。

如果奥莉娅·麦谢尔斯卡娅能同她的女伴一样“洁身自好,一言一行无不谨慎小心”,如果她没有“如此出众的一切:绰约的风姿、华丽的穿戴、灵活的举动、明亮的眼睛……”如果那一年夏天马柳京没有“赶着两匹非常漂亮的维亚特种马”来到她家,如果那一天她的爸爸妈妈没有进城去,如果那时候没有下雨……一切都会不一样吗?如果她没有结识那个哥萨克军官,如果她不说那番话,如果她不拿出那则日记……然而,这一切都发生了,像生活本身一样丝毫不差地发生了。这才是奥莉娅·麦谢尔斯卡娅,如果没有这一切,还有奥莉娅·麦谢尔斯卡娅吗?

为什么要让她死?为什么要让她死得这么突然和不明不白?不要责怪作者太残忍,这就是生活。奥莉娅·麦谢尔斯卡娅终会死的,尘世是留不住她了。尘世能留住谁?每一个具体的生命都将烟消云散,但如今,奥莉娅的“轻轻的呼吸重又弥散在人世间,弥散在浮着白云的天空里,弥散在春天的冷风中了”,你感觉到了吗?

我们能感觉到吗?生活是多么美好,活着是多么幸福和快乐,阳光、白雪、树林、奔放的身体和飘散的头发……

是的，飘散的头发，奥莉娅“不怕墨水弄脏手指，不怕满脸通红，不怕披头散发，也不怕在奔跑中跌一交露出膝盖来”，当校长叫她去办公室时，她在飞跑中猛地站住，“只深深地喘了一口气，用女性惯有的动作迅速理好了头发，拉一拉肩上的围裙带子”，目光炯炯地跑上楼去。面对校长的责问，麦谢尔斯卡娅平静地说：“夫人，我的头发长得好，这不是我的过错。”说着用两手轻轻抚了抚她那梳得漂漂亮亮的头。

我想到了晴雯，那个抱屈夭风流的俏丫鬟，那个在抄检大观园时，正病在床上，一听就“挽着头发闯进来”，掀开箱子把东西倒了一地的“暴炭”晴雯，那个抱病“一面坐起来，挽了一挽头发，披了衣裳”，咬牙捱着补了一宵雀金裘的勇晴雯。然而，王夫人见到晴雯“钗亸鬓松，衫垂带褪”，便冷笑讥讽道：“好个美人儿！真像个病西施了！你天天作这个轻狂样儿给谁看！”奥莉娅比晴雯幸运，因为那个训斥她的校长还能在那没有血色的脸上“微微泛起了红晕”，我们什么时候看到过王夫人的脸上泛起过红晕？奥莉娅的死唤醒了她的班主任，那个年纪已经不轻了的瘦小的女人内心深处的幸福感，使她“迷醉于一个新的梦幻”，使她一连几小时目不转睛地看着那橡木十字架，回忆奥莉娅那“一双放射着无所畏惧的光辉的眼睛”，回忆奥莉娅的关于“一个女人应该具有什么样的美”的谈话，而晴雯的死却没有能够触动袭人姐姐和宝姐姐的麻木的神经。但晴雯死后，宝玉赞曰：“其为质则金玉不足喻其贵，其为性则冰雪不足喻其洁，其为神则星日不足喻其精，其为貌则花月不足喻其色。”从这个意义上讲，晴雯又是幸运的。她活过，像一个真正的人一样活得快乐而美好，自由而幸福。

“仿佛我将永远活着，而且比任何人都幸福。”

在黑幕中闪烁和燃烧着的那一盏灯光

——读刘亮程的《寒风吹彻》和阿斯塔菲耶夫的《女歌手》

刘亮程的《寒风吹彻》和阿斯塔菲耶夫的《女歌手》是苏教版选修教材《现代散文选读》中的篇目,两文都写到生活的不幸和人生的磨难,都写到父女或母子亲情,但思想情感方面却截然不同,读后给人的感觉也是很不一样的。

《寒风吹彻》全文3 500字左右,写的是一个冬天的傍晚,30岁的作者一个人坐在屋子里,“用自己那只冰手,从头到尾地抚摸自己的一生”。一个30岁的人应该还没有到回顾自己一生的时候,但在作者看来,岁月的“寒风”已经“吹彻”了他此前和此后的全部人生,包括他周围的人连同他的亲人。“生命本身有一个冬天,它已经来临”,而“冬天总是一年一年地弄冷一个人,先是一条腿、一块骨头、一副表情、一种心情……而后是整个人生”。

“每个人都在自己的生命中,孤独地过冬。我们帮不了谁。”

“我感觉着母亲独自在冬天的透心寒冷。我无能为力。”

无论是“路人”,还是“姑妈”,甚至自己的“母亲”,也包括作者自己,生命似乎已经没有什么意义,只是捱日子而已——

“经过许多个冬天之后,我才渐渐明白自己再躲不过雪,无论我蜷缩在屋子里，还是远在冬天的另一个地方，纷纷扬扬的雪，都会落在我正经历的一段岁月里。当一个人的岁月像荒野一样敞开时，他便再无法照管好自己。”

这个生命的“冬天”，这个“再躲不过的”“落在岁月里的”“纷纷扬扬的雪”究竟是什么呢？显然，它已经不再是自然节物，甚至也不单是贫寒的生存环境，而是正如作者在描写那个冻死在路边的过路的老人时所说的，是“比多少个冬天加起来还要寒冷的心境”，这种“透骨寒气”“透心寒冷”严重地斫伤了生命。寒风吹彻，生命不再是鲜活的丰满的，而是冷硬的荒寒的，“寒冷从四面八方拥围而来，把你从家里带出的那点温暖搜刮得一干二净，让你浑身上下只剩下寒冷”。

把这种冷漠，麻木，荒寒，贫瘠的生命状态归咎于恶劣的生存环境不是完全没有道理，但肯定不是问题的全部。生命是脆弱的，这谁都知道，即使人们不互相为难，各种自然灾害像地震、海啸、严寒、风暴、疾病等等也随时可能夺去一个人的生命——行文至此，谨向在昨天发生的四川特大地震灾害中遇难的无数生灵致以深切的哀悼！生命是短暂的，劳我以生，息我以死，活着是艰难的，谁都会感觉到一种生存压力和重负。然而，生命又是美好的，因为生命中有爱、有温暖、有欢乐。这种爱和温暖应该从每个人的内心深处培植和发育起来，以抵制生命的冷硬和荒芜。但我们从刘亮程的《寒风吹彻》中却看不到丝毫的暖意，作者用貌似哲理的语言诋毁和诅咒生命，在我看来是毫无诚意地故作深沉。

“他的生命中肯定还深藏着一点温暖，只是我们看不见。一个最后的微弱的挣扎我们看不见，呼唤和呻吟我们听不见。”是的，如果我们内心没有“温暖”，没有“呼唤和呻吟”，我们当然就看不见也听不见。事实上，正如作者所说，“从那个夜晚我懂得了隐藏温暖——在凛冽的寒风中，身体那点温暖正一步步退守到一个隐秘的有时连我自己都难以找到的深远处”。藏得那么深连自己都找不着，结果只能是一点点失去，难怪“我的亲人们说我是个很冷的人”，但作者却不承认，硬说自己“把仅有的温暖全给了你们”。

现在,他坐在火炉旁,"柴禾在炉中啪啪地燃烧着,炉火通红,我的手和脸都烤得发烫了,脊背却依旧凉飕飕的",其实脊背也是可以"烤得发烫"的,但是,如果寒气是从内心升起,那么把手、脚、背等身体各部位"烤得发烫"又有什么用?

"屋里光线暗淡",30岁的作者用冰凉的手抚摸自己的一生;"屋子里更暗了",作者感觉到母亲独自在冬天的透心寒冷;雪越下越大,"天彻底黑了","我其余的岁月,我的亲人们的岁月,远在屋外的大雪中,被寒风吹彻"。作者要告诉我们什么?生命渺小而又卑贱?但光是告诉我们这个是不够的,因为它不是生命的本相。所幸的是,除了刘亮程的《寒风吹彻》,我们还有阿斯塔菲耶夫的《女歌手》,他让我们看到了"在黑幕中闪烁和燃烧着的那一盏灯光"。

《女歌手》里也有人生的磨难和不幸。小盖尔卡从小失去了母亲,父亲是一个航标工,父女俩相依为命,"蛰居在远离人烟的小木屋里"。五六岁的盖尔卡既没有小女伴,又没有儿童游戏,每天只有一件事——当一名航标工。她白天帮父亲灌煤油,傍晚随父亲划着小船去点燃一座座小岛上的一盏盏航标灯,回来时,"她的小脑袋疲惫地耷拉在胸口上,像一点小光斑在黑洞洞的小船中间、在黑不溜秋的棉背心里闪烁着光芒",这件旧的棉背心恐怕也难挡夜晚的寒风,然而,她却在船头"甜滋滋地睡着了"。小船靠岸了,父亲把盖尔卡从船头里抱出来,捧在两只手上,沿着木梯级向小木屋走去。

有时,盖尔卡醒过来含含糊糊地问:

"我们已经到家了吗?"

"到了,到了。睡吧,女歌手。"父亲说着把她更紧地贴在自己的身上,她则把细小而香甜的暖气呼向他的胸脯。……(父亲)嘶哑地清了一阵子被甜丝丝的愁绪哽住的喉咙,把女儿紧贴在自己身上,仿佛害怕单独留在这黑沉沉的夜色当中,留在黑黝黝的河流上空。在这条河上稀稀拉拉地闪现着航标的灯光,远处的某个地方传来了桨叶的击水声和拖轮的排气声。

“轮船在行驶，”父亲轻轻地说，同时倾听着自己的声音，“女儿，它正在看你点的灯光，所以不会在黑暗中迷失方向的……”

这个黑暗中的灯光给人希望、温暖、信心和勇气，这是点在心里的爱的灯光，有了它，就不会在黑暗中迷失方向。

没有童年的小盖尔卡过着幸福的童年生活。

她要做大人做的事，说大人说的话，她做得可认真，可严肃了。这个肩胛骨高高耸起的拖着鼻涕的小姑娘，常常一本正经地皱起双眉，思考着有没有忘掉什么东西，然后模仿她母亲的样子和声音，责怪他父亲道：“你还要在那儿磨蹭很久吗？”父亲卷了一支烟，装着到处找火柴，盖尔卡板着脸批评他：“又忘了带火柴了吧！你真是一点记性也没有！”父亲故意用力推送小船，常常使盖尔卡从吊座上跌下来，盖尔卡在船的底板上手脚乱踹，埋怨道：“有力气，就不要动脑子了！”这个心事重重的小姑娘“觉得傍晚是一位温和的、长着大胡子的、沉默寡言的老爷爷，他在山背后抽烟斗，因此那边的天空是红彤彤的”。但她不知道这个愁眉百结的老爷爷究竟在想什么心事，也和自己一样吗？不过，盖尔卡听到鹬叫，逗小鸭玩又感到很高兴很开心，把心事和烦恼全抛开了。盖尔卡喜欢唱歌，但她不知道任何儿歌，她的歌曲都是从大人那儿学来的忧伤的冗长的情歌：

金黄色的小花园里有只金丝鸟在歌唱，

哎吆，唱得如此忧郁，嗓子都快要破裂了，

哎吆，唱得如此忧郁，嗓子都快要破裂了，

哎吆，年轻的小伙子在与姑娘告别……

他是如何告别的？“当姑娘问‘亲爱的，你要去哪里？哎吆，亲爱的，你要把我扔给谁呢’，她是多么痛苦——盖尔卡似乎感觉得到并且明白这一切，因而她的内心感受也是各种各样的——一会儿泪水冲蚀着心脏，一会儿从皮下钻出来的一阵寒战像松针似的刺入心房，一会儿一股暖流又突然涌上胸来。”

这个小小的女歌手有忧伤有快乐，有得意有烦恼，有痛苦也有幸福，更重要的是她心中有爱有温暖有光明有憧憬，黄昏是个温和的老爷爷，野鸭是一群调皮的小玩伴，父亲的"坏记性"和"不爱动脑子"让她操心，情歌里"小伙子与姑娘的告别"让她惦记……除了做一个兢兢业业的"航标工"，她还有很多重要的事情要做，她哪来闲工夫关心那根"编得不太高明的小辫子"和"鞋底已经磨平，鞋面也被水冲成灰白色的"凉鞋？她哪里顾得上"把潮黏黏的鼻涕从她的鼻子里擤掉"？当然更没有闲心事"用冰凉的手抚摸自己的一生"（刘亮程《寒风吹彻》），盖尔卡宁愿让双手垂在船边，"倾听着入夜前的充满活力而暖和的河水是如何搔弄她的手指的"。

盖尔卡长大了，有时候一出神，她就会轻轻地忧伤地唱起歌来：

心上人啊，你要去哪儿，要去哪儿啊？……

傍晚，她经常走到堤岸上去……等待着某种东西。她等待着：有朝一日这些轮船中的一艘会驶到她跟前来，把她载去，把她带到想停靠的那个地方去。也许，在那儿，在黑幕中，闪烁和燃烧着那盏唯一的灯光，它是富有生气的、温暖的，她想念它，想念得如此长久而又有耐心。

“再也没有比庸俗更可怕、更使人感到屈辱、更叫人愁闷的了”

——读契诃夫的小说《文学教师》

所谓文学教师，其实就是中学语文教师，这样看来，小说的主人公就是我的同行了。

他叫尼基丁，现在他正被巨大的幸福包围着，用他的话来说就是：“我的生活开放了多么茂盛的花，变得多么美丽而富有诗意！”两年以前，尼基丁还是个穷大学生，住在涅格林诺一间便宜的出租房里，没有钱，没有亲属，而且，“当时我还觉得自己没有什么前途。现在呢，我是一个顶好的省城里的中学教师，收入牢靠，有人爱，万事如意”。心仪的姑娘玛丽雅已经追到手，不久就可以叫一声妻子的那个年轻人儿是多么富有，多么优雅，多么漂亮啊。“我想起我们最初的相逢，想起我们城外的旅行，想起我的求爱，想起整个夏天，仿佛上天故意安排好了似的，天气出奇的好。当初住在涅格林诺的时候，我觉得只有在长篇和中篇小说里才可能有的那种幸福，现在我却实际体验到，仿佛已经把它抓在手心里了。”(《契诃夫小说全集》，上海译文出版社，第九卷，第252页。以下引文不再注明)

尼基丁并不认为这种幸福是偶然落到他身上来的，这幸福是一种十分自然的、合情合理的、势所必然的现象。他相信人是自己的幸福的创造者，现在他得到的正是他自己创造的东西。“是啊，我要不假装谦虚地说：这幸福是我自己创造的,我有权享受这幸福。你知道我的过去,孤苦贫困和不幸的童年、惨淡的青春,——这一切都是奋斗,这就是我开辟的、达到幸福的道路。”

打牌,跳舞,骑马郊游,卿卿我我……婚后的生活还是那么快乐,那么美满。冬天来了,尽管天气坏,但尼基丁生活得仍旧跟夏天一样幸福。他甚至又添了另外一种娱乐:他学会了玩“文特”。只有两样东西偶尔使他烦躁,惹他生气,似乎妨碍他完全幸福,那就是猫和狗,这是他连同妻子的嫁妆一齐接收下来的。各房间里,特别是在早晨,总有一股动物园里的气味,任凭怎么样也消除不掉那股气味,而且猫常跟狗打架。凶恶的穆希卡一天要喂十次才行,它至今还是不认尼基丁,老是朝着他狂吠:“呜……汪汪汪……”

一天午夜,他打完牌从俱乐部出来,回家去。天黑,下雨,道路泥泞。尼基丁心里有一种不痛快的感觉,怎么也弄不清这是什么缘故:是因为他在俱乐部里打牌输了十二个卢布呢,还是因为付牌账的时候有一个对手说,尼基丁有的是钱,这明明指的是他妻子的陪嫁钱?他并不心疼那十二卢布,对手的那句话也没什么可气的地方,不过他还是觉得不痛快。为什么呢?

他猛地想到他所以不心疼那十二卢布,是因为那笔钱是他白白得来的。如果他是工人,那他就会明白每一个戈比的价值,就不会不在乎输赢。再者,他心想,就是他的全部幸福也完全是白白得来的,他没费什么气力,这幸福实际上对他来说是一种奢侈品,就跟药物对健康的人来说是奢侈品一样。要是他跟绝大多数的人那样老是为一块面包操心,为生存奋斗,要是他工作累得胸口和背脊疼痛,那么晚饭啦,温暖舒适的住所啦,家庭幸福啦,才会成为他生活中的必需品、奖赏,使生活变得美好、丰富多彩;照眼前这样,那么,一切在他却只有一种古怪的、不明确的意义。

“唉,真糟糕!”他又说一遍,十分清楚地知道这种想法本身就已经

是坏兆头。(258 页)

“这种想法”果然纠缠上他了。曾经,他陶醉于自己亲手打造的幸福生活中,他认为这种幸福是那么实实在在,被自己牢牢地抓在手中,而现在,他感到不自在了。这种幸福似乎突然变得轻飘飘的没有分量,两手空了,脑袋也空了,身体飘起来了,怎么回事?这就是我苦苦追求和等待的东西吗?我真的需要它吗?我的幸福是这样不堪一击吗?那么,我真正需要的是什么?我们究竟需要什么,需要过一种什么样的生活?什么是幸福?它在哪里?这个问题是契诃夫所有小说的中心问题,也是我们每个人都应该认真对待的问题,恐怕也是契诃夫一辈子都在思考的问题。契诃夫的可贵之处不在于他给我们提供了什么答案(这个问题也没有统一的标准答案,连参考答案都没有),而在于他逼着我们同他一起思考。其实他也没有逼我们,他只是自己在思考,然后写成小说。我们可以不看他的小说,这样我们就轻松了,我们就可以埋头经营自己的幸福,做家教害人挣钱啊,写写垃圾论文啊,找一个有权有势力的老丈人啊,谄媚啊,表忠心啊,努力把自己打造成一个或而摇尾乞怜或而汪汪狂吠的狗啊,自欺欺人啊,装腔作势啊,毁人不倦啊,还可以装腔作势地说说仰望星空啊,敬畏啊,崇高职业啊等等。为什么要看契诃夫的小说呢?契诃夫的小说会败坏我们的幸福感,我们先看这段话——

他觉得自己的脑袋又大又空,跟粮仓一样,有些特别的新思想好像阴影似的在里面游荡。他心想,除了那盏长明灯的柔光所照着的恬静的家庭幸福以外,除了他和那只猫平静、甜蜜地生活在其中的这个小世界以外,还有另一个世界。……他就忽然生出热烈迫切的愿望,一心想到那个世界去,在一个工厂或者什么大作坊里做工,或者去发表演说,去写文章,去出版书籍,去奔走呼号,去劳累,去受苦。……他需要一样东西来抓住他的全身心,使得他忘记自己,不关心个人幸福,这种幸福的感觉是那样地单调无味。(259 页)

你可能觉得契诃夫很可笑。为什么一定要做工人?我是教师,干的是顶高尚的职业,何必还要什么另外的世界?真是荒唐!尼基丁就是这样安慰自己的,就是这样为自己的幸福辩护的,但契诃夫马上让尼基丁否定了自己——

> 可是他立刻很有把握地对自己说,他完全算不得教师,不过是个官僚罢了,跟那个教希腊语的捷克人一样庸碌无能。他从来没有当教师的志向,一点也不懂儿童教育,对它也从不发生兴趣。他不知道该怎样对待孩子才好,他不明白他所教的课的意义,也许简直没教对。已故的伊波里特·伊波里狄奇明显地愚笨,所有的同事和学生都知道他是怎样一个人,都料得出他的作为;可是他尼基丁跟那个捷克人一样,善于掩盖自己的愚笨,巧妙地蒙哄大家,装出他的一切都顺顺当当的样子。(260页)

这段话看得我冷汗直冒!契诃夫生活在19世纪的俄国,他描述的简直就是21世纪中国教师的总体状况,而且是那么的精准,简直是铢两悉称,毫厘不爽!我把上面的话一字不动地分列为以下7点,有兴趣的可以对照一下——

◆ 完全算不得教师,不过是个官僚罢了。

◆ 庸碌无能。

◆ 从来没有当教师的志向,一点也不懂儿童教育,对它也从不发生兴趣。

◆ 不明白他所教的课的意义。

◆ 也许简直没教对。

◆ 善于掩盖自己的愚笨,巧妙地蒙哄大家,装出他的一切都顺顺当当的样子。

我们在教书,但我们简直没有教对,我们不明白所教的课的意义,我们一点儿也不懂教育,对它也从不发生兴趣。我们摸着良心想想,除了考试、分数、录取率、高分率、成绩、政绩、职称、职务、荣誉、名利、往上爬、再爬一级、再捞一把等等,我们真的是为学生着想吗?我们什么时候真正为学生着想过?我们教的什么东西?我们自己明白吗?我们知道什么是真正的教育吗？我们风风火火、咋咋呼呼、唧唧歪歪，装出一副很辛苦很认真很崇高的样子，好像自己干着多么重要的事情，其实只是掩盖自己的愚笨和庸碌罢了，我们完全算不得教师，不过是个官僚罢了！

认清真相、否定自己是困难的！这些新想法让尼基丁十分害怕。他几乎是本能地竭力摆脱这种想法，称它们是傻念头，相信这全是因为他神经质的缘故，将来他会笑他自己的。到第二天早晨，他果然笑自己神经质，骂自己是个娘儿们，可是他已经清楚地感到他的平静心境消失了，大概永远消失了。但我们没事，我们根本不会有这些想法，就是有，也是一笑置之，一骂了之。

在这漂亮的两层楼小房子里，要想幸福，在他已经不可能了。

他领悟到幻想已经破灭，一种新的、不安定的、自觉的生活正在开始，这跟平静的心境和个人的幸福却不能并存。

就这样，契诃夫无情地摧毁了尼基丁的"幸福"——

> 三月的太阳光辉灿烂，透过玻璃窗，在桌上投下热的光。……春天开始了，跟去年春天一样美妙，预示着同样的欢乐。……可是尼基丁却在想：现在请个假到莫斯科去，在涅格林诺他熟悉的那所房子里住下才好。……他在自己的日记本上写道："我的上帝，我是在什么地方啊？我让庸俗团团围住了。乏味而渺小的人、一罐罐的酸奶油、一壶壶的牛奶、蟑螂、蠢女人。……再也没有比庸俗更可怕、更使人感到屈辱、更叫人愁闷的了。我得从这儿逃掉，我今天就得逃，要不然我就要发疯了！"(262 页)

这是小说的最后一段。逃离"幸福"，但逃向哪里呢？契诃夫没有回答，他只是说了一个关于"逃离"的故事，却留给我们深长的思考。

“任何事情都不会过去!”

——读契诃夫小说《我的一生》

翻开这篇小说,看到一句很熟悉的话:“蚜虫吃青草,锈吃铁,虚伪吃灵魂。”这是有一年高考语文试卷上用作仿句题目中例句的句子。原文这一句的后面还有一句:“主啊,拯救我们这些罪人吧!”

“蚜虫吃青草,锈吃铁,虚伪吃灵魂。主啊,拯救我们这些罪人吧!”这句话是小说中一个叫安德烈·伊凡诺夫的油漆工人说的,事实上,这句话还是他的口头禅,这个人有一个很奇怪的姓氏叫烈吉卡,在俄语里是“萝卜”的意思。他五十岁上下,个子很高,长得很瘦,脸色苍白,胸部凹陷,他害着一种折磨人的病,每年秋天和春天大家都说他即将离开人世,可他卧床一个时候又起来了,事后总是惊奇地说:“我又没死成!”

萝卜是一个包工头,他到处揽活儿干,但不善经营,不会算计,经常举债。其实他自己什么活都能干,如果单干,肯定能发点小财,但他喜欢当头儿,喜欢别人叫他一声包工头儿。除了经常念叨着“蚜虫吃青草”外,他还喜欢沉思,有时一边干活儿,一边叹着气说:“我们这些罪人真是倒霉,倒霉啊!”或者,一面想心思,一面说起话来,仿佛回答自己的思想似的:“什么事都会发生!任什么事都会发生!”总之,这是一个比较有意思的人,不过,我要讲的是另外一个人,也就是这篇小说的主人公“我”——米赛尔。

米赛尔出身贵族家庭，曾祖父是一个参加过波罗金诺战役的将军，祖父是诗人、演说家、首席贵族，伯父是教师，父亲是这个城里受人尊敬的也是唯一的建筑师，这一切都是米赛尔的父亲深感自豪的被津津乐道地称之为“代代相传的圣火”。然而，米赛尔却十分鄙视这种社会地位，认为只不过是用金钱和教育换来的特权。他先后在各种机关里做过事，但时间都不长，因为他很不喜欢机关里那种十分清闲的工作。

> “我在校读书和在机关里做事都不需要很强的智力，也不需要什么才能或者个人的才具，更不需要创造的热情，那是一种机械的活动。我把这样的脑力劳动看得低于体力劳动，我瞧不起它，我认为这种劳动决不能成为人们过无忧无虑的闲散生活的理由，因为这种劳动本身不过是一种骗局，只不过是一种闲散的形式罢了。”（《契诃夫小说全集》，上海译文出版社，第十卷，第7页。以下引文不再注明）

这段话说得太好了，19世纪的俄国和21世纪的中国何其相似乃尔！今天，我们无论是在学校里读书教书，还是在机关里做事，确实不需要很强的智力，更不用说智慧，也不需要什么个人的才能，更不需要创造的热情，一切都由学校、教师、家长和上级、长官以及整个制度体系和意识形态体系安排好了，你只要按部就班，循规蹈矩，亦步亦趋，人云亦云，不断地做作业，做题目，考试，备课，上课，抄抄写写，上传下达，访问考察，开会作报告，亲切慰问，仔细询问，深入交换意见，发表重要讲话等等。我们神情严肃，忙忙碌碌，好像自己在干着多么重要的事情，好像少了我就不行，这是多么高尚的脑力劳动啊。其实，正如作者所说，它只是一种机械的活动，“只不过是一种闲散的形式罢了”。这是一种智力和创造力的闲散，更是精神和灵魂的闲散，是作为人的可耻的堕落！想想我们所干的工作吧，无论是在学校还是在机关，我们整天在做什么！我们所做的事情真的那么重要吗？对谁重要？对什么重要？只要稍微想想，就能发现这是多么的庸碌和无耻！为什么会这样？原因很简单：没有自由。没有自由就没有真正的责任和创造，就没有真正的智慧和个人的才能。

当然,我们有时也会装出很深沉的样子,喜欢说什么头顶上的星空啊,敬畏啊,责任啊……就像米赛尔的父亲一样:“你看天空! 那些星星,连顶小的也在内,都各成一个世界! 跟宇宙相比,人是多么渺小啊!”听他那个说话的口气,仿佛他为了自己这样渺小而觉得非常得意和愉快似的。米赛尔实在受不了父亲的平庸、愚蠢、傲慢和专横,但他怕父亲,“不管怎样,我是爱我父亲和我姐姐的。我从小就养成习惯,做事总要请求他们的许可,这个习惯已经根深蒂固,日后恐怕也改不掉了。”尽管如此,米赛尔那种不想回办公室而打算过新的劳动生活的心愿已经没法动摇了。

“没有金钱和没受过教育的人靠体力劳动来糊口,我看不出我有什么理由应当成为例外。”他终于放弃了所谓的脑力劳动,跟包工头萝卜干起了体力活儿。“跟他们在一起,我也觉得自己成了拉大车的马,越来越深切地体会到我所干的活儿是非干不可、不能避免的,这就使我的生活变得轻松,使我摆脱了种种疑虑。”尽管那些工人活得没有尊严也没有自尊,“往往体会不到劳动的道德意义”,他们偷懒、酗酒、揩油、诟骂、诅咒、腆着脸皮讨赏钱,但和米赛尔相处得还算好。

我们可以想象米赛尔的父亲有多惊慌和气恼,他被赶出了家门。不但如此,“我的熟人们遇见我,不知什么缘故都发窘。有的人把我看做怪人、小丑,有的人为我惋惜,有的人不知道怎样对待我才好。”米赛尔只是按照自己的意愿选择了一条自食其力的生活方式,他是一个温和、善良、软弱的小伙子,他没有也不可能妨碍和伤害到任何人,为什么周围的人对他的行为表现出如此的惊慌和愤怒? 因为他们可能感觉到,米赛尔鄙弃并扔掉的东西正是他们竭力追求和维护的东西,他们觉得尴尬和受辱。

有一个叫布拉果沃的医师好像能理解并赞赏米赛尔的做法,他喜欢辩论,经常找米赛尔聊天。他说:“我满心同情您,深深地尊敬您这种生活。这儿的城里人都不了解您,而且也没有一个人能够了解您。这儿的人除了极少数的例外,都是果戈理笔下的那些蠢猪,您有高尚的心灵,是一个正直而崇高的人!”布拉果沃的意思是自己正是那个极少数的例外,于是“两个高尚的心灵”就劳动、奴役、人类进步等问题论辩起来——

“不过，要是大家，包括最优秀的人物、思想家、大学者在内，各人为自己，一律参加生存斗争，把时间花在敲碎石头和油漆房顶上，你不认为那就可能给进步造成严重的危害吗？”

“在哪方面会造成危害呢？”我问。“进步的关键在于见诸行动的爱，在于实践道德的准则。如果你不奴役什么人，也不成为什么人的累赘，那么您另外还需要什么样的进步呢？”

“可是请您容我说！”布拉果沃站起来，忽然冒火了。“请您容我说！倘使一只蜗牛躲在自己的壳里致力于个人的道德完善，摸索道德的准则，您把这个叫做进步吗？”

“可是何必去摸索呢？”我生气了。“如果您不驱使您的同胞供您吃，供您穿，给您赶车，为了保卫您而去跟敌人作战，那么，对眼前这种完全建立在奴役上的生活而言，这岂不就是进步吗？依我看来，这才是真正的进步，而且恐怕是唯一可能的、为人类所需要的进步。”

“全人类、全世界的进步是没有止境的，而您却光谈论一种受到我们的需要或者暂时的观念限制的‘可能的’进步，对不起，这简直奇怪了。”

“如果照您所说的那样，进步是没有止境的，那就无异于说，进步的目标是不明确的，”我说。“活着而又不明确地知道为什么活着！”

“就算是这样吧！可是这个‘不知道’却不像您的‘知道’那么枯燥乏味。我顺着一道名叫进步、文明、文化的梯子往上爬，爬呀爬呀，并不明确地知道我在往哪儿爬；可是，说真的，单单为了这架美妙的梯子就值得活着。您呢，知道为了什么活着，为了让一些人不奴役另一些人，为了让画家和为他调颜料的人吃同样的饭；可是要知道，这是生活中小市民的、庸俗的、单调乏味的一面；只为了这一点而活着，难道不叫人厌烦？倘使有些昆虫奴役另一些昆虫，那就去他们的，随它们去相互吞吃好了！我们不该去想它们，不管您怎样把它们从奴役中解放出来,它们也还是会死去,会烂掉的。应该想到那个未知的伟大前景,它在遥远的未来等着全人类呢。”

我之所以抄下这一大段话,是因为我觉得它非常精彩。

布拉果沃当然是把自己归入“最优秀的人物、思想家、大学者”之列的,他为着文明文化,为着人类的进步,从事着高尚的脑力劳动,他当然不屑于蜗牛的道德完善,更不会在意昆虫们的互相奴役。然而,正是这个布拉果沃,却借机接近、诱骗、玩弄并最终抛弃了米赛尔的姐姐——一个善良、温驯、忧郁、美丽的姑娘。他有他的事业,他的博士学位,他的学者前程,他要到彼得堡或者国外去,他要顺着一道叫做文明进步的美妙的梯子爬呀爬呀,不会顾及到脚下的蜗牛们和昆虫们,“去它们的,它们会死去,会烂掉的”,好像他自己将永远活下去似的。还是萝卜看得清楚,萝卜不喜欢布拉果沃,他直截了当地对布拉果沃说:“老爷,我要冒昧奉告……我们的命运全由上帝安排,大家都不免一死。……容我说一句老实话,……老爷,您进不了天国!”

布拉果沃一点也不为过去发生的事后悔。“人应当爱,我们大家都应当爱,不是吗?缺了爱就没有生活;谁怕爱,躲开爱,谁就不自由。”说得多动听啊,实际上,跟米赛尔的父亲一样,他们只爱他们自己,爱自己的羽毛,爱自己的前程或者“代代相传的圣火”什么的。布拉果沃喜欢跟米赛尔辩论,也只是觉得有趣并能显示自己的高尚和优越,他不可能真正理解和喜欢米赛尔的想法和行为。其实,只有两个人理解米赛尔,那就是米赛尔的姐姐和一个叫安纽达的、跟米赛尔的姐姐同样善良温驯忧郁美丽的姑娘,她是布拉果沃的妹妹。

“当初你辞掉工作,做油漆工人的时候,我和安纽达·布拉果沃一开头就知道你做得对,可是我们不敢说出口来。你说,究竟是什么力量妨碍我们把我们所想的据实说出来?就拿安纽达·布拉果沃来说吧。她爱你,崇拜你,她知道你做得对;她像姐妹那样爱我,知道我做得对,恐怕心里还羡慕我,可是不知一种什么力量妨碍她来找我们,她躲着我们,怕我们。"

姐姐把手放在胸前,热情地说:

"她多么爱你啊,要是你知道就好了!这种爱情她只对我一个人说过,而且是在黑地里,悄悄地说的。她把我带到花园里幽暗的林荫道上,小声对我说,她把你看得多么宝贵。你瞧着就是,她不会出嫁的,因为她爱你。你为她感到遗憾吗?"

"遗憾。"

"面包是她送来的。说实话,这是可笑的,何必瞒着呢?从前我也可笑,愚蠢;而现在我已经摆脱这些,已经谁也不怕,愿意想什么就想什么,愿意说什么就大声说出来,我变得幸福了。当初我住在家里的时候,根本就不知道什么叫做幸福,现在呢就是让我做皇后我也不干。"

安纽达·布拉果沃是一个多么可爱的姑娘啊,她有一颗金子般的心,然而她所受的教育、她成长和生活的环境却阻止她追求自己的幸福。我曾说过,我们为什么要接受教育?教育不就是要让人获得幸福吗?然而,安纽达所受的教育和我们今天的教育一样都是与幸福为敌的。

为什么偏偏是这些女子能够理解米赛尔?因为她们与米赛尔的心灵相近,正如米赛尔所说:"在全城当中我没见过一个正直的人。……只有从姑娘们身上才散发出道德纯洁的气息,她们大多怀有高尚的理想,正直纯洁的灵魂;……可他们出嫁以后很快衰老,堕落,不可救药地陷在庸俗的小市民生活的泥潭里了。"呵呵,他的见解居然跟《红楼梦》里宝二爷的看法如出一辙。

还有一个女孩子让米赛尔深深迷恋,她叫玛丽雅·维克托罗芙娜,是一个工程师的女儿,美丽优雅,受过良好教育,她对米赛尔的行为很感兴趣:"依我看来,生活里的一切祸害都是由于闲散,由于烦闷无聊,由于心灵的空虚而来。你不要以为我是在装模作样,我老老实实告诉您:做个有钱人挺乏味,也不愉快。"正是由于乏味和空虚,他开始热烈地追求米赛尔:"我孤孤单单!对我来说生活是沉重的,沉重得很。在整个世界上,除了您以外,我没有第二个人了。别丢开我!”于是,他们结婚了。但是,像布拉果沃医师一样,玛丽雅·维克托罗芙娜也只是被自己优美的思想所感动,他们是生活在云端上的,是要不断地沿着美妙的梯子爬呀爬呀,不可能长期跟土地、农民、工人还有体力劳动真正打成一片。正如布拉果沃离开了米赛尔的姐姐,玛丽雅最终也离开了米赛尔。“我们的相遇,我们的结合,仅仅是一个插曲而已,像这样的插曲日后在这天赋优厚、性格活跃的女人的一生中是不会很少的。就跟我已经说过的那样,世界上最好的东西都是供她享用的,她完全不必破费什么就可以拿到手,就连思想和现代的思潮也成为她的一种娱乐,给她的生活添上一些花样;而我呢,不过是个马车夫,把她从这个迷恋对象送往另一个迷恋对象罢了。”

玛丽雅给米赛尔写来一封信:“……亲爱的,善良的,给我自由吧,赶快把那根至今还连结着您和我的线扯断吧。当初我遇见您,认识您,那就像是一道从天上射下来的光,照亮了我的生活;可是后来我做您的妻子,那却错了,这一点您是明白的,犯错误的感觉至今压在我的心头。……大卫王有一枚戒指,上面刻着几个字:‘一切都会过去’。人难过的时候,看看这几个字就会高兴起来;而人高兴的时候看了它们又会难过起来。我给自己定做了一个这样的戒指,上面刻着这几个希伯来文字,这个护身符使我免得入迷。一切都会过去,就连生活也会过去,这就是说,什么也不需要。或者只需要自由感,因为人在自由的时候就什么也不需要,什么也不需要,什么也不需要了。”

生活在继续,父亲老多了,姐姐死了,萝卜已经没有力量再管工人的事了,“我”代替他在城里奔波,找活儿干。“我”所经历的一切并没有白白过去,我的巨大的不幸和我的耐性感动了市民的心,对于我做工人这件事,他们已经习惯,看到我这个贵族提着油漆桶,安装玻璃,他们不再嘲笑,也不再觉得有什么奇怪的了,他们还乐意给我活儿干,我已经被看作继萝卜之后的最好的包工头了。

米赛尔说:“要是我有心给自己定做一个戒指,我就会选这样一句话刻在我的戒指上:'任何事情都不会过去'。我相信任何事情都不会不留痕迹地过去,我们所走的最小的一步都会影响现在的和将来的生活。"

任何事情都不会过去。我们说过的每一句话,我们看过的每一段文字,我们思考过和做过的每一件事情都在造就着今天的和将来的我。

这是一篇令人伤感的小说,尤其是最后几段文字,关于安纽达·布拉果沃的,看得人直想掉眼泪……